hänssler

Lothar Bertsch

Johann Albrecht Bengel

Seine Lebensgeschichte

Ein Leben für Bibel und Wahrheit

Lothar Bertsch, Jg. 1928, studierte in Tübingen und Amsterdam evangelische Theologie. Nach verschiedenen Vikarsstellen war er 12 Jahre lang Pfarrer in Illingen/Enzkreis und über 20 Jahre in Echterdingen auf den Fildern in der Geschäftsführung und im Vorstand der Sozialstation tätig. Seit 1992 ist er im tätigen Ruhestand in Stuttgart-Sillenbuch. Er ist verheiratet, hat drei erwachsene Kinder und vier Enkel. Er arbeitet im Martin-Luther-Bund und im Pfarrergebetsbund mit und hält Vorträge zu Kirchen-, Landes- und Literaturgeschichte.

Hänssler
Bestell-Nr. 393.897
ISBN 3-7751-3897-8

© Copyright 2002 by Hänssler Verlag,
D-71087 Holzgerlingen
Internet: www.haenssler.de
E-Mail: info@haenssler.de
Umschlaggestaltung: Ingo C. Riecker
Titelbilder: Landesmedienzentrum Baden-Württemberg
Satz: Vaihinger Satz + Druck
Druck und Bindung: Ebner & Spiegel, Ulm
Printed in Germany

INHALT
Inhaltsverzeichnis

Hinführung zu Bengels Bedeutung
und zu vorliegendem Buch

Der 250. Todestag Johann Albrecht Bengels sowie das Jubiläum des nach ihm benannten Studienhauses in der Universitätsstadt Tübingen im Jahre 2002 liefern den unmittelbaren Anlass, im vorliegenden Buch die überragende Bedeutung dieses Schwäbischen Kirchenvaters darzustellen und in der Biografienreihe des Hänssler-Verlags zu veröffentlichen. Um sogleich die entsprechende Neugier und den Mut zu wecken, sich mit dieser vielseitig tätig gewesenen Persönlichkeit eingehender zu beschäftigen, seinen Lebensweg zu verfolgen, seine Lebensleistung zu ermessen und seine Lebenssubstanz zu erspüren, mögen einleitend einige wichtige und wertende Stimmen aus dem Raum der Kirche, der Wissenschaft und der Literatur über Bengel zur Sprache gebracht werden.

Bereits der erste von Bengels zahlreichen Biografen, Johann Philipp Fresenius (1705–1761), rühmte den Magister Sueviae (den Lehrer Schwabens) als »ein Auge der Blinden, ein Rat der Sehenden, ein Leiter der Schwachen, ein Muster der Starken, ein Glanz der Gelehrten, eine Zierde der Kirche«[1]. Bengels namhafter theologischer und menschlich eng verbundener, dem Pietismus zugehöriger Zeitgenosse Friedrich Christoph Ötinger (1702–1792) lobte ihn fast überschwänglich, »seinesgleichen ist nicht in Württemberg«, wobei er, der Originalität seines Freundes bewusst, bezeichnenderweise hinzufügte: »freilich in seiner Art. Der Herr kennt all die Seinen, seine Heiligen lenkt er, nicht wir.«[2] Der grundlegende württembergische Kirchengeschichtler Heinrich Hermelink (um 1930) nannte Bengel »die größte Lichtgestalt, die der schwäbische Pietismus aufzuweisen hat«[3], Professor Beyreuther betonte, dass Bengel Entscheidendes zur Prägung seiner evangelischen Landeskirche beigetragen hat.[4] Der wohl bedeutendste gegenwärtige Pietismusforscher Prof. Martin Brecht sieht in

---

[1] Du Wort des Vaters, rede du, in: Zeugnisse der Schwabenväter, Bd. VI, Hg. Julius Rössle, Metzingen 1962, S. 7
[2] Gottfried Mälzer, Johann Albrecht Bengel, Leben und Werk, Stuttgart 1970, S. 399
[3] a. a. O., S. 389
[4] Vgl. Erich Beyreuther, Geschichte des Pietismus, Stuttgart 1978, S. 240

ihm (neben Gottfried Arnold) »den bedeutendsten Wissenschaftler« dieser Frömmigkeitsbewegung. Und für den Herausgeber des Griechischen Neuen Testaments, Eberhard Nestle, ist er der Begründer seiner wissenschaftlichen Textbearbeitung.[5]

Für den einstigen württembergischen Landesbischof Dr. Martin Haug (im Amt 1948–1962) lebte Bengel von der Bibel als dem Quell des Lebens und für diese. Sein ganzes Gelehrtenleben habe er ihr geschenkt.

Diese große allseitige Wertschätzung macht verständlich, dass Bengels Gemälde im Sitzungssaal des Evangelischen Oberkirchenrats in Stuttgart neben dem Bildnis des württembergischen Reformators Johannes Brenz angebracht ist. Trugen doch beide entscheidend dazu bei, dass im Schwabenland »die Kirche des Wortes« entstanden ist und noch heute besteht. Zu beiderseitigem Segen fand hier unter Bengels prägendem Einfluss der Pietismus ein gutes Heimatrecht, weshalb auch die einzelnen Gemeinschaften noch heute dankbar für diesen Zeugendienst des Klosterpräzeptors, Propstes und Prälaten sein dürfen. Besonders die Altpietistische Gemeinschaft innerhalb der Landeskirche weiß dieses Erbe zu schätzen.

Bengels vielseitiger Einfluss dehnte sich über die engen Grenzen des einstigen Herzogtums Württemberg hinaus aus und »ist zum Geschenk an den gesamten Protestantismus geworden«[6]. Bengels Hauptwerk, der Gnomon, wurde von keinem geringeren als dem Begründer des Methodismus John Wesley (1703–1791) ins Englische übersetzt und hoch gelobt. Nicht nur Skandinavien, sondern auch Nordamerika spürte Bengels geistlichen Einfluss. Selbst Konfessionsgrenzen wurden durch sein Werk übersprungen.

Schon aus den wenigen genannten Beiträgen wird einsichtig, dass der Kirchengeschichtsprofessor und Pionier der modernen Lutherforschung Karl Holl (1866–1926) vor etwa achtzig Jahren es als eine herrliche Aufgabe betrachtet hatte, »Bengel in seiner demütigen Größe dem deutschen Volk vorzuführen, was für ihn persönlich ›etwas ungewöhnlich Verlockendes‹« gewesen sei[7].

Sogar bekannte deutsche Dichter äußerten sich zu Bengel. So schilderte kein Geringerer als der Dichterfürst Johann Wolfgang von Goe-

---

[5] Vgl. a. a. O., S. 263
[6] Martin Brecht, in: Gestalten der Kirchengeschichte, Bd. 7, Pietismus und Orthodoxie, S. 327
[7] Gottfried Mälzer, Johann Albrecht Bengel, Leben und Werk, Stuttgart 1970, S. 391

8

the (1749–1832) in seiner »Dichtung und Wahrheit« Bengel als »ehrwürdigen, verständlichen, gottesfürchtigen, rechtschaffenen Mann ohne Tadel«. Dichterpfarrer Eduard Mörike (1804–1875), von seinem späteren Kollegen und Landsmann Albrecht Goes als »Mozart der deutschen Sprache« gepriesen, brachte Bengel nebst anderen Pietisten in seinem köstlichen Gedicht vom Turmhahn zu Cleversulzbach im Unterland mit der Beschreibung des Inhalts seines Bücherregals eine poetische Huldigung dar: »Da stehn in Pergament und Leder / voran die frommen Schwabenväter/Andreae, Bengel, Rieger zween samt Ötinger sind da zu sehn.« In der Tat stößt der aufmerksame Besucher eines pietistischen Stundenhauses oder Versammlungssaals sowie in nicht wenigen Studierzimmern von Pfarrern noch heute auf Werke Bengels, in erster Linie auf die viel benutzte Erklärung des Neuen Testaments im Gnomon, der gerade in unseren Tagen zu Recht als Klassiker der Bibelauslegung bezeichnet wird.

Das vorliegende Buch will im Folgenden die wichtigsten Orte, Werke und Wirkungen aus dem Leben Johann Albrecht Bengels einigermaßen ausführlich und möglichst übersichtlich und anschaulich nachzeichnen, wozu die Inhaltsübersicht eine erste Orientierungshilfe bieten möchte. Die Reihenfolge der einzelnen Kapitel ist im Wesentlichen chronologisch, aber die zugeordneten Abschnitte sind mehr thematisch angeordnet. Die gewählte Reihenfolge der Darstellung drückt keine Wertung aus. Vielmehr darf dabei nie die unverbrüchliche Einheit von Leben und Werk außer Acht gelassen werden, welche in der Persönlichkeit Bengels begründet ist. Da er selbst oft und gerne seine Ausführungen mit Beispielen veranschaulichte, seien jetzt seine vielen Talente, besser Gnadengaben (Charismata), mit den Musikinstrumenten eines Orchesters verglichen. Man kann diese zwar einzeln betrachten, beschreiben und bespielen, doch erst im Zusammenwirken aller erklingen Komposition und Konzert entsprechend der vom Künstler vorgegebenen Partitur. Wie viel mehr gilt solches vom Schöpfer allen Lebens. So möge Bengels ganzes Leben und gesamtes Wirken als ein herrliches Lied und Lob des Gebers aller guten Gaben und des Herrn Jesus Christus vernommen werden.

Um im Folgenden Bengel selbst zu hören, wird er nach Möglichkeit im Originalton wiedergegeben, wobei allerdings Äußerungen zum selben Sachverhalt zusammengefasst sind. Da ganz bewusst keine streng wissenschaftliche Arbeit vorgelegt wird, hat der Verfasser dankbar auf die gesamte erreichbare Literatur von und zu Bengel mit ihrem

Zitatenschatz zurückgegriffen und die Fundstellen möglichst genau nachgewiesen.

Bengels Urenkel Joh. Chr. Burk schrieb in seiner Biografie 1831, dass über seinen Vorfahren »nicht viele auffallende und verwickelte Schicksale«[8] berichtet werden können. Biograf Rössle bestätigte dies fast gleichlautend, ergänzte dann aber zutreffend: dass sich »dieses Leben dafür umso reicher an innerer Harmonie entfaltete«.[9] Dies bedeutet, dass dem Leser weniger spannende Handlungen oder Ereignisse begegnen werden als zahlreiche tiefgründige Gedanken aus Bengels Schrifttum, die im Falle seiner Theologie durch die Form eines Interviews etwas aufgelockert sind. Auch die Schilderungen der vielseitigen Leistungen Bengels wollen zur Abwechslung beitragen. Die Bengelschen Zukunftserwartungen können nicht in die streng biblisch begründete und auch heute nachvollziehbare neutestamentliche Eschatologie einerseits und andererseits in die die Grenzen der Heiligen Schrift überschreitende spekulative Apokalyptik aufgegliedert werden. Dazu sollen wie bei der Gesamtwürdigung von Johann Albrecht Bengel wichtige frühere und heutige Stellungnahmen nicht fehlen.

Dem Hänssler Verlag und seiner Lektorin Frau Uta Müller danke ich sehr herzlich für alle Unterstützung bei der Entstehung und Herausgabe des vorliegenden Buches. Herrn Lehrer i. R. Werner Hinderer aus Stuttgart-Sillenbuch sage ich Dank für aktualisierende Literaturhinweise zur Eschatologie sowie meiner lieben Frau und Familie für viel Geduld und Verständnis mir gegenüber.

Mein Wunsch und meine Bitte richten sich an Gott den Vater und den Herrn Jesus Christus, jeder Leserin und jedem Leser dieser Biografie etwas von jenem reichen Segen zuteil werden zu lassen, welcher in dem und aus dem Leben und Wirken von Johann Albrecht Bengel reichlich geflossen ist.

Stuttgart-Sillenbuch, Passionszeit 2002

Lothar Bertsch

---

[8] a. a. O., S. 98
[9] Julius Rössle, Von Bengel bis Blumhardt, Metzingen 1959, S. 7

1

Kurzer zeitgeschichtlicher
Rahmen zu Bengels Leben

Die politisch-sozialen Verhältnisse in seinem Heimatland Württemberg erlebte und erlitt Johann Albrecht Bengel nach seiner Geburt 1687 noch kurz im siebzehnten und größtenteils (bis zu seinem Tode 1752) im achtzehnten Jahrhundert. Das Herzogtum mit der Residenz in Stuttgart umfasste rund 8000 Quadratkilometer (also weniger als die Hälfte des gleichnamigen Gebiets im heutigen Bundesland Baden-Württemberg). Die eng gezogenen Grenzen sollte Bengel nur ein einziges Mal für wenige Monate hinter sich lassen, während sich fast sein gesamtes Leben zwischen dem Neckarland, der Schwäbischen Alb und dem Schwarzwald abspielte. Räumlich so in seine schwäbische Heimat hineingezwängt, übten das geistig-geistliche Erbe der vergangenen Generationen ebenso wie die Personen und Ereignisse seiner eigenen Lebenszeit einen solch starken direkten und indirekten Einfluss auf Bengel aus, dass er sich zu einem wahrhaft unbegrenzbaren Vertreter Württembergs im Reich der Wissenschaft und Kirche entfalten konnte.

Die politisch maßgebende Größe im damaligen Württemberg war der Landesherr, welcher zunehmend absolutistisch »von Gottes Gnaden« über seine Untertanen regierte, von denen im Jahr 1735 genau 429 028 (evangelische) Einwohner gezählt wurden. Gehörte der Herzog selbst der württembergischen Landeskirche an, stand er wie ein Bischof über ihr und der Kirchenleitung (dem Konsistorium). War er dagegen katholisch gewesen (wie etwa Carl Eugen), galt ein Religionsvertrag, der aber oft durch direkte Einmischung in die inneren Angelegenheiten der Kirche übertreten worden war.

Zu Bengels Lebenszeit regierten nacheinander nicht weniger als sechs Herzöge im Lande Württemberg: zuerst noch Eberhard III. (bis 1693), dann Eberhard Ludwig (1693 bis 1733) während Bengels

Jugend, Studienjahren und zwei Dritteln seiner Tätigkeit als Klosterpräzeptor in Denkendorf. Nach sehr kurzen Regierungszeiten von Herzog Carl Alexander (1733–1737) und den beiden Administratoren Karl Rudolf und Friedrich Karl bestieg 1744 der für volljährig erklärte, 1728 geborene Carl Eugen den Thron, den er dann lang über Bengels Tod (1752) hinaus bis 1793 innehaben sollte. Sein später guter Engel Franziska von Hohenheim war noch nicht in Erscheinung getreten, so dass es Bengel als Prälat nur mit dem jungen, ungestümen Herzog zu tun hatte. Die weiteren Fürsten des in über dreihundert Kleinstaaten zersplitterten Deutschen Reiches blieben für ihn ebenso wie die politisch führenden Könige von Preußen Friedrich Wilhelm I (bis 1740) und Friedrich II. der Große (bis 1786) sowie Kaiserin Maria Theresia von Österreich (bis 1780) ohne persönliche Bedeutung.

Als wichtigster Zeitgenosse Bengels darf »das musikalische Meer«, der fast genau gleichzeitig lebende Thomaskantor Johann Sebastian Bach (1685–1750) keinesfalls übersehen werden, wogegen die Werke der deutschen Klassiker erst in den folgenden Jahrzehnten entstanden. Zu Bengels Zeit waren leider weniger harmonisch-herrlich klingende Töne zu hören gewesen als vielmehr sehr viel Schlachtenlärm und Wehgeschrei geplünderter, gepeinigter Menschen. Die zahlreichen, der europäischen Bevölkerung und Besiedlung ungeheuren Schaden zufügenden Kriege waren der Pfälzische, dann der Spanische Erbfolgekrieg, wobei durch die Einfälle der Franzosen unter »Mordbrenner Mélac« mit ihren Verwüstungen auch das Elternhaus des kleinen Johann Albrecht zweimal ein Raub der Flammen werden sollte.

Das verfassungsmäßig verankerte Gegengewicht zum Regenten bildeten die Landstände (der Landtag); unter den Abgeordneten befanden sich mit Stimmrecht mehrere Vertreter der Kirche im Range von Prälaten. Diese hatten über die Erhebung und Verwendung von Steuergeldern mitzuentscheiden, was besonders im Blick auf die verschwenderische Hofhaltung des Herzogs und staatliche Ausgaben fürs Militär immer wieder zu erheblichen Auseinandersetzungen führte. Bei der vorherrschenden Miss- und Mätressenherrschaft berief der Herzog deshalb gern fromme Hofprediger, weil sie ihn in den Himmel »hineinbeten«, aber niemals tadeln sollten. Dass einem solchen Amtsverständnis verantwortungsbewusste geistliche Persönlichkeiten immer wieder nicht entsprechen konnten und die Bevölkerung dem Luxus am Hof bei vorliegender oft bitterer Armut im Lande nur seufzend und still klagend begegnete, bot den Nährboden für die weitere Entwicklung.

Die hauptsächlich aus Bauern und Weingärtnern bestehende, zum geringeren Teil auch in den Städten wohnende Bevölkerung hatte sich noch nicht von den schlimmen Folgen des Dreißigjährigen Krieges erholt, der am schrecklichsten in Württemberg unter allen Ländern Deutschlands gewütet hatte. Dieses soziale Elend hatte neben zahllosen negativen Folgen allerdings auch eine positive im Blick auf die damaligen kirchlichen Verhältnisse im Herzogtum Württemberg.

Der Bengelbiograf Gottfried Mälzer stellte nämlich zutreffend fest: »Wäre die politische Lage nicht so drückend gewesen, hätte diese Frömmigkeitsbewegung des Pietismus im schwäbischen Volk nicht so tiefe Wurzeln schlagen können.«[10] Begonnen hatte dies lange vor Bengels Geburt mit der programmatischen Schrift Pia desideria (fromme Anliegen) von Philipp Jakob Spener, der von 1635 bis 1705 gelebt hatte. Ursprünglich in lateinischer Sprache abgefasst, war diese rasch ins Deutsche übersetzt und überall verbreitet worden. In enger, gewollter Anknüpfung an Martin Luther und die Reformation mit ihrem Priestertum aller Gläubigen, dem ausschließlichen Maßstab der Bibel für Glaube und Leben des Christen sowie der Erlösung des Menschen allein durch Jesus Christus als Mittelpunkt der evangelischen Verkündigung strebte Spener nach einer geistlichen Erneuerung der evangelischen Kirche und einer ganz bewusst christlichen Lebensführung. Er selbst wehrte sich gegen die Bezeichnung solcher Christen als Pietisten, denn er sah in dieser Namensgebung die Gefahr ihrer Verurteilung und Verunglimpfung als Frömmler und Heuchler. Der junge Leipziger Professor für Poesie, Johann Feller, wandte 1681 den Begriff auf Studenten an, die als Anhänger des pietistischen August Hermann Francke unter Spott zu ihm nach Halle zurück vertrieben worden waren. Feller bekannte dabei seine persönliche Einstellung zur neuen Frömmigkeitsbewegung und trug wesentlich zur Verbreitung ihres Namens wie zur zutreffenden Erklärung ihres Wesens bei: »Wer ist ein Pietist? Der Gottes Wort studiert und nach demselben auch ein heilig Leben führt. Ich gestehs auch ohne Scheu, dass ich ein Pietist ohn Schmeich und Heucheln sei.«[11] Man setzte sich so eine persönliche Entscheidung für Gott und Jesus Christus durch Buße und Bekehrung zum Ziel und wollte ernsthaft nach der Heiligung des eigenen Lebens streben. Hierbei ging es nicht um die Reformation der Lehre,

---

[10] Gottfried Mälzer, Johann Albrecht Bengel, Leben und Werk, Stuttgart 1970, S. 12
[11] Martin Schmidt, Pietismus, 2. Auflage, Stuttgart 1979, S. 65 f.

sondern des Lebens.[12] In seinem Buch über den Pietismus schildert Martin Schmidt diesen als eine große, geistlich sehr fruchtbare Bewegung, die es verstanden habe, »das Entscheidende« schlicht zu sagen und eindrucksvoll zu gestalten, der christlichen Aussage und der christlichen Tatkraft »lebendige Formen zu verleihen«, wobei er »keine Landschaft Deutschlands so tief und bleibend in ihrem geistlichen Gepräge durch den Pietismus bestimmt« sieht wie Württemberg.[13] In der Tat erreichte dieser geistliche Aufbruch seine eigentliche Blütezeit im Heimatland Bengels unter wesentlicher Beteiligung desselben.

Zu Recht ergänzen und erweitern Gerhard Schäfer / Konrad Gottschick diese so eben kurz wiedergegebene Beschreibung des Pietismus, wonach es diesem »zwar auch um Reformen in der Kirche durch Buße und Wiedergeburt, das Heil jeder Person« geht, »aber zugleich hat er das kommende Gottesreich im Blick, das bald bevorsteht«.[14] Gerade diese geistliche Zielrichtung verdankt der württembergische Pietismus Johann Albrecht Bengels Werk. Wollte er doch nicht »auf der Hefe (eines diesseitig orientierten Kirchenwesens) sitzen bleiben«, sondern eine weit gespannte Erneuerung der Kirche anstreben, wobei er hinzufügte: »Wie wir mit Gottes Wort umgehen, so geht Gott mit uns um.«[15]

Im damaligen Herzogtum Württemberg hatte die Verbreitung des Pietismus nicht sogleich, sondern erst um das Jahr 1682 begonnen, also erst in seiner zweiten Generation und zu Bengels Lebzeiten. Damals hatte sich der Maulbronner Generalsuperintendent (Prälat) Johann Andreas Hofstetter als Förderer der neuen Frömmigkeitsbewegung hervorgetan, während sich der Theologieprofessor Johann Wolfgang Jäger in seinem Lehrbuch 1607 noch kritisch damit auseinandergesetzt hatte. Bei der Einführung der Konfirmation in der württembergischen Landeskirche durch Prälat Hiemer 1723 stand der Pietismus Pate. Seit 1733 waren in Stuttgart durch Georg Rieger Predigten in pietistischem Sinne zu hören, seit 1741 bot ein neues Gesangbuch das entsprechende Liedgut zum regen Gebrauch. Das Generalreskript (der herzogliche Erlass) aus dem Jahre 1743 ver-

---

[12] Vgl. Richard Haug, Reich Gottes im Schwabenland, Metzingen 1981, S. 60
[13] Martin Schmidt, Pietismus, Stuttgart 1979, S. 7 ff.
[14] Gerhard Schäfer, unsere Kirche unter Gottes Wort, in: Kurt Rommel, Hg., zu erbauen und zu erhalten das rechte Heil der Kirche, Stuttgart 1985, S. 143 ff.
[15] Richard Haug, Es komme dein Reich, Stuttgart 1987, S. 12

schaffte dann dem Pietismus mit seinen örtlichen Versammlungen das endgültige, gesetzlich verankerte Heimatrecht in der württembergischen Kirche. Diese Entwicklung macht verständlich, was Rössle feststellte, »es habe (zu keiner Zeit) mehr davon geprägte Pfarrer gegeben als damals« und zitierte dazu den schweizerischen Naturforscher und Dichter Albrecht Haller, der Glaube sei »im Württembergischen tiefer in des Volkes Herzen als anderswo und zeigt sich auch im (all)gemeinen Leben, der Gottesdienst ist eifrig, die geistlichen Gesänge allgemein (verbreitet) und alles der Frömmigkeit gemäß«.[16]

Die evangelische L a n d e s k i r c h e stand also zur Zeit Bengels unter dem zunehmenden Einfluss der pietistischen Frömmigkeit und der bis dahin unumschränkt vorherrschenden kirchlichen Orthodoxie. Diese hatte sich genauestens an den Wortlaut der Bibel gehalten und auf diese Weise ein bewundernswert straff gegliedertes und geschlossenes dogmatisches Lehrgebäude errichtet. Dabei lief sie aber Gefahr, in ihrer Frömmigkeit zu erstarren, sodass der Glaube zwar den Kopf des Christen füllte, aber das Herz desselben leer und kalt ließ. Statt um ein korrektes Glaubensbekenntnis ging es der neuen Frömmigkeit um dessen konkrete Bewährung und Betätigung im Alltag. Dieses sollte sich später in zahlreichen tatkräftigen und viel gefächerten Liebeswerken der Diakonie und Mission der Kirche auswirken.

Beim Theologen Coccejus wurde der Bund Gottes mit den Menschen in einer Art Bauökonomie gelehrt, welche alle Stufen der Menschheitsgeschichte durchläuft und in der Vollendung aller Dinge im Reich Gottes ihren Höhepunkt erreichen wird.[17] Als weitere folgenreiche Geistesbewegung machte sich zunehmend auch in Württemberg der Einfluss der Aufklärung bemerkbar, die von England und Frankreich ausgegangen war. Mit ihrer Betonung der ausschließlichen Vorherrschaft von Vernunft und Verstand bildete sie die Gegenströmung zur überlieferten Glaubenslehre der christlichen Kirchen auf biblischer Grundlage, sodass sie indirekt sogar deren ernsthaften und eigentlichen Widerstand und dabei besonders des Pietismus hervorrufen und stärken sollte. Mit ihrer gänzlich vernunftorientierten Moralreligion konnte die Aufklärung unter den gebildeten Schichten der Bevölkerung Fuß fassen. Besonders auf dem Gebiet der Pädagogik gewann sie großen Einfluss, der sich auch in den verschiedenen pietis-

---

16 Rössle, Von Bengel bis Blumhardt, Metzingen 1959, S. 32 f.
17 Adolf Köberle, Das Glaubensverständnis der Schwäbischen Väter, Hamburg 1959, S. 13

tischen Erziehungsschriften und -schritten deutlich nachweisen lässt. Auch die Verkündigung der nichtpietistischen Pfarrer sowie Vertreter der Kirchenleitung und der theologischen Wissenschaft atmeten diesen Geist eines mehr oder weniger puren, rein diesseitig ausgerichteten philosophischen und praktischen Rationalismus. Demgegenüber konnten gerade der Pietismus und in schwindendem Maße auch die Orthodoxie weite Kreise der Kirchenleute im schwäbischen Raum um sich scharen. Zu diesem Bild der kirchlichen Verhältnisse im Lande gesellte sich immer stärker jene uneinheitliche Opposition gegen die herrschende Staatskirche, welche mit dem Begriff des Separatismus gekennzeichnet wird, der oft schwärmerische Züge trug und immer wieder zu Kirchenaustritten führte.

Das soeben geschilderte vielschichtige geistes-, frömmigkeits- und kirchengeschichtliche Spektrum auf dem Boden der politisch-sozialen Verhältnisse im Herzogtum Württemberg sollte nun Bühne, Hintergrund und Herausforderung für Johann Albrecht Bengels gesamtes Leben bilden. In seinen Diensten als Lehrer und Erzieher, als Prediger und Seelsorger, als Bibelausleger und -wissenschaftler sowie in seiner späteren kirchenleitenden Stellung und Wirksamkeit blieb er also nicht in einem gewissermaßen luftleeren Raum, sondern sehr abhängig von den jeweiligen Zuständen, Verhältnissen, Lebens- und Arbeitsbedingungen. Wie aufgeschlossen oder ablehnend, tolerant oder unduldsam, beweglich oder starr würde er Stellung zu den auftretenden Fragen beziehen? Wie würde sich sein Verhältnis zu seiner Kirche und zum Pietismus gestalten, wie weit würde sich ihnen gegenüber seine Kritik und Loyalität, seine Solidarität und seine Distanz erstrecken?

2

Prägende Anfänge
in Bengels Werdegang

Kindheit und Schulzeit

Johann Albrecht Bengel erblickte das Licht der Welt am 24. Juni des Jahres 1687 in Winnenden, einer Stadt nordöstlich von Stuttgart im damaligen Herzogtum Württemberg. Da sein Geburtstag genau auf den seines Urgroßvaters mütterlicherseits, keines geringeren als des württembergischen Reformators Johannes Brenz, gefallen war, verdankte er diesem seinen ersten Vornamen, während der zweite nach dem des Vaters ausgewählt worden war. Das Kind war so schwach, dass sogleich nach der Geburt die Nottaufe an ihm vollzogen wurde.

Beide Eltern gehörten von Haus aus zur so genannten württembergischen Ehrbarkeit. Die Mutter Barbara stammte aus der Familie Schmidlin in Stuttgart, Vater Bengel war zu jener Zeit als Diaconus (zweiter Pfarrer) in Winnenden tätig, nachdem er zuvor lange Zeit als ein sehr begabter Lehrer an der Klosterschule in Bebenhausen gewirkt hatte. Die Familie wohnte in jener Gasse hinter dem Rathaus, die heute den Namen Bengels trägt. Vater und Mutter erzogen dort ihren kleinen Sohn in bestmöglicher Weise. Der Vater mit seiner »leichten und anmutigen Lehrart«, wie der Zögling rückblickend lobte, unterrichtete den Fünfjährigen in den »Grundlagen der Frömmigkeit« und im Lesen und Schreiben. Dankbar gedachte Bengel in seiner Lebensbeschreibung, dass er Gottes Wort hören, lesen und lernen konnte, sodass »ein kindliches Vertrauen zu Gott entstanden, ein Ernst im Beten, ein Verlangen nach ... besserem Leben, ein Vergnügen zu den Sprüchen der Heiligen Schrift, Freude an Gesängen und Kirchengebeten, eine Bewahrung des Gewissens, eine Scheu vor dem

Stadtansicht Winnendens aus dem Jahre 1686.

Bösen, eine Liebe zum Guten«.[18] Solche unbeschwerten ersten Kinderjahre endeten jedoch ganz plötzlich im Jahre 1693 mit dem Tode des Vaters in dessen dreiundvierzigsten Lebensjahr. Als äußerst gewissenhafter, emsiger und furchtloser Seelsorger hatte er sich bei Krankenbesuchen, die ihn auch ins Filialdorf Hertmannsweiler führten, an einer grassierenden Seuche angesteckt. Johann Albrecht berichtete später, er hätte damals den Vater gerne mit seinem Gebet am Leben erhalten wollen, wenn man ihn dazu aufgefordert hätte.

Nun folgte für den erst Sechsjährigen eine harte, notvolle Zeit. Dennoch verfiel er nicht ins Klagen, lernte vielmehr daraus »die Fürsorge und Güte Gottes deutlicher zu erfahren«[19]. Zu den folgenden Ereignissen äußerte sich Bengel in seiner Rückschau auf diesen Lebensabschnitt. »Meine Jugend war ein Meer des Erbarmens, soviel Gnade, dass hundert alte Adam darin ersäuft werden könnten«[20] und folgerte für sein weiteres Leben: »Leiden durchläutert schärfer als irgendwelche anderen Widerwärtigkeiten.« Insgesamt sah er in seiner Jugend »reine göttliche Rührungen«[21].

Als bei kriegerischen Einfällen der Franzosen unter »Mordbrenner Mélac« zuerst das Haus der Familie Bengel in Winnenden (Winnenden war zunächst am 18. Juli 1693 geplündert worden, bevor am 26. Juli 240 Häuser niedergebrannt wurden)[22], dann die Wohnung im

---

18 S. u. vgl. Gerhard Schäfer/Wilhelm Horkel, Hg., Gott hat mein Herz angerührt, Metzingen 1987, S. 166
19 Karl Hermann, Der Klosterpräzeptor von Denkendorf, Stuttgart 1987, S. 37
20 a. a. O., S. 37
21 a. a. O., S. 26
22 Geschichte von Württemberg, (ohne Verfasserangabe), Verlag Hänselmann, Stuttgart 1886, S. 557

danach bezogenen Zufluchtsort Marbach den Flammen zum Opfer gefallen war, verbrannte zugleich die ausgesucht gute Bibliothek des Vaters. Bengel bemerkte zu diesem Verlust, ihm sei dadurch »die Gelegenheit genommen worden, bei seiner natürlichen feurigen Lernbegierde sich vor der Zeit zu zerstreuen und das Viele dem Gründlichen vorzuziehen«[23]. Vielmehr veranlasste dies den wissbegierigen Jungen, »die Heilige Schrift emsig zu lesen«.

Auf Grund der völlig veränderten familiären und wirtschaftlichen Verhältnisse musste jetzt Johann Albrechts Mutter ihren Sohn an den Freund ihres verstorbenen Mannes, den Präzeptor David Wendelin Spindler in Kost und Logis weggeben. Nachdem er in der ersten Zeit noch in Marbach gewesen war, zog der Junge mit seiner Gastgeberfamilie sodann für die folgenden drei Jahre nach Schorndorf und 1699 nach Stuttgart – an Lehrer Spindlers neuen Wirkungsort. Hier wurde dem Zwölfjährigen eine für seine Zeit hervorragende weitere Schulbildung am Unteren und später am Oberen Gymnasium geboten. Neben den alten Sprachen Hebräisch, Griechisch und Latein zur Vorbereitung auf das beabsichtigte Studium der Theologie, konnte sich der hochbegabte, eifrige und äußerst erfolgreiche Johann Albrecht erstmals eingehend mit Geschichte, Mathematik und den Naturwissenschaften jener Zeit befassen. Das sollte seinen weiteren Lebensweg beeinflussen.

In seiner geistig-geistlichen Entwicklung schien sich der junge Bengel anfangs und wohl in Anbetracht der zunächst ungewohnten Umgebung zu einem Einzelgänger zu entwickeln, denn er berichtete später selbst darüber: »Ich bin immer für mich gewesen. Ich vergleiche mich mit einem Blümlein, das einzeln aus einer Mauer herausgewachsen ist.« Jedoch konnte er in der Rückschau dankbar bezeugen, »dass Gott sein bester und größter Lehrer gewesen war, der ihn in diesem gefährlichen Alter mit seiner steten Wache [Obhut] vor Abweichungen [auf seinem Weg] bewahrt und [ihm] das tiefe Gefühl von der Wichtigkeit der ewigen und unsichtbaren Dinge eingeprägt« habe. Bengel fuhr fort, »das Ernsthafte dem Läppischen und göttliche Dinge allem anderen vorgezogen zu haben. Wenn die äußeren Versuchungen an mich wollten, so wachte eine tief in meiner Seele liegende und allezeit bereite Warnung auf und unterdrückte nicht nur die verborgenen Fehler, sondern hielt auch diese Anläufe ab.«[24] Er schrieb es der Vorsehung

---

[23] Karl Hermann, Der Klosterpräzeptor von Denkendorf, Stuttgart 1987, S. 37
[24] S. u. vgl. a. a. O., S. 57, 59.

Gottes zu, wenn er voll Freude seine freie Zeit für die Lektüre geistlicher Literatur wie Johann Arndts »Wahres Christentum« oder Johann Gerhardts »Heiligen Betrachtungen« sowie natürlich der Heiligen Schrift selbst widmete. Ebenso förderten Predigten und Abendmahlsbesuche bei ihm »eine heilsame Wirkung zum kindlichen Gebet und zum Verlangen, bald bei Christus zu sein. Und dieser trefflichen Schule schreibe ich es zu, darin mich Gott selber geführt, dass auch meine anderen Studien guten Fortgang hatten.«[25]

Ganz besonders wichtig war in jener Zeit, dass der junge Johann Albrecht im Hause seines Ziehvaters Spindler zwar die geistliche Bewegung des Separatismus kennen lernte, der die in seinen Augen völlig verflachte und verweltlichte württembergische Staatskirche verlassen hatte, sich aber persönlich dafür nicht gewinnen ließ. Durch diese Erfahrung blieb er sein Leben lang vor der Trennung von seiner Kirche bewahrt. Dagegen führten im Jahre 1710 Spindlers Bestrebungen schließlich zu seiner Amtsenthebung als Lehrer durch die dafür zuständige Kirchenleitung in Stuttgart. Für Johann Albrecht Bengel hatte indessen schon längst, nämlich seit dem Frühjahr 1703, ein völlig neuer Lebensabschnitt außerhalb des Hauses seiner Kindheit begonnen.

Bengels Studienjahre

Im Alter von inzwischen sechzehn Jahren begann Johann Albrecht Bengel sein Studium an der württembergischen Landesuniversität in Tübingen. Hatte er doch zuvor durch ein gut bestandenes Landexamen (einheitliche Prüfung württembergischer Schüler) erreicht, dass ihm im dortigen Evangelischen Stift während seiner gesamten Studienzeit kostenfreie Verpflegung und Unterkunft gewährt wurde. Diese Einrichtung bestand seit der Reformation und diente ihren Bewohnern zur Vorbereitung auf den künftigen Dienst in Kirche oder Staat. Ein Zeitgenosse pries diese »Glückseligkeit, die ein württembergischer Kandidat gegen Gott und seinen Fürsten nicht genugsam erkennen kann«[26]. Bengel hatte eine sehr strenge Arbeitsauffassung. Er

---

[25] S. u. vgl. Gerhard Schäfer/Wilhelm Horkel, Hg., Gott hat mein Herz angerührt, Metzingen 1987, S. 169
[26] S. u. vgl. Karl Hermann, Der Klosterpräzeptor von Denkendorf, Stuttgart 1987, S. 90 ff.

Die Brücke zu Tübingen. Kupferstich nach Merian (Ausschnitt).

nützte nämlich seine Zeit gewissenhaft, indem er sich vornahm: »Es enteilt die Stunde, kein Tag ohne Liebe, nichts aufschieben. Alles zu seiner Zeit.«[27]

Bengels Studium wird aus seinen Tagebüchern ersichtlich. So äußerte er sich über die Bewertung und Verwertung seiner Lebenszeit schon damals, um sich stets danach zu richten: »Das menschliche Leben ist recht wie eine Reise ... Wir leben nicht umsonst in der Welt. Der Mensch ist zur Ewigkeit geschaffen. Dieses Leben hindurch ist eine Probezeit, eine Frist[28] ... Das Kostbarste, was man verbrauchen kann, ist die Zeit. Die Jahre gleichen dem fließenden Wasser ... Tue das, was du auf dem Sterbebett getan haben möchtest. Es wird nicht immer Sommer gewesen sein. Die Zeit (soll man) auskaufen.«[29]

Der junge Student hatte vor dem eigentlichen Studium der Theologie zuerst die verschiedensten vorgeschriebenen Vorlesungen in Geschichte, Philosophie, der Naturwissenschaften und in Mathematik zu besuchen. Seine besten Leistungen erbrachte er bei größtem Interesse in der Mathematik, welche für ihn zur Grundlage aller Genauigkeit und Ordnung in seinem biblischen System werden sollte. Mit siebzehn Jahren bestand er als bester unter seinen Mitstudenten die erforderliche Magisterprüfung, um daraufhin sein eigentliches Studium der Theologie beginnen zu dürfen. Dieses hinderte ihn jedoch später keineswegs, sich zugleich mit größter Hingabe sowohl antiken Schriftstellern als auch der Philosophie zuzuwenden, wobei ihm am meisten das Universalgenie Leibniz zusagte.

Einige akademische Lehrkräfte sollten den jungen Studenten besonders prägen. Vor allem gedachte er rückblickend mit großer Dankbarkeit des »kühlen Morgentaus des Lehrers voller Kraft und Leben« – Professor Reuchlin. Professor Johann Wolfgang Jäger machte ihm die Verschiedenheit und geschichtliche Vielfalt innerhalb der Bibel verständlich. Außerdem bereicherte er die lutherische Überlieferung durch die Theologie des Bundes zwischen Gott und Mensch, die eigentlich zur reformierten Dogmatik gehörte. Gegenüber dem Freund Speners, Prof. Andreas Adam Hochstetter, empfand Bengel deshalb eine besonders tiefe Dankbarkeit, weil »alle mit allem zu ihm kommen konnten«. Außerdem oblag diesem die Leitung jener Dispu-

27 Werner Hehl, Johann Albrecht Bengel, Leben und Werk, Stuttgart 1987, S. 41
28 Karl Hermann, Der Klosterpräzeptor von Denkendorf, Stuttgart 1987, S. 106
29 a. a. O., S. 129

tation (wissenschaftlichen Erörterung), welche Bengel zum Thema »Lösegeld« aufgetragen war, »das Blut dessen, der durch den ewigen Geist sich selbst untadelig Gott geopfert hat«[30]. Dabei hatte es sich also um die zentrale Frage der Lebenshingabe Jesu zur Erlösung des Menschen gehandelt.

Tiefste Anfechtungen während seiner Studienjahre bereiteten Bengel die Bemühungen, sein geistliches Leben mit seiner äußeren Lebensführung in Einklang zu bringen. Als er im dritten Studienjahr in Tübingen lebensgefährlich erkrankte und von seiner Mutter sehr treu in Maulbronn (wohin sich diese inzwischen wieder verheiratet hatte), versorgt wurde, tröstete er sich mit dem Lieblingspsalm Luthers, 118: »Ich werde nicht sterben, sondern des Herrn Werke verkündigen.« Die dann nach langen Monaten erfolgte Genesung bestärkte ihn im Vertrauen auf Gottes Wort und ließ ihn sehr gerne wieder an die Universität Tübingen zurückkehren.[31]

Andererseits gestand er in der Rückschau auf seine Studentenzeit, dass ihm in jenen Tagen Verstandeszweifel keineswegs erspart geblieben waren. Auch empfand er »im Innern manche Mühseligkeit« und Ermattung. Zugleich erlebte er »die Wirkung, dass oft unbekannte, angefochtene Leute ... die Hoffnung eines Mitleidens und ein Vertrauen« zu ihm fassten und äußerten, wobei er »von der göttlichen Leutseligkeit die innigsten Friedensblicke erhalten« habe.

Während die zeitgenössische Philosophie laut Bengels Erkenntnis stets das Wissen betonte, hat es Gott immer aufs Glauben »abgesehen«. »Man unterminiert auf das Gefährlichste den Glauben eben damit, dass man alles aufs Wissen führt.« Dadurch werde man zum Glauben untüchtig. Kommt die Philosophie hingegen erst nach dem Glauben, habe man also Gott bereits zuvor in der Schrift, »geht es schon an, sonst aber ist es gefehlt«[32].

Bengels theologische und geistliche Einstellung vermittelt sehr aufschlussreich seine Prüfungspredigt vom 23. Dezember 1706 (nachzulesen unter dem Titel »Der Prediger«). Das Zeugnis der Prüfungskommission dazu lautete: »Er hat gut gepredigt und (im wissenschaftlichen Examen) rechtschaffen geantwortet.«[33]

---

[30] S. u. vgl., Du Wort des Vaters, rede du, in: Hg. Julius Rössle, Zeugnisse der Schwabenväter, Bd. VI, Metzingen 1962, S. 51, 58
[31] S. u. vgl. Karl Hermann, Der Klosterpräzeptor von Denkendorf, Stuttgart 1987, S. 131 f.
[32] S. u. vgl. a. a. O., S. 171 ff.
[33] S. u. vgl. a. a. O., S. 141

Auf die sehr erfolgreich bestandene theologische Prüfung folgten für Bengel fünf Jahre als Repetent am Tübinger Stift sowie Aushilfsdienste als Vikar in Metzingen, (13. bis 27. April 1707), dann wenige Monate in Nürtingen sowie kurze Stellvertreterdienste[34] in Urach und schließlich wieder in Tübingen. Dort wirkte er eine Zeit lang auch als Hauslehrer. Zur selben Zeit beschäftigte ihn das Verhältnis des Alten zum Neuen Testament, hauptsächlich jedoch die unklare Vielfalt der neutestamentlichen Texte, deren Überlieferung zu untersuchen eine wesentliche Lebensaufgabe für ihn werden sollte.

Schon jetzt stand für Bengel fest, dass es auf das genaueste Hören jedes Bibelwortes ankommt, denn hier offenbart und erschließt sich Gott selbst. Gleichzeitig lehnte er die Lehre der radikalen und separatistischen Pietisten ab, welche sich auf unmittelbare Geisteseingebungen ohne Bindung an die Schrift beriefen und die Trennung von der verweltlichten Kirche forderten. Für ihn war und blieb die Bibel das allerwichtigste Studienbuch. Er betrachtete die Heilige Schrift als eine »heilige Sache«.

Bengels Studienreise

Von März bis Oktober 1713 führte Bengel eine Studienreise durch, die in Württemberg qualifizierten Predigtamtskandidaten ermöglicht wurde. Diese führte ihn über Nürnberg, Erlangen und Coburg zuerst nach Halle (Saale). Dort hielt er sich drei volle Monate auf und traf in dieser Zeit mehrfach mit August Hermann Francke (einem der führenden Pietisten jener Zeit) zusammen, dem berühmten Gründer und Leiter des dortigen Waisenhauses und weiterer Bildungseinrichtungen). Obwohl er hier einerseits ein tiefes geistliches Leben antraf und anerkannte und von der »aktiven und familiären Arbeit« sehr beeindruckt war, lehnte er andererseits den vorherrschenden Bekehrungseifer entschieden ab. Bengel setzte schließlich seine Reise über Leipzig, Jena, Eisenach und Gießen fort. Unterwegs besichtigte er den Lehrbetrieb an Gymnasien und Universitäten, führte Unterredungen mit Professoren und besuchte pietistische Gemeinschaften und deren leitende Persönlichkeiten. Vor allem würdigte er den geistlichen Vater des deutschen Pietismus, Philipp Jakob Spener, in Frankfurt als einen

---

[34] S. u. vgl. a. a. O., S. 152 ff.

Wichtigste Stationen auf Bengels Studienreise

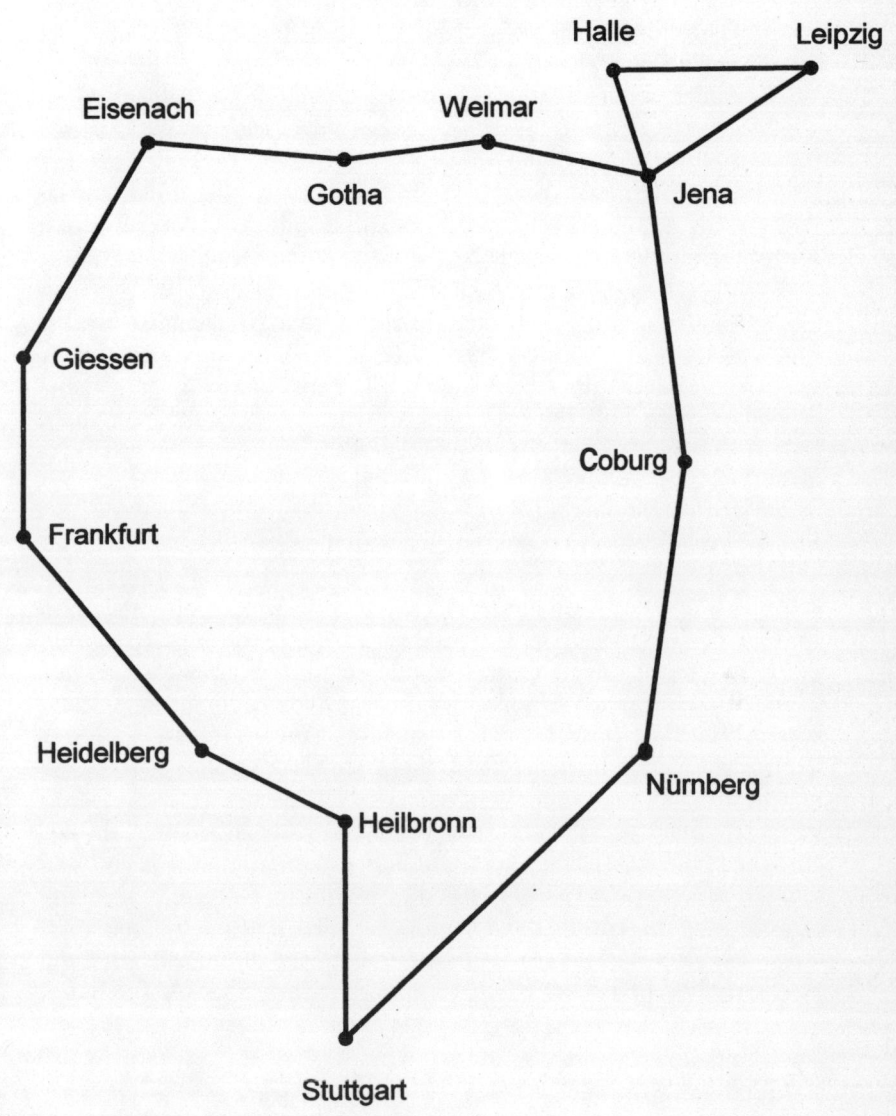

Halle
Leipzig
Eisenach
Weimar
Gotha
Jena
Giessen
Coburg
Frankfurt
Heidelberg
Nürnberg
Heilbronn
Stuttgart

»stattlichen Wahrheitszeugen, der das Seine redlich getan« habe. Demgegenüber konnte er bereits zu jener Zeit keine Übereinstimmung mit Graf Nikolaus von Zinzendorfs Frömmigkeitsart (1700–1760) feststellen.

Traf Bengel in äußerer Hinsicht eine reiche Vielfalt an, so spürte er zugleich jenen einigenden Geist, welcher ihn in seiner persönlichen gedanklichen und praktischen Toleranz bestärkte, eine Haltung, die damals nicht gerade die Regel gewesen war.

Eigentlich wollte Bengel den Ertrag seiner Reise vollständig in schriftlicher Form festhalten, was er in einer seiner verschiedenen Lebensbeschreibungen zum Ausdruck brachte. So strebte er an, Erinnerungen, Klagen, Vorschläge und Gedanken der erfahrensten Pädagogen zu sammeln, um dementsprechend das Nützliche und Anwendbare so gut wie möglich in seiner kommenden Schulpraxis mit den entsprechenden Lehrbüchern anzuwenden. Insgesamt ergaben sich aus der sehr erlebnis- und erfahrungsreichen Studienreise für den wissbegierigen Beobachter wertvollste und wichtigste richtungweisende Folgerungen für seinen weiteren Lebensweg. Er schätzte dabei besonders die Einblicke in die angetroffene geistliche Gemeinschaft. Diese lobte er in Halle, wo zwischen den drei Kollegen August Hermann Francke, Breithaupt und Anton »durch das Kreuz zusammengefügt« eine einzigartige harmonische Verbindung mit Gebetsgemeinschaft bestand. Bewundernd äußerte sich Bengel dazu: »Überhaupt leben die Gläubigen hier auf einem viel vertraulicheren Fuß miteinander, als ich es an anderen Orten gesehen habe«, wodurch mehr als alles andere »der geistlichen Schläfrigkeit vorgebeugt« werde. »Ich schätze es für eine große Gnade Gottes, dass ich so viele herrliche, lebendige Beispiele davon sehen kann, was die Kraft des Herrn aus dem Menschen zu machen vermag.« Anschließend bekannte er: »Bis dahin war ich fast nur für mich allein Christ, hier aber lerne ich einsehen, was es um die Gemeinschaft und Verbindung von Christen ist.«[35] So führte seine Studienreise zu einer vertieften Beziehung zu jener Form des Pietismus, die sich in den herkömmlichen Bahnen bewegte und von unnüchterner Schwärmerei und Kirchenspaltung freihielt. Zur Geistesbewegung der kirchlichen Orthodoxie enthielt sich der junge Theologe damals jeglicher kritischen Äußerung. Im Ganzen sollte sich die gewonnene Sicht aus der Studienreise wie ein roter Faden durch den

---

[35] S. u. vgl. a. a. O., S. 217 f.

gesamten weiteren Lebensweg und das Lebenswerk Bengels hindurchziehen.

Bengels Berufsauffassung entsprang und entsprach völlig seiner charakterlich reifen, absolut verlässlichen und völlig verantwortungsbewussten Persönlichkeit.

Durch Studium und Studienreise für seine pädagogischen und pfarramtlichen Tätigkeiten bestens ausgestattet, richtete er sich jederzeit ganz und gar auf Gott aus, der ihn gelehrt habe, allein auf ihn zu sehen. Auf diese Weise verschaffte er sich eine innere, nur durchs Gewissen begrenzte Unabhängigkeit, sodass es ihm gleich viel bedeutete, »ob Gott und Menschen oder Gott allein« sein Tun gutheiße. Seinen persönlichen Wahlspruch hatte er aus Psalm 37 entnommen: »Nicht unbedacht, aber unverzagt« (im originalen Latein Nec temere, nec timide). Jegliches Streben, sich in den Vordergrund zu stellen oder zu spielen, lag dem bescheidenen Mann fern. Er verurteilte auch jenen von ihm beschriebenen akademischen Standesdünkel, der jedem Menschen die Gelehrsamkeit aberkennt, welche nicht auf einer Universität erworben worden war, selbst wenn sie sich noch so kenntnisreich und belesen erweisen sollte, wogegen Leute als gelehrt anerkannt sein wollten, die sich nur widerwillig und wenig fleißig dem Studium hingegeben hatten. Durch Bengels intensive Beschäftigung mit den Klassikern sah er bei sich selbst »etwas von den Sitten der Alten hängen geblieben«. Zur biblischen Dreiheit Glaube, Liebe und Hoffnung als Hauptsache in seinem Leben fügte er noch die Sanftmut und Demut hinzu, was keine leeren Vorsätze bleiben sollten. Ihm lag dabei alles an einer festen Standhaftigkeit und zuverlässigen Treue. Er hatte beschlossen: »Solange es Tag ist, wirke ich und was meine Hand findet, tue ich.« Auge und Herz sollten auf seinem Lebensweg immer und überall auf das Beste ausgerichtet sein und bleiben. Die Bindung an Bibel und die Kirche stand für Bengel in seinem ganzen Leben an erster Stelle.

3

Richtungweisende Erkenntnisse für Bengels Leben und Werk

Bengels geistig-geistliche Grundlinien für sein gesamtes Leben zeichneten sich bereits bei dem zwanzigjährigen Studenten klar ab, wie Professor Brecht zu dessen erstüberliefertem Gebet bemerkt.[36] Daher können sie seinem Lebenslauf mit all seinen einzelnen Erkenntnissen und Entscheidungen richtungweisend vorangestellt werden. Es handelt sich dabei um das Herzstück von Bengels ganzer Persönlichkeit, nämlich um die Bibel, Jesus Christus und die Kirche. Diese Richtwerte bildeten bei ihm eine untrennbare Einheit.

Die B i b e l , von Bengel meist die Schrift genannt, rühmte er als »etwas Schönes, ... so recht wie ein Vögelein, das einem auf der Hand sitzt und dahersingt, wie man es gern haben will«[37]. Sie bildete für ihn den ausschließlichen Maßstab und Wegweiser, Quelle der Kraft, Weisheit und Erkenntnis auf allen Tätigkeitsfeldern, ob es sich dabei um die Pädagogik oder Predigt, die Seelsorge oder wissenschaftlich-theologische Studien, die textkritische Forschung zum neutestamentlichen Urtext oder ein kirchenleitendes Amt handelt. (»Die reine Schrift! Die ganze Schrift! Nur die Schrift!«)[38] Zu Recht kann er deshalb als »Mann des einen Buches« bezeichnet werden. Die innigste Liebe zu diesem verlieh ihm jene bewundernswerte Ausdauer und Genauigkeit bei aller sonst gewiss ermüdenden Sichtung, Ordnung und Auslegung der verschiedensten Bibeltexte und Handschriften. Als Schriftdeuter der

---

[36] Vgl. Martin Brecht, Ausgewählte Aufsätze, Band II Pietismus, Stuttgart 1997, S. 258.
[37] Richard Haug, Es komme dein Reich, Stuttgart 1981, S. 129
[38] Gerhard Schäfer, Wilhelm Horkel, Hg., Gott hat mein Herz angerührt, Metzingen 1987, S. 27

Zukunft von Kirche und Welt wollte er schließlich sogar ein ganz neues Ackerfeld bearbeiten.

Wesen und Wert der Bibel sah Bengel im hier geoffenbarten Wort Gottes.

Ihm war »die Heilige Schrift ein persönlicher Brief der Liebe«, das dieser durch Mose, die Propheten und Apostel für die Menschheit aufzeichnen ließ. Darin wird ihr »das Geschenk des unmittelbaren Zugangs zu Gott« angeboten und erschlossen. In einem Brief an Oetinger aus dem Jahre 1733 charakterisierte Bengel die Bibel »als Lehre von der Verherrlichung Gottes durch der Menschen Seligkeit«. [39]

Für ihn war sie ein »Verzeichnis alles Wissenswerten«[40], wo er alles beschrieben sah, »was die Welt, das menschliche Geschlecht und die Gemeinde Gottes für einen Ursprung, Lauf und Ziel haben und wie der lebendige Gott sich nach und nach durch seine Werke und Zeugnisse in seiner Allmacht, Gerechtigkeit und Barmherzigkeit geoffenbart hat«. Dementsprechend würdigte Bengel die Schrift als Quelle aller wahren und notwendigen Erkenntnis, ihren ganzen Inhalt als »heilig, heilsam und genugsam«[41]. Hinzu kam für ihn das Wunder ihrer Überlieferung durch viele Hände bis zum gegenwärtigen Leser, was diesen zu ihrem sorgfältigen Gebrauch veranlassen sollte. »Wir sollten Gott für die unverfälschte Erhaltung seines Wortes danken, seine Fürsorge preisen und uns alles desto fleißiger ... und eifriger zunutze machen.«[42]

Aus diesen Gründen stufte Bengel »das Ansehen der Bibel unvergleichlich höher ein als das des Menschen und seiner Bücher ... Er verglich die Heilige Schrift mit der Sonne, die alle Nebel durchdringt. Ihre Einzigartigkeit besteht auch darin, dass sie nie veraltet und die Siegespalme behält, obwohl sie vernachlässigt wird.«[43]

Weil uns durch die Schrift die Seligkeit durch den Glauben an Jesus Christus vermittelt wird, wertete sie Bengel »in all ihren Worten als köstlicher als Gold«. Wie das kleinste Teilchen Gold eben doch Gold

[39] Ötinger, Hg. 1836, Stuttgart 1986, S. 182
[40] Brecht, zitiert nach Gottfried Mälzer, Johann Albrecht Bengel, Leben und Werk, Stuttgart 1970, S. 358
[41] Gnomon, Stuttgart 1751, S. 20 f., wiedergegeben bei Konrad Gottschick, Gerhard Schäfer, Hg. Auf dem Weg zur Fülle der Zeit, Stuttgart 1991, S. 198
[42] Karl Hermann, Hg., Vom heiligen Heimweh, 2. Auflage, Stuttgart 1979, S. 14; Karl Hermann, Der Klosterpräzeptor von Denkendorf, Stuttgart 1987, S. 376 ff.
[43] Du Wort des Vaters, rede du, in: Julius Rössle, Hg., Zeugnisse der Schabenväter, Bd. VI, Metzingen 1962, S. 18

ist, so ist auch der kleinste Teil der aus Gottes Mund geflossenen Rede göttlicher Art.«[44]

Bedenkt man außerdem den Weg des Wortes Gottes durch viele Hände, bis man das Bibelbuch selbst in der Hand hält, so ist dies ein Wunder und die Schrift umso sorgfältiger zu gebrauchen, in Dankbarkeit für ihre unverfälschte Erhaltung.

Wer nun an den Aussagen der Bibel zweifelt, gleicht für Bengel einem Reisenden, »der über keine Pfütze schreitet und über kein Gräslein, sondern vorher alles eben gemacht und ausgefüllt haben will. Wer wollte einen solchen für klug halten?«[45]

Dabei war für Bengel der Zusammenhang zwischen Altem und Neuem Testament als Zeugnis einer einzigen »Heilsveranstaltung«, einer »großen Haushaltung, Oekonomie Gottes« von allergrößter Wichtigkeit, indem dieser sein Volk durch Wort und Werk geleitet und seine Verheißungen in Jesus erfüllt hat. Die Bibel stellte dabei für Bengel alles andere als ein bloßes »Spruchbüchlein« dar (wie es bei der Orthodoxie zu finden war). So gehörten »der ganze Weg Gottes, das Zeugnis von Christo zusammen. Wer nur das Herzblatt nimmt, bei dem wird dasselbe bald verwelken und allen anderen Wahrheiten gleichgültig werden.«

Die Bibel bildete für Bengel ein vollständiges Werk, »das weder unter irgendeinem Mangel noch unter irgendeiner Übertreibung leidet«[46] – »vergleichbar mit einer Kugel, die rund und eben und damit ganz ist.«[47] Deshalb dürfe sie auch nicht durch die lutherischen Bekenntnisschriften oder Dogmen der Kirche eingeengt werden.[48]

Als Wirkung des Wortes Gottes bezeugte Bengel: »Sobald das Wort des Herrn Christus dein Herz trifft, so ist die Kraft da ... größer als all mein Unvermögen.« Unvermittelt ließ er das Stoßgebet folgen: »Stärke mich, so kann ich mich stärken. Und alles, was in mir erstorben war, kann zu neuem Leben kommen.«[49] Wiederholt warnte Bengel

---

[44] Karl Hermann, Der Klosterpräzeptor von Denkendorf, Stuttgart 1987, S. 372.
[45] Gerhard Schäfer, Wilhelm Horkel, Hg., Gott hat mein Herz angerührt, Metzingen 1987, S. 28 f.
[46] Gnomon, Bd. 1, S. LIV.
[47] Du Wort des Vaters, rede du, in: Julius Rössle, Hg., Zeugnisse der Schwabenväter, Bd. VI, Metzingen 1962, S. 12
[48] Martin Schmidt, Pietismus, 2. Auflage, Stuttgart 1979, S. 111
[49] Gerhard Schäfer, Wilhelm Horkel, Hg., Gott hat mein Herz angerührt, Metzingen 1987, S. 29

davor, »aus (des) Meisters Vorrat nur dasjenige herauszulesen, was persönlich nützlich erscheint«.[50] Für ihn verlieh Gott durch die Schrift dem Menschen übernatürliche Kräfte, wogegen die leibliche Speise lediglich dem natürlichen Leben zugute kommt. Gehe man mit Gottes Wort wie ein Botaniker oder Gärtner mit Blumen oder Kräutern um, so könne man sich seine heilende Wirkung bei Gesundheit wie Krankheit zunutze machen. Es macht »mit seinem Erscheinen die Finsternis hell ... lässt uns seine holdseligen Strahlen leuchten«.[51]

Zum Umgang mit der Schrift empfahl Bengel, sie »lieb zu gewinnen« als »Anleitung zum rechten Tun und Wachstum an Erkenntnis«, »was denen offen steht, die rechten Herzens sind«, sowie ihr »die Ehre zu geben und alle Aufmerksamkeit zuteil werden zu lassen«.[52]

Die Schrift war für Bengel in verschiedenen Graden von Gottes Geist eingegeben. Ihre Inspiration begründete er mit dem 2. Timotheusbrief, Kapitel 3, 16 (in seiner Auslegung im Gnomon), wonach die Schrift sowohl hinsichtlich ihrer Verfasser, »welche Gottes Odem unter dem Schreiben anwehte«, als auch beim Lesen »seinen Geist walten lässt.«[53] Gottes Heiligem Geist gebührt die Ehre, denn er habe auch Bengels Herz berührt. Im selben Geist verfasste er auch sein wohl bekanntestes Lied »Du Wort des Vaters, rede du ... (siehe Bengel als Liederdichter, S. 73).

Da die inspirierte Bibel sich für Bengel völlig aus sich selbst heraus auslegen ließ, meinte er, auf deren historische Erklärungen verzichten zu können.

Hierzu beobachtet Schäfer Bengels Nähe zur mystischen Frömmigkeit, indem dieser mit seiner Betonung der göttlichen Gegenwart im Wort solches in die Nähe eines Sakraments rücke und dadurch den Unterschied zwischen dem äußeren Gewand und dem inneren Gehalt der Bibel aufhebe. Er übersehe auf diese Weise, dass das göttliche

---

[50] S. u. vgl., Konrad Gottschick/Gerhard Schäfer, Hg., Auf dem Weg zur Fülle der Zeit, Stuttgart 1991, S. 199 f.
[51] Gerhard Schäfer, Wilhelm Horkel, Hg., Gott hat mein Herz angerührt, Metzingen 1987, S. 30
[52] Karl Hermann, Hg., Vom heiligen Heimweh, 2. Auflage, Stuttgart 1979, S. 14; Karl Hermann, Der Klosterpräzeptor von Denkendorf, Stuttgart 1987, S. 376 ff.
[53] S. u. vgl. Gerhard Schäfer, Zu erbauen und zu erhalten das rechte Heil der Kirche, in: Kurt Rommel, Hg., Unsere Kirche unter Gottes Wort, Stuttgart 1985, S. 148

Wort im Menschlichen Knechtsgestalt angenommen hat und uns der Schatz in irdenen Gefäßen gegeben ist.[53]

Beim Lernen der Bibel unterschied Bengel vier Klassen von Menschen. »Die einen verlieren wie ein Gefäß alles Aufgenommene, wieder andere saugen wie ein Schwamm alles auf, ob es rein oder unrein ist, eine dritte Gruppe lässt wie ein Filter den Wein durch, behält aber die Hefe zurück, während die vierte Art entsprechend einem Sieb zwar den Weizen, nicht aber die Spreu sammelt, worin sie dem Frucht bringenden Ackerfeld aus Jesu Gleichnis entspricht.«[54]

Für Bengel stand unverrückbar im Zentrum der Schrift, dass J e s u s Gottes Sohn und Christus sei, Träger der göttlichen Offenbarung. Er »sagt, was er für mich getan hat und tun wird«. Durch den Glauben an ihn werden wir teilhaftig ... der Frucht in der Liebe, Geduld und Hoffnung von dem herrlichen Erbe in dem Himmel.[55]

Zahllos sind Bengels dementsprechende Bekenntnisse, etwa: »Ich halte mich zu Jesus Christus. Er ist mein Herr, sein Wort ist meine Weisheit. Sein Kreuz ist mein Ruhm. Sein Leben ist meine Hoffnung und Seligkeit und sein Name ist ein Name über alle Namen, dessen Bekenntnis mich nichts von der Welt abhalten soll.«[56]

Ihn pries Bengel ständig: »O mächtige, feurige Liebe des Sohnes, der sein Leben für uns lässt. Er hat an uns getan, was keine Liebe tut. Danke, preise, lobe und verkündige die Liebe Jesu und liebe ihn und seinen Vater.«[57]

Hieraus schloss Bengel jene sehr bekannt gewordene Folgerung: »Mein ganzes Christentum besteht darin, dass ich meines Herrn Jesu Christi Eigentum bin und dass ich dies allein für meinen einzigen Ruhm und für alle meine Seligkeit halte.«[58]

Dies beinhaltete für Bengel auch: »Im Christentum kann man nicht neutral sein. Man kann es nicht mit beiden Teilen halten, es auch nicht abwechseln. Alle, die das Wort hören, sind entweder mit oder gegen

54 Martin Brecht, Ausgewählte Aufsätze, Band II Pietismus, Stuttgart 1978, S. 257
55 Konrad Gottschick, Gerhard Schäfer, a. a. O., S. 200.
56 Gerhard Schäfer, Wilhelm Horkel, Hg., Gott hat mein Herz angerührt, Metzingen 1987, S. 78
57 Karl Hermann, Hg., Vom heiligen Heimweh, 2. Auflage, Stuttgart 1979, S. 55
58 Gottfried Mälzer, Johann Albrecht Bengel, Leben und Werk, Stuttgart 1970, S. 398
   Werner Hekl, Johann Albrecht Bengel, Leben und Werk, Stuttgart 1987, S. 205

Christus.« Damit rief Bengel den Menschen zur klaren Entscheidung auf, denn es war für ihn so unmöglich wie »einer in dieser Stunde eine gute Ähre und in der anderen ... eine bittere Traubenähre sein könnte«.[59]

Die dritte grundlegende Größe im Leben Bengels ist die K i r c h e. Sie übertrifft für ihn alle Macht, weil Christus ihr Haupt ist. Ihre Würde besteht darin, dass sie Gottes Gemeinde ist. In der Welt erscheint sie als Stadt ohne Mauern, also wehrlos, doch sollen sie nach Jesu Verheißung Matthäus 16 die Pforten der Hölle, die gegen sie vorgehen, nicht überwältigen.[60] Wiederholt betonte Bengel dabei, dass die christliche Kirche und Gemeinde aufs Engste mit der Bibel verbunden ist, durch Aussagen wie: »Die Schrift hilft der Kirche auf und erhält sie«, »ist ihr Lebensquell«, »Die Kirche gibt der Schrift Zeugnis und bewahrt, schützt sie«[61]. »Wenn die Kirche wacker ist, so glänzet die Schrift, wenn die Kirche kränkelt, so liegt die Schrift danieder. Steht also die Bibel im Zentrum des kirchlichen Lebens, so wächst und gedeiht sie.« Sie bleibt verbindlicher Maßstab für ihre Bekenntnisschriften, ja ermöglicht diese überhaupt und lässt sich von ihnen auch nicht mehr einengen. Vielmehr lebt die Kirche umso kräftiger, je inniger sie aus der Schrift sich nährt,[62] sie ihre einzige Lebensquelle sein lässt. In seiner Abhandlung »über das königliche Verständnis der Heiligen Schrift« machte Bengel die Geschichte der christlichen Kirche mit ihren verschiedenen Wegen und Umwegen an ihrem jeweiligen Verständnis der Heiligen Schrift klar. Er stellte die einzelnen in sich ausgeprägten jahrhundertelangen Stationen dar, beginnend mit der Alten Kirche aus einer natürlichen und echten Zeit, wo sich die Christen überall im Wort Gottes geübt hätten und sich fest an die Schrift gehalten hätten. Mit den Kirchenvätern folgte für Bengel »die sittliche oder moralisierende Weise« mit ihren praktischen Auslegungen. Das Mittelalter beurteilte er hinsichtlich seiner biblischen Wertschätzung als »mager«. Abgelöst wurde diese Zeit durch die Reformation, mit der die Schrift »wieder auflebte«, als sie dieses große Werk vollbrachte und vielen tausend Seelen einen freien Weg zu Gott und seinem Reich

[59] Adolf Neeff, Hg., Weg und Wort der beiden Schwabenväter Bengel und Ötinger, Stuttgart 1933, S. 48

[60] Gerhard Schäfer, Wilhelm Horkel, Hg., Gott hat mein Herz angerührt, Metzingen 1987, S. 57

[61] Gnomon, Bd. 1, S. LV f.

[62] Gottfried Mälzer, Johann Albrecht Bengel, Leben und Werk, Stuttgart 1970, S. 361

gebahnt hatte.[63] Deshalb unterstrich Bengel die Notwendigkeit »dass wir uns in dieser evangelischen Wahrheit fest gründen, die Wohltat der Reformation mit Dank erkennen, die kostbare Freiheit ohne Missbrauch derselben wohl anwenden, einander im wahren Herzensglauben stärken und uns auf ein standhaftes Bekenntnis gefasst halten. Lasset uns ... bei der reinen Lehre des Evangeliums so viel mehr rechtschaffene Andacht beweisen, dass wir dem Herrn Jesu Christo und seiner Wahrheit lauter und recht anhangen und uns in ihm gänzlich aufopfern.« Bengel erinnerte und mahnte dann: »Was die Reformatoren mit so viel Fleiß, so viel Gebet, so viel Gefahr errungen und verteidigt haben, das halten wir so gering.« In Martin Luther sah Bengel »ein besonderes Werkzeug Gottes«. Er behauptete sogar: »Seit Christo hat niemand so viel Schmach tragen müssen als Luther, nicht einmal die Apostel. Sie trugen alles gemeinschaftlich, Luther musste alles allein tragen«.[64]

Die folgende Epoche der evangelischen Kirche, die Orthodoxie, gebrauchte dann die Bibel nach Bengels Auffassung so, dass sie »auf polemische, streitsüchtige und allgemeine Nutzanwendungen hinauslief«. Seine eigene Zeit kritisierte Bengel insofern, als wir das Wort Gottes »mit unserer Kaltsinnigkeit« unverantwortlich einschränken, womit er wohl besonders die Aufklärung mit ihrer Vorherrschaft des Verstandes gegenüber der Schrift gemeint hat. Zugleich sprach er aber auch von der »kritischen Art des Umgangs mit der Schrift« und damit dem Gegenstand eigener wissenschaftlicher Bemühungen um die Erforschung und Herstellung des Urtextes des Neuen Testamentes mit der Erfassung seiner wörtlichen Bedeutung und der gesamtbiblischen Zusammenhänge.

---

63 S. u. vgl. Karl Hermann, Der Klosterpräzeptor von Denkendorf, Stuttgart 1987, S. 391
64 Karl Hermann, Hg., Vom heiligen Heimweh, 2. Auflage, Stuttgart 1979, S. 159

4

Bengel als Klosterpräzeptor in Denkendorf

DENKENDORF

Ort, Klosterschule und Auftrag

Nachdem Johann Albrecht Bengel von seiner Studienreise nach Württemberg zurückgekehrt war, berief ihn seine heimatliche Kirchenleitung im November 1713 als Präzeptor (einem Studienrat unserer Zeit vergleichbar) an die Klosterschule zu Denkendorf. Der Ort lag etwa dreieinhalb Gehstunden südöstlich der damaligen herzoglichen Residenzstadt Stuttgart am Rande der fruchtbaren Filderebene und des Neckartals. Die ehemalige Freie Reichsstadt Esslingen befand sich etwa eine Stunde nördlich. Um 1050 war Denkendorf eine Kirche und Pfarrei gestiftet worden, zu der sich schon etwa seit 1200 ein Kloster des Ordens vom Heiligen Grab zu Jerusalem mit Krypta und Wallfahrtskirche hinzugesellte. Mit der allmählichen baulichen Verbesserung und Vergrößerung ging die schließlich vollzogene Einverleibung des Klosters nach Württemberg einher. In der Reformation fand hier Martin Luther eine wichtige Anhängerschaft. Unter Herzog Christoph wurde, wie in anderen Klöstern des Landes, eine erste Schule für angehende Studenten der Theologie, des Lehramtes oder des staatlichen Verwaltungsdienstes errichtet und hierzu die Räumlichkeiten des Klosters eingerichtet. Dieses so genannte Niedere Theologische Seminar war danach lange Zeit in Hirsau im Schwarzwald untergebracht gewesen. Als das dortige Kloster jedoch 1697 durch französische Kriegseinwirkung zerstört worden war, verlegte die Obrigkeit die Schule nach einer gründlichen Renovierung erneut nach Denkendorf.

Hierher reiste nun der junge Johann Albrecht Bengel, noch ledig und ohne ansehnlichen Hausrat, doch schon mit zahlreichen Büchern,

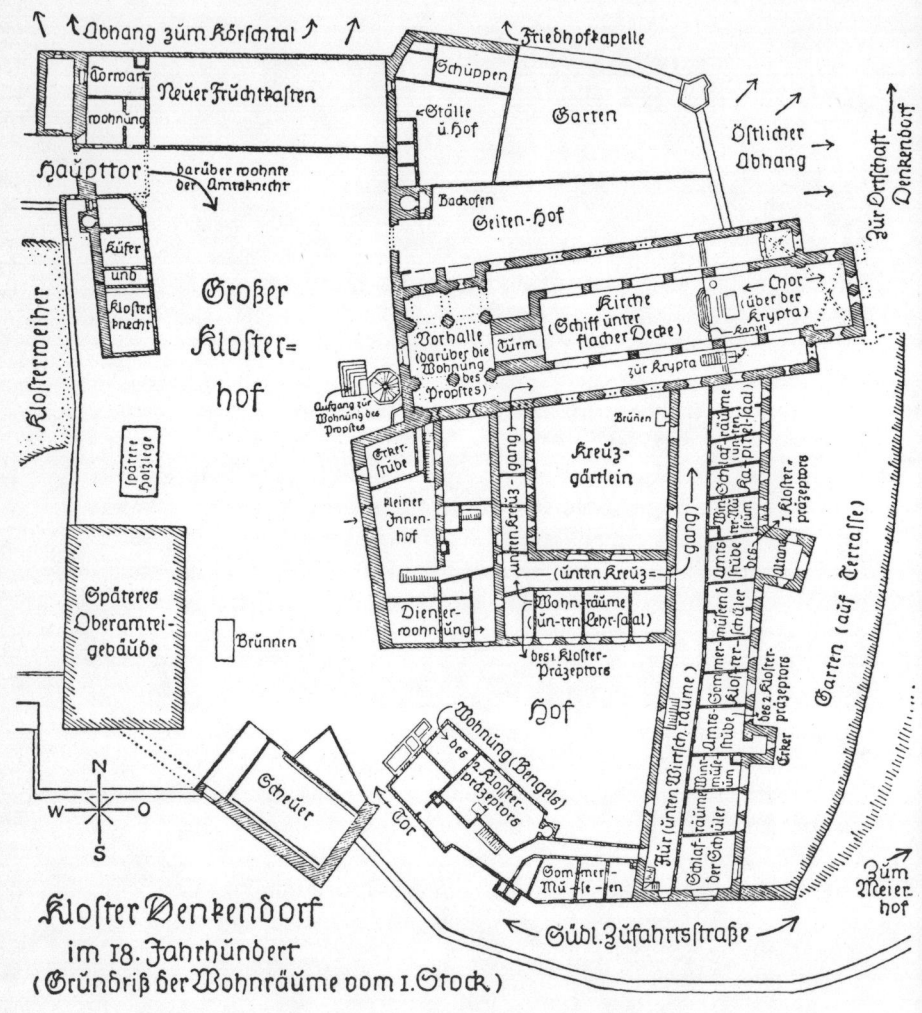

Kloster Denkendorf
im 18. Jahrhundert
(Grundriß der Wohnräume vom 1. Stock)

(Aus: K. Hermann, J. A. Bengel, Der Klosterpräzeptor von Denkendorf)

die er sich auf seiner Reise erworben hatte. Sein Weg führte ihn über Esslingen und Nellingen an seine neue Wirkungsstätte, die ihm lange Jahre zur echten Heimat werden sollte.

Die Klosterschule stand unter der Leitung eines Propstes, der zugleich in den theologischen Fächern zu unterrichten hatte. Man konnte jeweils etwa 25 Internatsschüler bei freier Kost und Unterkunft aufnehmen, also etwa die Hälfte des damals benötigten Pfarrernachwuchses der württembergischen Landeskirche, um in jeweils zwei Schuljahren gründlich auf das eigentliche Studium der Theologie vorbereitet zu werden. Zusammen mit einem weiteren Präzeptor hatte Bengel den Auftrag, in den biblischen Grundsprachen Hebräisch und Griechisch sowie in der klassischen Sprache der Wissenschaft, in Latein, zu unterrichten. Letzteres sollten sich die Schüler allerdings nicht als reinen Selbstzweck, sondern zur Befähigung einer kurzen, knappen und zutreffenden Sprech- und Ausdrucksweise aneignen. Später bewies dieses Können Bengel selbst in seinem besten Werk, dem Gnomon, in hervorragender, unübertrefflicher Weise. Das »Herzstück seines ganzen Lebenswerks«, so Hermann[65], sollte jedoch sein Unterricht in der altgriechischen Sprache mit der vorgeschriebenen Lektüre des Neuen Testamentes bilden. Darüber hinaus lehrte Bengel in den Fächern Geschichte, Geografie, Logik und Mathematik mit ganzer Hingabe, was sich in seinem umfangreichen Wissen auf diesen Gebieten (später in seinen Werken) widerspiegelte.

Der werktägliche Ablauf in der Klosterschule verlief nach einer strengen Einteilung der Studien-, Schul- und Freistunden. Morgens wurden die etwa fünfzehn bis siebzehn Jahre alten Schüler im Winter schon um fünf Uhr, im Sommer bereits um vier Uhr geweckt. Es folgte die gemeinsame Morgenandacht, an die sich für jeden Schüler gesondert die Stille Zeit anschloss. Nach dem Frühstück ging es zum Unterricht, der jeweils eine Stunde dauerte, von einer weiteren Stunde des Eigenstudiums abgelöst und dies bis zum Abend, nur unterbrochen durch dreißig Minuten Kirchgang zu Gesang und Gebet sowie dem Mittagessen mit einer Lesung aus der Schrift und einer anschließenden Freistunde. Lediglich montags und donnerstags war während dieser knapp bemessenen Zeit ein privater Ausgang der Schüler gestattet. Der Unterricht am Nachmittag wurde durch die Vesperlektion abgeschlossen, welche das Abendbrot einleitete. Auch jetzt fand dazu eine

---

[65] Karl Hermann, Der Klosterpräzeptor von Denkendorf, Stuttgart 1987, S. 363

Schriftlesung statt. Eine weitere Freistunde ermöglichte im Sommer zweimal wöchentlich den Ausgang in Gruppen. Um neun Uhr musste strikt Bettruhe eingehalten werden. Jeden Samstagnachmittag sollte der einzelne Schüler seine Wochenaufgaben durchdenken. Sonntags war der Besuch des Gottesdienstes sowie die Teilnahme an der anschließenden Predigtbesprechung oder katechetischen Unterweisung Pflicht, am Nachmittag wurde das Lesen erbaulicher Schriften erwartet. Während der ganzen Woche sollten nicht nur die wissenschaftlichen, sondern sogar die alltäglichen Gespräche in lateinischer Sprache erfolgen.

Die leibliche Versorgung der Internatsschüler, die klostergemäße Kleidung mit Kutte und Perücke trugen, war Aufgabe des Speisemeisters, eines Wundarztes und mehrerer Bediensteter unter der Oberaufsicht des Klosterverwalters. Das Essen soll zwar reichlich, aber wenig abwechslungsreich gewesen sein, zumal man ja von einer gesunden Ernährung aus heutiger Sicht höchst unvollkommene, ja irrige Vorstellungen hatte.

Mit dem Schulbetrieb war das kirchliche Leben im Kloster aufs Engste verbunden. Dies wurde aus Bengels weiteren Pflichten ersichtlich, denn neben seinem vorgesetzten Propst sowie einem gleichgestellten Kollegen hatte er abwechselnd mit diesen die täglichen Morgen- und Abendandachten, außerdem die sonntäglichen Gottesdienste mit Predigt zu halten. Auch das Chorsingen hierzu war ihm übertragen worden. Ferner musste er als Klosterpräzeptor seine Schüler ständig beaufsichtigen, betreuen und beurteilen. Deshalb war ihm seine Wohnung in ihrer Nähe über ihrem Stockwerk zugewiesen worden.

Die Bezeichnung als Klosterschule war auf Grund der geschilderten Verhältnisse in vollem Umfang gerechtfertigt, wobei die sehr zahlreich zu schreibenden wöchentlichen »Klassenarbeiten«, verschiedensten Stil- und Grammatikübungen sowie die schwierigen Disputationen (wissenschaftliche Gespräche nach zu bearbeitenden Themen) das Leben für diese Klosterbewohner gewiss nicht leichter gemacht hatten. Die Losung des einstigen Klostergründers Benedikt von Nursia aus dem siebten Jahrhundert »Bete und arbeite« wurde demnach in Denkendorf und auch in den sonstigen evangelischen Klosterschulen des siebzehnten Jahrhunderts immer noch strengstens eingehalten.[66]

Nach sechzehnjähriger Tätigkeit, also nach einer sehr langen War-

---

[66] Zum Ganzen vgl. Werner Hehl, Johann Albrecht Bengel, Leben und Werk, Stuttgart, S. 46 ff.

tezeit, wurde Johann Albrecht Bengel 1729 endlich von der zweiten auf die erste Präzeptorenstelle an seiner Klosterschule befördert. Im Laufe der weiteren Jahre wurde er allerdings vertretungsweise mit der Leitung der ganzen Schule beauftragt, als nämlich sein Vorgesetzter Prälat Drommer längere Zeit aus dienstlichen Gründen abwesend war. Als dieser bald darauf starb, hielt ihm Bengel in der Denkendorfer Klosterkirche die Abschiedspredigt. Kurz vor seinem eigenen Weggang war ihm noch sein Freund Philipp Heinrich Weissensee als Propst in Denkendorf vorgesetzt worden, was indessen kein Hindernis dafür bildete, dass beide in ihrem weiteren Leben einen lebhaften schriftlichen Gedankenaustausch entwickelten. Weissensee durfte dann fast so lange wie Bengel in Denkendorf tätig sein. Im Unterschied zu anderen Pietisten seiner Zeit war ihm seit Beendigung des Spanischen Erbfolgekrieges 1715 ein nur durch Krankheiten unterbrochenes unermüdliches, vielseitigstes Wirken (ohne kriegsbedingte Störungen) vergönnt gewesen.

Noch heutzutage erinnert im südlichen Seitenschiff der Klosterkirche das Bild des Präzeptors Johann Albrecht Bengel, eine Tafel in ihrer Vorhalle sowie eine Ausstellung an sein segensreiches Wirken in siebenundzwanzigeinhalb Jahren.

Es gibt aber ein fast noch sprechenderes Zeugnis Bengels. Sein Gebet zum Jahreswechsel 1714 zeigt nämlich zwar kurz, aber klar und deutlich, in welch verantwortungsbewusster Haltung er seinen Lehr- und Erziehungsauftrag an der Klosterschule Denkendorf als Präzeptor wahrnehmen wollte und sollte: »Herr, gib mir Gnade, dass ich jeden Tag dieses Jahres oder soviel ich erlebe, nach deinem guten Willen nutze.«[67] Nur kurze Zeit vor seinem Tode erinnerte sich Bengel noch schriftlich daran: das, »was bei meinem Aufzug nach Denkendorf in der ersten Nacht zwischen meinem Gott und mir vorgegangen war, hat bei mir einen guten Grund meines ganzen Aufenthalts daselbst gegeben«[68].

Bengels Ehe und Familienleben

Wenige Monate nach seinem Dienstbeginn in Denkendorf vermerkte Johann Albrecht Bengel mit Datum vom 11. April 1714 in unübertrefflicher Knappheit in seinem Tagebuch: »Habe mich mit Herrn

---

[67] zitiert nach: Karl Hermann, Der Klosterpräzeptor von Denkendorf, Stuttgart 1987, S. 264
[68] a. a. O., S. 241

Landschaftseinnehmer [Finanzverwalter] Seegers zweiter Tochter versprochen.« Ihre Mutter Maria Regina, geb. Süsskind, war eine Apothekerstochter aus Vaihingen/Enz.

Bengels Gebet um eine recht erwünschte Gehilfin und die allezeit zu Gott gerichtete Bitte um ihr möglichst langes Leben sollte trotz vieler Bekümmernisse wunderbar in Erfüllung gehen, zumal diese außer einer glücklichen Verbundenheit während der Ehejahre ihren Gatten um für damalige Verhältnisse erstaunlich lange achtzehn Jahre überleben sollte.[69] In ihr hatte er nach seinen eigenen Worten eine »treffliche Lebensgefährtin gefunden, die bis an sein Ende mit ihm eins gewesen ist und mit ihm demselben Ziel zuwanderte«[70].

Noch in der Verlobungszeit hatte der Bräutigam Johann Albrecht seinen ersten Brief an die Braut mit den Worten »Jesus und alles Liebe und Werte« eingeleitet, wohl eingedenk, was ihm Johann Valentin Andreä zu seinem Verlöbnis ans Herz gelegt hatte, »dass die eheliche Liebe in ihren Schranken bleibe und bei ihm die erste Liebe, nämlich die zu Gott, nicht verringern möge«. Bengel selbst war von der »guten Zuversicht« erfüllt, dass sich das »unter uns angefangene Werk unter dem Segen des Höchsten zu immer mehrerer Vergnügung anlasse. Die reine Liebe Jesu nehme unsere Herzen ein und schaffe uns Ruhe und Frieden«[71]. Ebenso schrieb er: »Keine größere Ergötzung kann mir widerfahren, als wenn ich vernehmen kann, dass meine werteste Johanna Regina sich in der Gnade Gottes, in der Liebe Jesu und in aller wahren Vergnügung befindet ... Darauf lässt sich dann eine feste Liebe und selige Ehe gründen, deren Freude und Lust nicht in den ersten Tagen oder Stunden verschwindet, und auf diese Art bin ich und gedenke durch Gottes Gnade zu verharren, solange wir leben sollen nach seinem Willen«.[72] Bengel brachte den Unterschied der menschlichen zur göttlichen Liebe wie folgt zum Ausdruck: »Wenn man alle Treue, Liebe, Huld und Zärtlichkeit der Eltern, Kinder, Ehegatten, Verwandten, Freunde und all derer, die einander Gutes tun, zusammengießen könnte, so wäre das ein Tröpfchen gegen das Meer der unerschöpflichen Liebe Gottes, mit welcher er über sein Volk wal-

69 Karl Hermann, Der Klosterpräzeptor von Denkendorf, Stuttgart 1987, S. 274
70 Julius Rössle, Von Bengel bis Blumhardt, Metzingen 1959, S. 72
71 zitiert nach: Karl Hermann, Der Klosterpräzeptor von Denkendorf, Stuttgart 1987, S. 269
72 a. a. O., S. 274
73 Gerhard Schäfer, Wilhelm Horkel, Hg., Gott hat mein Herz angerührt, Metzingen 1987, S. 35

Johanna Regina Bengel

tet.«[73] Bereits einige Wochen nach der Verlobung, nämlich am 5. Juni 1714 trat Bengel mit seiner sechs Jahre jüngeren Johanna (geb. 1693) in der Stuttgarter Stiftskirche vor den Traualtar. Die Brautleute hatten sich keine große Hochzeitsgesellschaft gewünscht. Dem Wunsch des Brautpaares entsprechend wurde Psalm 116 der Predigt zu Grunde gelegt: »Ich liebe den Herrn, denn er hört die Stimme meines Flehens.« Auf das anlässlich der Hochzeit verfasste Gedicht Bengels wird im Kapitel »Der Liederdichter« verwiesen. Das Verhalten der jungen Eheleute zueinander sollte nach Bengels Vorstellungen auf gegenseitigem Respekt beruhen. Je größer dieser sei, »desto zärtlicher bleibt die Liebe«. Im selben Geist schrieb er oft: »Lasset uns immer trachten und ringen nach einer lebendigen Zuversicht und Liebe zu Gott, so werden wir keinen Mangel haben an irgendeinem Guten und uns in die gegenwärtige Zeit wohl schicken können.« Doch diese Einstellung sollte auf eine harte Probe gestellt werden, wenn sich der Blick des Berichterstatters auf die Kinderschar des Ehepaares Bengel richtet.*

Zwar konnte sich Bengel einerseits dankbar freuen über die wachsende Schar seiner Kinder und »unseren himmlischen Vater nicht genugsam preisen über solchen Segen, den wir aus lauter Gnaden empfangen«. Andererseits währte die Freude oft leider nur kurz, denn immer wieder wurde ihnen eines ihrer neugeborenen Kinder durch den Tod entrissen. An dem erstgeborenen Kind, dem Sohn Albrecht Friedrich, durften sich die Eltern nicht lange erfreuen. Nach fünf Lebenswochen endete sein kleines Leben bereits wieder, nachdem es laut Bengels Tagebucheintrag »fast die ganze Nacht hindurch die

---

* Vgl. u. s. zum Ganzen: Karl Hermann, Der Klosterpräzeptor von Denkendorf, Stuttgart 1987, S. 276 ff.

schreienden Gichter gehabt« habe. Die ganze Klostergemeinde nahm herzlich Anteil an dem herben Leid des Ehepaares Bengel. Die Verse eines Trauergedichts stammen wahrscheinlich von Hiller, aus denen ein echter Trost spricht: »Geehrter Mann, Dich gar kein Zweifel hält, es werd dein Söhnlein jetzt in Ewigkeit genießen des rechten Vaters Pfleg, dem es an Treu nicht fehlt ... und ob des Höchsten Hand das Kreuz hierin zuführet / und euch sehr schmerzlich deucht die heiße Trübsalsglut, so wird der Glaube doch von Gott damit probieret / und habt Ihr diesen Trost: Des Herrn Will ist gut.«

Bengel antwortete auf einen Trostbrief seines Freundes Weissensee aus Blaubeuren: »Ein wunderliches Leben. Wir trauern, schreiben, seufzen, lehren, hoffen, beten, harren, grüßen, kaufen ... Das Ende wird dem eitlen Wesen ein Ende machen, das andere krönen. Da hinanzuklimmen befiehlt mir meine Seele, der ich meines Erstgeborenen oder wenigstens seines Anblicks beraubt bin.« Doch am Himmelfahrtstag, dem 6. Mai 1717, folgte der freudige Eintrag in Bengels Tagebuch: »An diesem Tag vormittags um acht Uhr, eben, da man in die Kirche geläutet, hat der gnädige Gott uns mit einer jungen Tochter beschenkt und erfreut.« Am folgenden Tag erhielt das Kind in der Taufe die Namen Sophia Elisabetha, auf Bengels Bitte hin den Segen durch den gerade in Denkendorf anwesenden August Hermann Francke aus Halle. Mit Sophia Elisabetha durften die glücklichen Eltern viel Freude, mussten aber auch ernste Sorgen um ihre Gesundheit erleben.

Am 29. August 1718 wurde das zweite Töchterlein der Bengels geboren und auf die Namen der Mutter Johanna Regina getauft. Die Großeltern Glöckler konnten »die große Güte Gottes« in einem Brief zu dem frohen Ereignis loben und preisen. Als Johanna Regina etwa ein Jahr alt war, reisten die Eltern mit ihr in die Herbstferien zu den Großeltern nach Stuttgart. Plötzlich erkrankte das kleine Kind an der Ruhr und starb wenige Tage später. Der tief traurige Vater rang sich seinerseits bei allem Schmerz in einem seiner Briefe dazu durch, »dass es alles wahr ist, was uns an Trost der Freunde in Liebe vorgestellt (ist) und was uns Gottes Güte selbst geschenkt (hat)«. Bengels bester Schüler der ersten Promotion, Drommer, hatte ihn nämlich auf »die tröstliche Gewissheit des Glaubens« verwiesen. »Nun, da wir daheim sind in der gesunden Welt des Glaubens, was kann es (da) Freudigeres geben, was Süßeres in dieser endlosen Kette von Jammer, als seine Kinder so nach und nach wegziehen zu lassen, wohin wir alle, eins ums andere zu kommen verlangen.«

Nach dem Verlust der beiden ersten Kinder durften die Eheleute Bengel ihr drittes Kind Johanna Rosina behalten. Das nächst folgende Mädchen wurde nach seinem verstorbenen Schwesterchen Regina benannt, jedoch zur Unterscheidung von diesem zusätzlich Anna, »weil wir die Schlafenden auch noch rechnen«.

In einem weiteren Tagebucheintrag berichtete Bengel von einer wunderbaren Bewahrung. »Vor vier Wochen ist unser liebes Sofie Liesele die Stiege hinabgefallen, mit großer Gefahr, augenblicklich des Todes zu sein. Doch ist es nur bei einer Wunde geblieben, die nun völlig verheilt ist. Auch hierfür haben wir dem Menschenhüter zu danken gehabt.«[74] Einige Zeit danach starb die zweite Regina zum fast unstillbaren Leid der Eltern, dennoch in Gott getrost, wie ein Brief erkennen lässt, in dem es heißt, »ein Verstorbenes nicht zurückzuwünschen, sondern nachzueilen ... Warum erachten wir es für einen Jammer, wenn eines von uns (in Gottes Herrlichkeit) gelangt. Ist eine Lücke in unsere Zimmer gemacht worden, so ist dagegen im Himmel ... wieder eine Stelle besetzt.« Ferner wird von Bengel bezeugt, dass er die Nachricht vom Tode eines seiner Kinder mit den Worten eines standhaften Glaubens hingenommen habe. Bei einer anderen Todesnachricht antwortete er, der die Hinfälligkeit des menschlichen Lebens so vielfältig kennen lernen musste und für sich angenommen hatte: »Sterbe alles! Nur ins Leben hinein! Das ist Not.« Er war überzeugt: »Sollten wir nur einen Blick tun können in das, was mit einer so hinfahrenden Seele vor sich geht, so würden wir nicht das Abscheiden der Unsrigen, wohl aber die Blödigkeit der Trauernden bedauern. So sollen wir den Gnadenwind, der uns umweht, dazu annehmen, dass wir uns aufrichten lassen, nicht die Vorangegangenen zurück zu wünschen, sondern ihnen nachzueilen.« Beim Heimgang seines Söhnchens Josef bat er einen Freund brieflich: »Bete mit mir, dass er ein Geliebter Gottes sei.« An einem noch offenen Kindersarg fand Bengel die überlieferten Worte: »So wird das liebe Kind aussehen wie die Sonne.« Laut eigenem Bekunden wäre ihm sogar der Dienst des Totengräbers beim Schließen des Grabes möglich gewesen.[75]

Außer dem herben Leid um die vielen früh verstorbenen Kinder hatte Bengel selbst während seiner ganzen Denkendorfer Jahre so manche Krankheitsnot am eigenen Leibe verspüren müssen, wobei

---

[74] Karl Hermann, Der Klosterpräzeptor von Denkendorf, Stuttgart 1987, S. 283
[75] Vgl. Gerhard Schäfer, Wilhelm Horkel, Hg., Gott hat mein Herz angerührt, Metzingen 1987, S. 141

er mindestens dreimal sogar in Lebensgefahr schwebte, sodass er sich oft auch mit seinem eigenen Sterben beschäftigte. Dennoch blieben er und seine Ehegattin mit der ganzen Familie treu und fest in den Glauben an die Liebe, Fürsorge und Führung Gottes verwurzelt.

Aus Johanna Reginas Tagebuch ist zu entnehmen, dass sie sich bei jedem Verlust unter Gottes Willen beugte, sich zwischen Angst und Hoffnung, Freude und Leid nie den verschiedensten Belastungen in Familie und Hauswirtschaft entzog und dabei vom Leben nach dem Tode überzeugt war. Alle Geburten spielten sich im Wohnzimmer, also in Gegenwart der anderen Kinder ab. Die Taufe erhielten sämtliche Neugeborenen noch am gleichen Tag aus Sorge um ihr frühes Hinscheiden, was sich bei den Verstorbenen zwischen sechs Tagen und einem Jahr zutragen sollte. Bei den häuslichen Verpflichtungen in Haus, Wohnung, Garten- und Feldarbeit zur Versorgung der großen Familie war Frau Bengel auf die Hilfe von Bediensteten angewiesen. Ferner mussten damals Kleider und Bettzeug weithin selbst angefertigt, notfalls sogar Möbel in Stand gesetzt werden. Vor allem in praktischen Dingen stand die Hausfrau ihrem Mann treu und zuverlässig zur Seite. In enger Glaubensgemeinschaft mit ihm schöpfte auch sie aus den täglichen Hausandachten und Gebeten die erforderliche Kraft zu allen Aufgaben, besonders auch bei der Erziehung ihrer Kinder.

Verpflichtungen außergewöhnlicher Art ergaben sich aus der Unterbringung und Verpflegung der zahlreichen Besucher des Klosterpräzeptors, vor allem, wenn sie sich längere Zeit in diesem gastlichen Hause in Denkendorf aufhielten. Manche waren Verwandte, andere Studienfreunde oder Menschen mit besonderen, vor allem seelsorgerlichen Anliegen. Unter den pädagogisch-theologisch Interessierten befand sich August Hermann Francke aus Halle (Saale) schon 1717 und Graf Nikolaus von Zinzendorf aus Herrnhut auf seiner Württemberg-Reise 1733. Bengels Landsmann Friedrich Christoph Ötinger berichtete, er sei alle halbe Jahre, oft alle Vierteljahre, ja noch öfter Gast bei Bengel gewesen, was diesen schließlich bewogen habe, ihm mal zu verstehen zu geben, dass er gar zu oft zu ihm komme. Die Person Ötingers »war von Bengels Denkendorfer Dasein nicht zu lösen«.[76] Auch die anfängliche Beeinflussung Ötingers durch Zinzendorf endete mit Bengels Beistand.

Familiäre Beziehungen in größerem Rahmen brachten die Heiraten der verschiedenen Bengeltöchter mit sich. Einige Zeit schien Ötin-

---

[76] Karl Hermann, Der Klosterpräzeptor von Denkendorf, Stuttgart 1987, S. 292 f.

ger ein willkommener Schwiegersohn zu werden, doch fehlte ihm laut eigenem Eingeständnis die Zuneigung zu der vorgesehenen Braut. Ja er empfand sogar große Angst, wenn er ans Heiraten denke. Als ihm Pfarrer Steinhofer vor der in Betracht gezogenen Verbindung abriet, gab ihm Ötinger Recht: »Bengels Tochter muss einen Menschen haben, der sie versteht. Bengel ist sich immer gleich, voll Vertrauen auf Gott ... Von der Bengelin ist noch ungewiss, ob ich oder Reuss oder keiner von uns sie erlangen wird.«[77] Elisabeth Sofie sollte die Frau des Arztes und Pietisten Albrecht Reichard Reuss in Sulz/Neckar werden. Am selben Tag, als er brieflich um Bengels Tochter geworben hatte, verlobte sich Ötinger in Urach (mit der Tochter des dortigen Stadtschreibers Linsenmann). Zuvor war der streng pietistisch gesonnene Kaiserliche Rat Christian Gottlieb Williardts aus Esslingen mit Bengels zweitältester siebzehnjähriger Tochter Johanna Rosina durch ihren Vater in der Denkendorfer Klosterkirche getraut worden. Immer wieder hatte sich Williardts von Bengel in Fragen der Leitung seiner Gemeinschaft in der nah gelegenen damaligen Freien Reichsstadt beraten lassen. Bereits bei seinem ersten Besuch, so berichtete er, habe er die ihm von Gott zugedachte Lebensgefährtin gefunden. (Ebenso erkannte Bengel, dass er Williardts sein Kind anvertrauen dürfe.) Zuvor hätte ihm die älteste Bengeltochter mit einem Gesicht die Türe aufgetan, das zum Ausdruck brachte: »Schon wieder ein Besuch«. Rosine sollte die Stammmutter der nachfolgenden Bengelgenerationen werden, Tochter Maria Barbara den Dekan David Burk in Kirchheim/Teck, Katharina Margarete Dekan Hellwag in Göppingen zum Mann bekommen. Sohn Viktor studierte in Tübingen Medizin. Als der dem Pietismus Fernstehende bereits mit 27 Jahren starb, schrieb Mutter Bengel, er sei »unter großer Erbarmung seines Heilands in seine ewige Ruhe eingegangen«.[78]

Auch viele Klosterschüler, von denen noch die Rede sein wird, gingen bei Bengels aus und ein, ebenso dessen Reisebekanntschaften, so dass die Abgelegenheit Denkendorfs durch solche Verbindungen aufgewogen wurde.

Bengel als Lehrer und Erzieher

In seiner erzieherischen Betätigung an der Denkendorfer Klosterschule brachte der junge Präzeptor sowohl seine bisher gesammelten

[77] a. a. O., S. 310
[78] Karl Hermann, Der Klosterpräzeptor von Denkendorf, Stuttgart 1987, S. 304 ff.

Erkenntnisse aus seiner Studienreise als auch eine vom Vater ererbte pädagogische Begabung mit. Ihm war die Wichtigkeit seines neuen Amtes sehr wohl bewusst, da man Versäumnisse an Schülern in deren späterem Leben wie den Lauf der Ströme zum Meer kaum mehr ändern könne. Im Unterschied zu den damaligen Volksschulen vermisste Bengel an den württembergischen Klosterschulen die klare religiöse Erziehung pietistischer Prägung, weshalb er für sie eine diesbezügliche Reform anstrebte. Doch fehlte ihm hierzu ohne formale Ausbildung zum Lehrer die offizielle Berechtigung. Dennoch war er ganz und gar in diesem Sinne am Werk.

Grundlegend für alle Erziehungsarbeit galt Bengel die Religion. Dies zeigte sich bereits bei seiner Antrittsrede am Tage der Einweihung der Klosterschule im Dezember 1713, als er über das Thema sprach: »Fleiß in der Gottseligkeit, das zuverlässigste Hilfsmittel zum Erwerb echter Gelehrsamkeit.« Diese müsse Dienerin, dürfe nicht Herrin über die Frömmigkeit sein, welche erst der Erziehung ihren Wert verleihe. Aus der Bibel wollte er nachweisen, dass alle, »die irgend jemals mit echter Weisheit begabt waren, Gott selbst zum Lehrmeister gehabt (haben), den sie mit reinem, kindlich ergebenem Herzen verehrten«, wobei sie seine Hilfe durch Gebet und Gehorsam erlangten. Bengel gab seinen Zuhörern zu bedenken: »Ist bei euch das Herz gottgeweiht, so werdet ihr auch den Kopf (als) Träger des Wissens und Augen und Finger Gott weihen, dem allein Wahren, Mächtigen und Weisen.« Dazu ist eine stete Selbstprüfung notwendig, Gottes Ehre über alles zu stellen, ihm in ehrlicher Hingabe zu dienen, den Menschen aufrichtige Liebe zu erweisen und auf diese Weise der eigenen Berufung näher zu kommen. Bengel schloss seine Rede an die Schulgemeinschaft mit dem Aufruf: »Tretet heran an ein ernsthaftes Studieren (und achtet darauf), dass das Wissen euch zum Frommsein (ver)helfe, die Frömmigkeit zu allem.«[79]

Die Frömmigkeit ihrerseits stellte für Bengel den Weg zur Gottseligkeit dar, in der Bibel als Quelle der Erkenntnis und Erziehung verankert, weshalb ihr gegenüber sämtliche andere Bücher, das eigene Gewissen wie auch die Wissenschaft unterzuordnen seien.

Die Erziehungsarbeit selbst glich für Bengel immer einer Saat auf Hoffnung. Er sah sich dabei als Gottes Mitarbeiter und Werkzeug, »dessen Schwachheit umso größer ist«, aber die »Kraft Gottes ersetzt

---

[79] Vgl. u. s. Karl Hermann, Der Klosterpräzeptor von Denkendorf, Stuttgart 1987, S. 244 ff.

dies, dass der Sache selbst nichts abgeht, denn Gott vermittelt sein Zeugnis in der Welt durch den Dienst ungeschickter Menschen«. Dabei fördere eine »der Sonne zugewandte Behandlung von Kindern und Jugendlichen eine christliche Unterweisung im Gegensatz zu einer versuchten Zwangsbekehrung der Schüler«.

Seine Lehrtätigkeit begann Bengel durch eine schriftliche Befragung seiner Zöglinge: »Sag, warum bist du hier?«, wobei er die bestehenden Regeln der Schule mit gewissen Freiheiten seiner Schüler verband. Dass ihm dabei nichts unwichtig erschien, zeigen seine »Väterlichen Ermahnungen an seine Klosterschüler«, etwa: »Quäle niemand und wenn man dir etwas zu leide tut, so schweige und sei gegen einen solchen (Menschen) so freundlich wie zuvor. Mache keine verächtliche Miene, wenn jemand eine ungeschickte Antwort gegeben habe. Stehe beim Morgenläuten ›ungesäumt‹ auf, ziehe dich an, gehe nicht lange in Pantoffeln umher. Die Schuhe sind gesünder, besonders im Winter. Bewahre Briefe, Notizbücher und alle schriftlichen Sachen gut auf. In der Tasche, in der sich das Schnupftuch befindet, trage sonst nichts.«[80]

Auch über die Stellung und Aufgaben sowie das Verhalten des Lehrers äußerte sich Bengel sehr ausführlich. Er verglich seine mühevolle Tätigkeit mit der eines Brunnenmachers, der nur Hindernisse wegzuräumen habe, um dem Wasser einen freien Lauf zu verschaffen. Unerlässlich ist hierbei das persönliche Vorbild des Erziehers, um Kinder in den christlichen Glauben einzuführen, was völlig vom Gebet und eigenen Glauben abhänge. In dieser Überzeugung hatte Bengel bereits zu Beginn seiner Denkendorfer Amtszeit seine eigenen Wege Gott und dem »ewigen Hohepriester Jesus, in dem mir alles geschenkt ist«, vertrauensvoll anbefohlen. Ein solcher Glaube führt nicht zur Faulheit, sondern zur Liebe. Getreu Bengels Wahlspruch aus dem hebräischen Psalter »Gerade, recht und schlecht«, empfängt der Erzieher Mut und Ausdauer, schwierige Schüler nicht aufzugeben, sich jedes Einzelnen anzunehmen, um ihn nach Möglichkeit zu bessern, sich selbst nicht mit anderen zu vergleichen, die es besser haben, sondern mit denen, die es schlechter haben. Sonst macht man sich nur vergebliche Unruhe.

Der Lehrer Bengel konnte sogar seine Schüler höher einschätzen als sich selbst, weil keiner im Leben schon so viel versäumt habe wie

---

[80] Karl Hermann, Der Klosterpräzeptor von Denkendorf, Stuttgart 1987, S. 250 ff.

er.[81] Ja, er war sogar dazu bereit, »einem Besseren ... seinen eigenen Platz einzuräumen«.[82]

Ein Erzieher solle sich an feste Grundsätze halten, nämlich: »auf Wahrhaftigkeit und Gradheit dringen, von Religion wenig reden, aber fleißig für die Jugend beten!,[83] nicht mürrisch, sondern heiter, freudig und gütig sein, wogegen ohne die Macht der Fürbitte jede Erziehung herzlos und hilflos« sei.[84] Bei Kindern komme es bereits darauf an, sie »zur Redlichkeit des Herzens und Einfalt des Sinnes und zu Christus zu führen«. Man darf sie dabei nicht »ummodeln« wollen, »über einen Leisten schlagen«, vielmehr sie als von Gott geadelt im Sinne des Evangeliums Kinder Gottes bleiben lassen.[85]

Bengel stellte keineswegs Forderungen nur an andere Erzieher, sondern vor allem an sich selbst. So notierte er auf einem Blatt Papier in Stichworten Vorsätze für die eigene geistig-geistliche und praktische Lebensführung, nämlich: »Gebet und Danksagung, Vertiefung, Achtsamkeit, ernster Eifer, die Schüler in ihrem Lernen voranzubringen, rechte Sparsamkeit, besonders beim Bücherkaufen, Nüchternheit, Übung in der Mildtätigkeit. Ein Aufatmen zu Gott, mitten in der Arbeit. Sorgfältiges Achthaben auf die geheimen Gedanken und Regungen des Herzens, die von selbst im Innern aufsteigen oder von außen her geweckt werden. Überall ein gutes Vorbild geben. Gegen törichte Furchtsamkeit ankämpfen. In der Bibel lesen; geistliche Lieder schreiben. Seine Gesundheit in Acht nehmen, besonders die Augen. Aufmerksamkeit beim Beten. Bedacht sein, wo irgend ein Betrug des Teufels zu befürchten ist.« Weitere praktische Vorsätze folgten: »Die Ferien gut anwenden. Briefe schreiben in der Zeit der Erholung. Früh aufstehen, abends früh zu Bett gehen. Durch Zitate aus einem Buch sich nicht von dem, was man in der Ordnung liest, abziehen lassen. Nicht lange nachgrübeln über das Verhältnis des gelesenen und des noch zu lesenden Teils eines Buches. Viel denken, wenig schreiben, Belanglosigkeiten nicht nachgehen. Gute Gedanken auf der Stelle aufzeichnen. Ein Heft zu diesem Zweck zur Hand haben. Über-

---

81 Vgl. Adolf Neeff, Hg., Weg und Wort der beiden Schwabenväter Bengel und Ötinger, Stuttgart 1933, S. 46
82 Adolf Köberle, Das Glaubensvermächtnis der Schwäbischen Väter, Hamburg 1959, S. 13
83 Adolf Neeff, Hg., Weg und Wort der beiden Schwabenväter Bengel und Ötinger, Stuttgart 1933, S. 7
84 Karl Hermann, Der Klosterpräzeptor von Denkendorf, Stuttgart 1987, S. 300
85 a. a. O., S. 298 f.

all bemüht sein, die Unterhaltung in ein gutes Fahrwasser zu bringen. Abschnitte, auf die ich von einem Buch aus aufmerksam gemacht werde, notieren und bei Gelegenheit herausschreiben. Studieren wie sichs gehört, sorgfältig unterrichten. Sich mehr Mühe geben und beachten, was zu beachten ist. Plötzlicher Wissbegierde, die den Zusammenhang zu zerreißen droht, widerstehen. Nicht zu einer besseren Zeit tun, was auch ein andermal geschehen kann. Wer andern gute Ratschläge geben will, der gebe solche, die möglichst viel besagen, beibringen und zu denken geben.«[86]

Im Sinne seiner guten Vorsätze bereitete sich Bengel äußerst gründlich und gewissenhaft auf seine verschiedenen Unterrichtsstunden vor. 14 jährlich angefertigte Entwürfe sind noch vorhanden. Allerdings verfasste der Präzeptor Bengel keine speziell pädagogischen Abhandlungen, vielmehr bemühte er sich um die vorhandenen Schulbücher, verbesserte und veröffentlichte die mangelhaften Ausgaben der Klassiker, wovon noch zu berichten sein wird.

Für jedes einzelne Schulfach gliederte Bengel nach Stichworten auf zwölf Blättern mit je 44 Spalten seine loci didactici mit pädagogischen Bemerkungen und Erfahrungen. Zur »Geduld« schrieb er beispielsweise: »Bitte, dass sie dir gegeben werden.« Zu Beginn und am Ende seiner Denkendorfer Lehrtätigkeit hatte Bengel seine Schulreden schriftlich vorbereitet, ebenso legte er für seine einzelnen Klassen (Promotionen) Schulhefte an. Letztere zeigen den Stand des behandelten Stoffes an. Eines fehlt jedoch hier wie in seinen Briefen völlig, nämlich Gefühlsäußerungen.

Auffallend häufig und ausführlich nahm Bengel zu Fragen der Disziplin und Strafen im Unterricht Stellung (also ein zeitlos wiederkehrendes Problem für Lehrkräfte).

In seinen »Siebzehn Sätzen zur Kindererziehung« warnte er davor, Kinder schon wie Erwachsene zu behandeln und zu beurteilen. Solange der Tätigkeitsdrang der Kinder »unschuldig sei« möge man sie mehr »ihrem eigenen Willen als fremdem Willen überlassen, weil sie durch eine autoritäre Erziehung verletzt würden wie ein junges Bäumlein, an dem man herumschnipfle, weil sie dadurch ihrer eigentlichen Wesensart und Bestimmung beraubt werden. Anderseits solle man sie aber auch nicht allzu sorglich hüten, denn wenn sie ein bisschen Luft bekommen, würden sie desto mehr ausschweifen.« Ent-

---

[86] Zitiert nach: Karl Hermann, Der Klosterpräzeptor von Denkendorf, Stuttgart 1987, S. 265

scheidend war für Bengel in der »Kinderzucht« die Treue, wobei er auf die biblischen Könige von Juda hinwies, »wo oft ein frommer Vater einen bösen Sohn und umgekehrt gehabt hatte«. Bengel folgerte daraus: »Es ist Gottes Werk, wenn ein Mensch von Herzen Gott sucht.«[87] Bengel schrieb nicht gerne wegen eines Fehlers seiner Schüler an deren Eltern, denn »wo muntere Freiheit und Offenheit ist«, mache er sich nicht viel aus den gewöhnlich vorkommenden »Bübereien« und jugendlichem Leichtsinn, »etwas anderes ist es, wo schädliche und gefährliche Ausbrüche dazukommen, da muss man freilich dreinsehen ... wo Lüge und Unkeuschheit bei Ausgelassenheit sich finden, da ist nichts Gutes zu hoffen«.

Bengel empfahl Großzügigkeit und Langmut, wodurch »manches Gemüt beschämt und gewonnen werde«. Er gab offen zu: »Mir gefällt vieles nicht an der Jugend, aber ich ziehe nicht den Degen heraus, wenn ich ihn mit Reue wieder einstecken müsste. Nur das suche ich zu verhindern, dass ich mich fremder Sünde teilhaftig mache.«[88]

In so genannten »misslichen Fällen« seiner Schüler stellte er sich dann gerne das Schlimmste vor; trete dies nicht ein, so schätzte er es als Gewinn, wobei ihm »Genügsamkeit nicht schwer« falle. Bildeten schon Geduld, Gebet, Glaube und Tränen gemäß Offenbarung 13,10 die Waffenrüstung der Christen in schwerer Zeit des Anfangs der Kirche, so dichtete Bengel dementsprechend (an anderer Stelle in voller Länge wiedergegeben) das Lied: »O Seelen, vernehmet den göttlichen Willen. Das Beste, das Höchste, das gibt er so gern. Eröffnet das Herz nur, so wird er es füllen ... was manche an seinen durchdringenden Gaben, ja selbst an ihm, dem Lebendigen haben.«

Immer wieder warnte Bengel die Lehrer deshalb (ausführlich und eindringlich) vor strengen und häufigen Strafen, weil sie den Schuldigen verbittern und bei seinen Mitschülern »knechtische Furcht« auslösen könnten, statt durch Liebe, Geduld, Gelassenheit, Geselligkeit und Humor die jungen Menschen spüren zu lassen, dass man es gut mit ihnen meint. Man möge ihnen gegenüber »nicht gleich die schärfste Waffe hervorholen, von Religion wenig reden, aber fleißig für die Jugend beten«. »Ein freundschaftlicher Umgang und ein Gespräch erreicht mehr als viele Beweisgründe mit dem Wunsch, den anderen zu

---

[87] S. u. vgl. Karl Hermann, Der Klosterpräzeptor von Denkendorf, Stuttgart 1987, S. 320 ff.

[88] S. u. vgl. Konrad Gottschick, Gerhard Schäfer, Hg., Auf dem Weg zur Fülle der Zeit, Stuttgart 1991, S. 216

überzeugen.« Wer jedoch ein »räudiges Schaf unter der Herde« dulde, sich damit sogar brüste, handle falsch, »weil es oft genug Unheil anrichte. Fort mit einem solchen! Was hindert er das Land?«

Eine weitere Warnung Bengels richtete sich gegen die Erzieher, die Kinder mit »vielen Auslegungen und Zumutungen« überhäuften, weil sie »sonst gegen alles verschlossen und widrig gesinnt« werden. Der kindliche Verstand und das jugendliche Gedächtnis wären sonst in reiferem Alter »für die Sache des Christentums nicht mehr so empfänglich wie andere, die bisher unwissender waren, jetzt aber für solche kräftige Speise zugänglicher sind«. In der dargestellten falschen Unterrichtsweise sah Bengel die eigentliche Ursache für die anzutreffende Gleichgültigkeit, geistliche Appetitlosigkeit, religiöse Sattheit, das zu stark ausgeprägte Selbstvertrauen des Menschen sowie jene »falsche Beruhigung, als ob man alles ganz gut wüsste«. »Jeder Erzieher hüte sich sehr vor persönlichen Gefühlen, Zornausbrüchen, vor dem Zwang zum Respekt, dürfe Eigensinn nicht mit Gewalt brechen, sonst reize man zum Zorn und verderbe dadurch noch mehr.«

Alleiniger Endzweck aller pädagogischer Maßnahmen besteht für Bengel darin, Herzen zu gewinnen, indem er – darin ganz Seelsorger – die Wahrheit »gerne im Verborgenen sage, wenn er jemand allein vor sich habe«. So erwies er sich als einfühlsamer Erzieher, indem er die im Einzelfall erforderliche Strenge mit einer möglichst für alle Kinder gewinnenden Liebe und Güte, die Freiheit für den Einzelnen und für die Gemeinschaft klug miteinander verbinden konnte. Mit dieser, mehr von Luther als vom Pietismus herrührenden Einstellung sowie einer gewissenhaft vorbereiteten und geschickt vermittelten Lehrtätigkeit rüstete Bengel insgesamt etwa dreihundert junge Menschen für ihr folgendes Studium, Leben und geistliches Amt in hervorragender Weise aus. Das Kapitel über Bengels Schüler wird darüber ein eindrucksvolles Bild aufzeigen können (Näheres S. 132).[89]

Johann Albrecht Bengel als Prediger

Dass Bengel in Denkendorf nicht nur Lehrer sein wollte, sondern auch Verkündiger der biblischen Frohen Botschaft, geht besonders aus seinen Briefen hervor. Während seiner Denkendorfer Zeit hielt er 810

---

[89] S. u. vgl. aus J. Chr. Burk. Dr. J. A. Bengels Leben und Wirken, S. 46 – 48, Stuttgart 1831, zit. bei Gottschick/Schäfer a. a. O., S. 216; sowie s. u. vgl. zum Ganzen: Karl Hermann, Der Klosterpräzeptor von Denkendorf, Stuttgart 1987, S. 320 f.

Predigten, doch zuvor hatte er schon in Stadt und Stift Tübingen sowie in Stuttgart, Maulbronn, Metzingen, Nürtingen und Bad Urach Kanzeldienst verrichtet. Für diesen betete er: »Herr Jesus, lass mich aus lebendiger Erfahrung ein Zeugnis deiner Kraft abgeben. Welch eine Würde ist es ... Gib mir einen unverzagten Mut, die Wahrheit zu verteidigen bis in den Tod. Gib mir aber auch die Klugheit, das zu tun, was zu jeder Zeit das Beste ist.«[90] Dabei soll sich der Verkündiger nicht entmutigen lassen, vielmehr »streue aus, streue aus. Obschon die Pfützen den Schnee lang nicht annehmen und manche Flocken schmelzen, werden sie doch endlich davon überdeckt«.[91] Verkündigung ist nicht das Werk eines Einzelnen. »Der Baum fällt nicht auf einen Streich, wenn man dazu 50 Axtschläge braucht, wobei der erste Fäller drei, der zweite 52 und der dritte zwei tut und durch den letzten der Baum fällt, wer hat dann am meisten Arbeit und Mühe gehabt? Wer wird den ganzen Lohn empfangen? Wer weiß am wenigsten, wie viel er dazu beigetragen hat, dass der Baum gefällt wurde? So geht es auch mit der Arbeit an den Menschenseelen.«[92] Hinsichtlich des Hörers mahnte Bengel:

»Die Predigt muss nicht nur alle acht bis vierzehn Tage gehört werden, sondern täglich, beständig, dass sie immerdar unsere Speise bleibe und sich die Kraft allzeit beweisen könne. Es muss gehen wie im Leiblichen. Man isset nicht nur alle acht Tage ... nimmt des Tages ein- oder zweimal etwas zu sich ... so teilt die Speise ihre Kraft ... alle Augenblicke ... aus. So muss es auch im Geistlichen sein.«[93]

Bengel stellt sich selbst die Frage: »Was soll ein Prediger in dieser verderbten Zeit tun?« Und gab sich die Antwort, die zugleich ebenso auf die Erziehertätigkeit zutrifft: »Ein Diener der Kirche muss wie eine Gluckhenne sein, die nicht nur ihre Küchlein gerne unter ihre Flügel nimmt, sondern es auch ertragen kann, wenn sie ihr auf den Rücken springen. Die Ehre widerfährt dem, der sie flieht, sie flieht den, der sie sucht.«[94]

Als Bengel in seinen letzten Denkendorfer Jahren wegen seiner Stimme nicht mehr zum Predigtdienst in der Lage war, kam ihm dies einer Art »Exkommunikation« gleich.

---

90 Gerhard Schäfer, Wilhelm Horkel, Hg., Gott hat mein Herz angerührt, Metzingen 1987, S. 63
91 S. u. vgl. a. a. O., S. 71
92 S. u. vgl. a. a. O., S. 62
93 Karl Hermann, Hg., Vom heiligen Heimweh, Stuttgart 1979, S. 88
94 S. u. vgl. Gerhard Schäfer, Wilhelm Horkel, Hg., Gott hat mein Herz angerührt, Metzingen 1987, S. 60

Schriftlich bereitete sich Bengel nur in den ersten Jahren seines Kanzeldienstes vor, später nur noch bei Beerdigungsansprachen für hoch gestellte Persönlichkeiten. Zugleich betonte er aber, dass sich ein Prediger nie nachlässig vorbereiten, sondern alle Mühe aufwenden und besonders auf den Schluss seiner Ausführungen achten sollte. Größten Wert legte Bengel auf eine klare, abwechslungsreiche Gliederung in der Nähe zum Text und auf die möglichst freie Wiedergabe der Predigt.

Ein eigens geführtes Buch gibt Aufschluss über die jeweils zu Grunde gelegten Predigttexte. Die erhaltenen Predigtniederschriften entsprechen allerdings nicht mehr dem Original, weil sie bei der Schnelligkeit des Vortragenden unvollkommen geblieben sind und daher erst anschließend ergänzt werden mussten.

Inhaltlich bildete das Bibelwort ausnahmslos den Mittelpunkt seiner Ausführungen, wobei er dessen umfassenden Zusammenhang besonders beachtete sowie dessen sachliche und wörtliche Übereinstimmungen aufzeigte. Am Herzen lag ihm dabei vor allem, »nichts zu unterschlagen und verwechseln«, auch »kein eigenes Lichtlein anzuzünden, seine Person selbst in den Hintergrund treten (zu) lassen, sich völlig aufs Gebet zu verlassen und im übrigen stets so zu predigen, als sei es das erste oder letzte Mal«.[95]

Immer stellte Bengel Gottes Ehre, die Liebe zu Jesus und das Heil des Menschen ins Zentrum seiner Ausführungen. Er ließ sich dabei von suchender Liebe zum Hörer leiten. Lehrhaft im Einklang mit den Bekenntnisschriften seiner lutherischen Kirche, erklärte er den Bibeltext und machte ihn für seine Gemeinde praktisch anwendbar. Da diese oft nicht die entsprechenden Kenntnisse besaß, las Bengel bisweilen halbe Kapitel der Schrift vor, ohne zugleich auf die Länge seiner Predigt oder auf den rationalistischen Geist seiner Zeit Rücksicht zu nehmen. Die Botschaft sollte nicht verflacht werden. Er ließ auch Geheimnisse etwa der Gottessohnschaft und Menschlichkeit Jesu sowie eine verstandesmäßige Erklärung des Abendmahls außer Betracht; dessen Wert bestand ausschließlich in der Vergebung der Sünden und der Gemeinschaft der Christen untereinander.

Bengels Ziele blieben es allezeit, bei den Hörern Dankbarkeit gegen Gott sowie Buße hervorzurufen, in der Überzeugung, dass aus dieser Verkündigung Frucht erwachse, ohne »geschmückte Auszierun-

---

[95] S. u. vgl. Karl Hermann, Der Klosterpräzeptor von Denkendorf, Stuttgart 1987, S. 405

gen, verwegene Schlüsse, hohe, starke feurige … in der Tat aber eiskalte Worte oder vergnügliche Gedanken oder eine Belustigung der Ohren« zu benutzen. Denn eine entscheidende Rolle spielte für ihn die Stille für die »Entwicklung der Seele im Verborgenen«. Solches erläuterte er folgendermaßen: »Es ist wie mit einem Gewächs, dessen Kern in Hüllen eingewickelt und dadurch sowohl in seinem Wachstum als auch wider die ungestüme Witterung verwahrt wird oder wie mit einem, der etliche Geldstücke in seiner Tasche hat, nicht mit denselben klingelt und dadurch für den Raub umso sicherer bleibt.« Trotz Bengels nüchterner Darstellungsweise scheute er indessen keineswegs, seine Hörer ganz persönlich anzureden: »Nun frage ich dich, lieber Mensch, kannst du alles anhören, ohne Bewegung deiner Seele? Ach, einmal sollte doch unser Herz weich werden«, um zusammen mit anderen Menschen das Angesicht des Herrn zu suchen.[97]

Am liebsten predigte Bengel über Texte der Leidensgeschichte Jesu, welche er von Jugend an selbst gerne in Predigten gehört habe.

Wie übrigens auch Pfarrer Philipp Matthäus Hahn[98], Prälat Ötinger und manche andere pietistisch gesonnene Prediger hütete sich Bengel vor ausgesprochenen Bekehrungspredigten, weil man nicht ungeduldig auf Menschen einwirken solle, denn »es ist besser, wenn eine einzelne Taube selber geflogen kommt, als wenn viele in den Schlag eingetrieben werden. Wenn man so an ihnen dengelt, so verlassen sie sich darauf und werden träge.« Eine andere Veranschaulichung lautete zutreffend: »Der stille heitere Sonnenschein bringt einen Wandersmann dahin, dass er von freien Stücken (freiwillig) seinen Mantel ablegt, hingegen er je heftiger Wind und Wetter stürmen, desto fester, sorgfältiger sich in seine Kleider wickelt.« Bengel konnte auch vor ungestümem Bekehrungseifer ebenso wie in der Erziehung warnen: »Wenn ich ein Bäumlein hätte und wollte immer daran schnipfeln und darum graben, würde es darum nicht besser gedeihen.« »Man soll im Geistlichen nicht gar zu geschäftig sein, damit man Gott auch Raum lasse. Die gute Absicht allein reicht nicht aus.«[98]

Bengel war sich bei Aufrufen zur Bekehrung genau bewusst, dass dies Gottes eigene Tat ist und nur als Geschenk empfangen werden kann. Realistisch konnte er feststellen: »Ach, wie wenige fassen, was

---

96 Vgl. Karl Hermann, Der Klosterpräzeptor von Denkendorf, Stuttgart 1987, S. 405 ff., 407 f.
97 Lothar Bertsch, Freude am Denken und Wirken, 3. Auflage, Metzingen 1990, S. 96
98 Julius Rössle, Von Bengel bis Blumhardt, Metzingen 1959, S. 7

gepredigt wird: Es ist oft so, als ob nicht Deutsch wäre, was auf den Kanzeln vorgetragen wird.«[99] So rief Bengel nach bekannt gemachter Einteilung seiner Predigt Gott im Gebet an, bisweilen wurde diese selbst gänzlich, teilweise oder zum Schluss zum Gebet. Gottesdienstbesucher konnten (etwa in Herbrechtingen) beteuern, solche Predigten noch nie gehört zu haben.[100]

Eine kraftlose Predigt tadelte Bengel: »Dass gute Seelen von der Predigt wegbleiben, ist ein Zeichen, dass die Predigten ›Holz, Heu, Stoppeln‹ (1. Kor. 3,12) sind.«[101]

Bengels Predigtweise ist von der Lehre geprägt, »wegen des ernstlichen Dringens auf die Zuhörer der Predigt will ich niemand richten.« Er gesteht offen: »Ich kann's nicht.«[102]

Zu Bengels Arbeits- und Predigtweise sei noch betont vermerkt: Er hat die Bibel mit »durchschossenem Gebet gelesen«. Dabei war für ihn eine nüchterne, auf die Schrift und nicht die Redekunst Rücksicht nehmende Predigt entscheidend gewesen, was er in seiner Schrift »Von der rechten Weise, mit göttlichen Dingen umzugehen« so beschrieben hatte[103]: »Schriftgemäße Auslegung und Nutzanwendung in Predigten und Schriften bringen viel Furcht ... und solche Furcht erhält man selbst lauter und reichlich, wenn mit dem geistlichen Inhalt der geistreiche Vortrag übereinstimmt, nach der Art, wie der Apostel 1. Korinther 1, 2 und 3 beschreibt. Sinnreiche Vorstellungen und geschminkte Auszierungen, verwegene Schlüsse, hohe, starke, feine, wie man es gern nennt, in der Tat aber eiskalte Worte tun nichts zur Sache; und wo die vermeint(lich)e Erbauung in einer Verwunderung über die schönen Erfindungen, in einer Vergnügung der Gedanken, in einer Belustigung der Ohren besteht, wie nun in vielen so genannten Kanzelreden geschieht. Da hat man eben das zur Ausbeute, was bei Paulus eine Vernichtung des Kreuzes Christi heißt. Dies ist eine Seuche, die am Mittag unserer für erleuchtet gehaltenen Zeit verderbt.«[104]

---

[99] Gerhard Schäfer, Wilhelm Horkel, Hg., Gott hat mein Herz angerührt, Metzingen 1987, S. 59

[100] Adolf Neeff, Weg und Wort der beiden Schwabenväter Bengel und Ötinger, Stuttgart 1933, S. 21

[101] Richard Haug, Reich Gottes im Schwabenland, Metzingen 1981, S. 141

[102] a. a. O., S. 139

[103] Zitiert nach Gerhard Schäfer in: Zu erbauen und zu erhalten das rechte Heil der Kirche, Kurt Rommel, Hg. Stuttgart 1985, S. 206 f.

[104] Karl Hermann, Der Klosterpräzeptor von Denkendorf, Stuttgart 1987, S. 405 ff.

Einen frühen Einblick in Bengels theologische und geistliche Einstellung vermittelt seine Prüfungspredigt vom 23. Dezember 1706 über den teuren Jesusnamen (Apg. 4,12). Hier betont er:»Wir dürfen, wenn wir vor Gott Gnade erlangen wollen, uns auf nichts anderes gründen als auf die Erlösung, so durch Christus geschehen ist und durch einen wahren und lebendigen Glauben ergriffen wird. Zwar scheint diese Erinnerung in unserer reinen lutherischen Kirche nicht besonders nötig zu sein, aber es wird doch von solchen, die sichs am wenigsten einbilden, gröblich dagegen gefehlt.« Er begründet diese (für eine Prüfungspredigt mutige) Feststellung:»Wir müssen nicht nur mit dem Munde sagen, dass wir auf Christi Verdienst leben und sterben wollen, sondern wir müssen auch sorgfältig wachen und unser eigenes Herz tief untersuchen, uns also nicht verlassen auf unsere reine Lehre und Religion, dass wir nämlich von christlichen Eltern mitten in der evangelischen Kirche geboren und erzogen, auch derselben in der Jugend einverleibt sind, denn das Wort der Predigt hilft die nichts, die nicht daran glauben.«»Wir sollten uns nicht auf die Frömmigkeit unserer Vorfahren und anderer Christen verlassen, denn ein jeder muss für sich Rechenschaft geben.« Bengel warnte sodann davor, sich lediglich auf die äußere Kirchenzugehörigkeit und das Lob anderer Christen oder den äußerlichen Gebrauch der Sakramente zu verlassen, auch solle man nicht auf sich selbst oder ein äußerlich ehrbares Leben seine Seligkeit bauen.»Christus wäre (sonst) vergeblich gestorben.«

Für den jungen Prediger war ein Leben für Christus unverzichtbar, der für (den Gläubigen) gestorben und auferstanden ist.»Derjenige habe die Süßigkeit des Namens Jesu noch nicht geschmeckt, dem die Sünde noch nicht bitter geworden ist.«[105]

Die Predigt Bengels aus der Stuttgarter Schlosskirche vom Jahre 1712[106] über 1. Thessalonicher 4,13–18 zeigt seine grundsätzliche Art der Textauslegung:»Unser Christentum besteht aus drei Stücken: Glaube, Hoffnung, Liebe ... größte (1. Kor. 13,13).« Bengel gliedert in drei Teile: Die Hoffnung der Christen besteht in 1) ihrem unbeweglichen Grund, 2) ihrer großen Vortrefflichkeit und 3) ihrer tröstlichen Kraft.

---

105 Karl Hermann, Der Klosterpräzeptor von Denkendorf, Stuttgart 1987, S. 141 f.
106 Du Wort des Vaters, rede du, in: Julius Rössle, Hg., Zeugnisse der Schwabenväter, Bd. VI, Metzingen 1962, S. 115

Zu 1) »ihr unbeweglicher Grund« ist Jesus, worauf sein treuer Zeuge hinweist, der will, dass wir zugleich mit ihm leben, denn er ist der Auferstandene für uns: Ich lebe und ihr sollt auch leben. Wir werden durch ihn aus dem Tod gezogen, tragen nach dem Bild des irdischen das des himmlischen Menschen (laut 1. Kor. 15,49). »Wenn wir uns an der Auferstehung zum Leben getrösten wollen, so müssen wir in Christus erfunden werden.« Bengel bringt dann wörtlich Philipper 3,8–11, Kolosser 2,13 sowie 3, Vers 3 und 4, schließlich 1. Petrus 1,3,4. Dann ruft er jeden Hörer dazu auf, sich selbst zu fragen, und von seinem eigenen Herzen den Grund der Hoffnung zu formen, fragt persönlich: »Glaubst du, dass Christus gestorben und auferstanden ist? Freust du dich, dass er auch dein Leben und deine Auferstehung ist? Solche Fragen halten dein Herz vor!«

2) »Es sollte sich unser Herz ... mächtig erwecken lassen durch die Betrachtung der Vortrefflichkeit der Hoffnung des Christen. Sie gründet sich auf Christus, sein endloses Leben. Dann, wenn sonst alle Hoffnung in der Welt zu Ende geht, der Christen Hoffnung erst erfüllt wird. Darum wird der Tod ein Schlaf und das Grab im Griechischen eine Schlafstätte, ein Gottesacker, eine Schlafkammer genannt..., die der Vernunft sonderbar vorkommt, wenn die Christen hier auf ihre Hoffnung setzen und sich damit trösten sollen ...« Bengel redete dann von der doppelten Auferstehung laut Daniel 12 und Johannes 5,28 f. »Stelle dir dies alles vor Augen, wie eben jetzt geschehen, wie es denn zu seiner Zeit wahrhaft geschehen wird, könntest du da dein Haupt aufheben?«

3) »Diese Hoffnung muss eine tröstliche Kraft mit sich führen. Wo die Freude der Welt aufhört, da fängt der Christen Lust an. Das Pfand, der Geist des Lebens, mache diesen Trost in uns lebendig, dann lobt die Seele den Herrn. Die Hoffnung ist eine Quelle reichen Trostes in Kreuz und Leiden, auch beim Trost der Unsrigen, an denen unsere Sehnsucht hängt und bei unserem eigenen Tod.« Bengel meinte dann, diese kräftigende Hoffnung sei nur wenigen Seelen bekannt, sonst wäre die Traurigkeit und Furcht vor dem Tod nicht so mächtig in uns. »Entweder werden Glaube, Hoffnung, Liebe in der Seele (wohnen) oder das Gegenteil ... weil es uns so sehr an der Hoffnung fehlt, denn wo beweist sie sich in einem freudigen Lob Gottes besser als in einem sehnlichen Warten und in freudigem Mut im Angesicht des Todes? O lasst uns einmal recht aufwachen und uns ermuntern. Durch fleißiges Denken an das Zukünftige wollen wir uns aufrichten. Amen«.

Auf Bengels Herbrechtinger Predigttätigkeit folge auszugsweise seine Abschiedspredigt.[107] Ihr lag als Text Matthäus 22, 1–14 zu Grunde.

»Was habe ich bisher von dieser Stätte aus anderes getan als euch zur Gemeinschaft des Evangeliums eingeladen? Heißt das nicht, ein Gehilfe eurer Freude zu sein? Wer einem zu Christus hilft, der hilft einem zur Freude ... Thema: Summarische Wiederholung der himmlischen Berufung, die auch ich bisher an euch überbracht habe. 1) Wozu wir berufen seien 2) durch Wesen 3) was der Erfolg davon sei.

1) Wozu nicht zu einem ... Schaden, Plage, Pein, Verdruss ... Wir werden zur Gnade berufen, die allgemein ist. Je mehr das Leben und die Gnade, zu der wir berufen sind, in Gott verborgen ist, desto größer muss ihr Wert sein ... Der Gäste, Geladene sollen viele sein und dies ist eine Tatsache, die uns Trost, Herrlichkeit und dem König Ehre bringt ... Was muss es dann für eine Erquickung sein, wenn alle Tränen abgewischt werden, um den Genuss der Güter seines Hauses und um die Wonne, die wie ein Strom ist (Ps. 36). Ergreife darum das ewige Erbe, diese gute Gnade, wozu du jetzt berufen bist.

2) Durch wen? Wir dürfen nicht auf weitere Boten Gottes vom Himmel warten. Einmal ist Christus gekommen und hat im Evangelium den Frieden verkündigt. Diese Verkündigung wird nun von den Knechten fortgeführt.

... musste an andere, an die Heiden ergehen, weil Israel nicht wollte und doch die Hochzeitsvorbereitungen nicht vergeblich sein sollten. Die Heiden sollten nicht nur Gäste sein, sondern sie können auch die Braut werden (2. Kor. 12), in dem Leib Christi ist ein viel größerer Schatz, als je bei allen irdischen Mahlzeiten sein kann. Das ist auch von mir bisher angeboten worden. Dies ist nun die 280ste Predigt, die ich euch halte. Ich habe gewarnt, gelockt. Es soll auch diesmal so sein, als wenn ich vor einem jeden stünde und ihn noch dieses letzte Mal ganz besonders zum Himmelreich einlüde.

3) Es gibt Gäste, die schlagen die Einladung um Äcker, Haus, Hof und Hantierung willen aus; aber dass es Leute gibt, die sogar die Boten der Gnade verhöhnen und töten, das ist ja unverständlich, selbst unter denen, die sich haben laden lassen, herbeikommen, geht es nicht lauter zu. Das ist an dem Menschen zu erkennen, der kein hochzeitliches Kleid anhatte und dennoch bei der Gnadentafel einen Platz einnahm.

---

[107] aus: Julius Rössle, Du Wort des Vaters rede du, in: Julius Rössle, Hg., Zeugnisse der Schwabenväter, Bd. VI, Metzingen 1962, S. 94 ff.

Dieser ist ein Beispiel für alle, die die Gnade Gottes vergeblich empfangen (2. Kor. 6,1). Das Hochzeitskleid ist nichts anderes als die Gerechtigkeit Jesu und der neue Mensch. Wie kann hier der Erfolg anders sehr kläglich sein, denn es heißt von denen, die die angebotene Gnade in Jesu Christus um der Güter dieser Welt willen versäumen, dass keiner der Männer, die geladen sind, dies Abendmahl schmecken werde und dass die Mahlzeit zwar bereit sei, aber die Gäste es nicht wert gewesen seien. Die gar spotten und die Hochzeitsboten töten, werden von dem König mit einem ganzen Heer überzogen und ihre Stadt wird verbrannt und der, der kein hochzeitliches Kleid anhatte, wird in die äußerste Finsternis geworfen. ... Hierbei ist wohl zu merken, dass die Boten der Gnade nur einmal einladen dürfen, zum Hinauswerfen sind andere Diener ... die Engel bestellt.«

Seine Predigt beschloss Bengel gelegentlich mit einem Vers:

»Hört und merkt, ihr lieben Kinder, die ihr jetzund Gott ergeben seid, lasst euch die Müh nicht reuen, halt stets am heilgen Gotteswort, dies ist euer Trost und höchster Hort, Gott wird euch schon erfreuen.«[108]

Bengel als Beter

Zeitlebens war Bengel ein treuer Beter gewesen, um für seine vielseitigen Aufgaben und seine persönliche Lebensführung Kraft, Ermutigung und Trost zu schöpfen. Wie schon geschildert, hat er sogar in seine Predigten und wissenschaftlichen Abhandlungen immer wieder kurze Gebete einfließen lassen: »O Gott, du hast mich berufen zum ewigen Leben, zeuch deine Hand nicht von mir ab, bis ich das ewige Leben ergriffen habe.«[*]

Bengel verstand das W e s e n d e s G e b e t s als Unterredung oder Gespräch mit Gott ohne viele Worte oder Diskussionen, auch nicht auf Notlagen oder Angst beschränkt, sonst sei viel verdorben. Mit Gott zuerst ist alles auszumachen, nicht mit sich selbst, sodass gilt: »Es ist geschehen, was du, o Gott befohlen hast.« Bengel war überzeugt, dass Gott darauf eine innere Antwort erteilt. Diese empfange man vor allem in der Stille und nicht in Worten, wie wir Menschen einen Bettler beschenken würden, auch nicht durch Wissen, Reichtum und

[108] Du Wort des Vaters, rede du, in: Julius Rössle, Hg., Zeugnisse der Schwabenväter, Bd. VI, Metzingen 1962, S. 93
[*] Richard Haug, Es komme dein Reich, Stuttgart 1987, S. 31

Macht, Vergnügen und Begierden, sondern es geht dabei um die wichtigste, beste und größte Sache, den heiligen Willen Gottes in Christus Jesus, um ewiges Leben zu erlangen. Demgegenüber greifen alle menschlichen Ziele zu kurz. Doch solche rechtschaffenen, heiligen Beter seien etwas Seltenes, jedoch umso wirkungsvoller in der Welt. Gegenüber manchen Menschen in Freiheit, Bequemlichkeit und Überfluss bete ein Kreuzträger in irgendeinem Winkel viel eifriger.

Beim Gebrauch des Gebets warnte Bengel vor ausschließlich freien Formulierungen, da sie die Gefahr der Gewöhnung und Einseitigkeit in sich bergen, während in schriftlich vorliegenden, vorgeschriebenen alles Notwendige, besonders die Dankbarkeit einfließe. Bete man wortlos, könnten bald die Gedanken abschweifen oder »in einen Schlummer geraten«. Leute, die sich dagegen bei Schlaflosigkeit an auswendig gelernte Gebete, Gesänge und Psalmen halten können, seien köstlich zu nennen. Die tiefsten und zartesten Gebete fand Bengel allerdings nicht in Gebetbüchern, sondern in »Seufzer(n), voller Angst und Freude, die sich nicht in menschliche Worte fassen lassen, aber aus dem Herzen hervordringen«.[109]

Vom Wert und Vorrecht des Betens redete Bengel mit Bewunderung. »O was sind wir doch für dürftige, armselige, verstoßene, verlorene Leute, dass wir des Bittens, Suchens und Anklopfens bedürfen! Wie groß ist die Gnade des Herrn, die uns erlaubt und ermöglicht, ja befiehlt, Gott den Schöpfer der Welt als persönlichen Vater anzureden«, wobei für Bengel keine verwandtschaftliche Beziehung enger gewesen war als die zu Jesus, der diese Vollmacht erteilt. »O dass wir doch möchten dies zu Herzen nehmen, welch große Wohltat das ist, wie ein Kind zu Vater und Mutter spricht.« So leitet jedes einzelne Bibelwort zur Anbetung und tiefsten Verehrung Jesu Christi an.[110] Deswegen empfand Bengel die Erhörung und Erfüllung von Gebeten durch Gott als etwas »Süßes«.

Für kommende schwere Zeiten betete Bengel: »Wer im Glauben, in der Hoffnung und in der Liebe gefasst ist, kann sich alle Stunden in alles schicken, was noch so unvermutet hereinbricht. Du hast doch dein Wort nicht vergeblich verliehen. Wer es fleißig betrachtet, kann sich umso besser in alle Ereignisse schicken.

---

[109] Gerhard Schäfer, Wilhelm Horkel, Hg., Gott hat mein Herz angerührt, Metzingen 1987, S. 94 ff.
[110] a. a. O., S. 95

Großer Gott, du bist getreu und alle Heiligen sind in deiner Hand ... Du hast deinen Sohn Jesus Christus von den Toten erweckt. Darum wirst du auch die, welche in ihm leben und in ihm sterben, auferwecken.«[111]

Dieses unerschütterliche Vertrauen auf eine Gebetserhörung wird aus Bengels späterem Leben überliefert. Als nämlich bei einem schweren Gewitter über Herbrechtingen jemand Bengel zugerufen habe: »Herr Prälat, es ist alles verloren«, sei dieser ans Fenster getreten, habe es geöffnet und gebetet: »Halt inne, Vater«. Im selben Moment habe Gewitter und Hagel nachgelassen. Dieselbe Gewissheit des erhörten Gebets offenbart auch das kurze Gebet zum Jahreswechsel, das Ötinger bezeugt: Bevor nämlich Bengel zu Bett ging, sei er ans Fenster getreten, habe zum Himmel aufgeblickt, sich einige Male verbeugt, nur gesagt »Vater, sieh, bei uns bleibt alles beim Alten« und sich dann still schlafen gelegt[112]. Ebenso wie das Bitten einer einzelnen Person hört Gott auch das einer ganzen Gemeinde, die Bengel gleichermaßen auch zur Fürbitte für andere Menschen, »das Gemeinwohl«, verpflichtete.

Im Einklang mit der Gewissheit, dass kein Gebet, keine Träne, kein Seufzen vor Gott verloren gehe, konnte Bengel schreiben: »Gottes Liebe, Christi Fürbitte führt zu vollkommener Freude[113], zumal Gott seine rechtschaffenen Beter bekannt sind, wogegen allerdings Gottes Herz jene Menschen nicht finde, die ohne Gebet durchs Leben gehen.« Im Kämmerlein zu beten, wollte Bengel Mut machen, indem er auf Jesus verwies, der ebenfalls zur Zwiesprache mit Gott die Stille aufsuchte. Dadurch habe dieser dem Menschen den geheimen Zutritt zu Gott und das Vorrecht ermöglicht, diesen Herrn als himmlischen Vater anzureden. Bengel hielt es für unerlässlich, für diese besonders wertvolle Gabe ihm gebührenden Dank abzustatten.

Aus seinen eigenen Gebeten zeigt sich Bengels persönliches Verhältnis zu all dem Gesagten am aufschlussreichsten. In dem Brevier[114] ist zu lesen: »O Gott, dir gebührt die Anbetung ... Lass mich und alle, die dein Heil lieben, dir befohlen sein. Herr Jesu, lass das Beten bei mir

---

111 Du Wort des Vaters, rede du, in: Julius Rössle, Hg., Zeugnisse der Schwabenväter, Bd. VI, Metzingen 1962, S. 80
112 Adolf Neeff, Weg und Wort der beiden Schwabenväter Bengel und Ötinger, Stuttgart 1933, S. 24
113 Gerhard Schäfer, Wilhelm Horkel, Hg., Gott hat mein Herz angerührt, Metzingen 1987, S. 96
114 a. a. O., S. 96

und das Lehren durch mich wohl vonstatten gehen zu deinem Lob. O Gott, lasse mir keine Ruhe, treibe mich, dass ich im Gebet anhalte und dir keine Ruhe lasse, weil du es so haben willst, du unendliche Liebe.«

Ein anderes Gebet Bengels lautet: »Jesu, du Licht der Welt, erleuchte mich. Ich will dir folgen. Stärke mich, du Lebensfürst. Mache mich dem Willen deines Vaters recht gehorsam, denn ich begehre von Herzen, unter denen erfunden zu werden, die dir nahe angehören. Du leitest, o du himmlische Weisheit, deine Kinder richtig auf deinem Weg. Leite auch mich, wie du willst. Ich habe bei weitem nicht getan, was ich hätte tun sollen. Ich ... unnützer Knecht. Aber gib mir so viel Klugheit und Treue, dass ich nicht möge vor dir ein unnützer Knecht genannt werden. Tue ein jeder Mensch, was er kann, so wie ein Gärtner seine Samenkörner streut, ohne zu wissen, ob etwas aufgehen und geraten werde, in Treue, Munterkeit und Ruhe, so sind auch die Arbeiten des Menschen nicht ohne Frucht. Trotz großer Beanspruchung kann das Herz bewahrt werden, indem man sich mit einem geschwinden Atemzug himmlischer Luft erholen kann.«

Bengel konnte Gott anrufen: »Sei du ein getreuer Zeuge in unseren Herzen durch dein Wort, dass wir dich erkennen und uns dir ganz und gar übergeben. Mache uns deinen teuren Namen recht innig bekannt, dass wir an ihm festhalten. Gib uns rechtschaffene Buße dafür, dass wir an dem Übel bei anderen mitschuldig sind.«[115]

Bengel betete: »Herr Jesu, dein Reich geht über alles ... Es ist ein ewiges Reich.«[116]

»Gott hat mein Herz angerührt, Ihm sei die Ehre.«[117]

Zum Abschied aus Denkendorf stehe das[118] wiedergegebene Gebet, welches laut Hehl[119] auf einem abgerissenen Blatt Papier erhalten geblieben ist: »Großer Gott, himmlischer Vater, ich lobe und preise deinen Namen. Du hast dich in deinem Wort und in deinen Werken geoffenbart als der lebendige Gott. Du hast uns in deinem eingeborenen Sohn als deine Kinder angenommen und deinen Heiligen Geist als das Pfand des ewigen Erbes gesehen. Ich bitte dich, erbarme dich mein

[115] aus der 60. Rede über die Offenbarung, vgl. Du Wort des Vaters, rede du, in: Julius Rössle, Hg., Zeugnisse der Schwabenväter, Bd. VI, Metzingen 1962, S. 75

[116] Richard Haug, Reich Gottes im Schwabenland, Metzingen 1981, S. 156

[117] a. a. O., S. 15

[118] Gerhard Schäfer, Wilhelm Horkel, Hg., Gott hat mein Herz angerührt, Metzingen 1987, S. 164 f.;
Gottfried Mälzer, Johann Abrecht Bengel, Leben und Werk, Stuttgart 1970, S. 88f.

[119] Werner Hehl, Johann Albrecht Bengel, Leben und Werk, Stuttgart 1987, S. 170

und lass mich in der Vergebung der Sünden und deren Versicherung getrost einhergehen auf dem Wege, den ich gehen soll. Vergib mir die Versäumnis so vieles Guten in mir selbst und anderen in den Tagen meiner Wallfahrt und erstatte es durch deine Gnade. Vergib mir, dass ich so viel Untugend teils gröblich genug, teils durch innerliche Abweichung von deiner Zucht begangen und oft auch andere geärgert habe. Erinnere mich zu jeder Zeit, dass das Ziel meiner Wallfahrt nicht ferne sei! Erhalte mich in der nötigen Wachsamkeit, dass du mich wachsam findest, wenn du kommst. Lass mich den besten Augenblick, auch wenn dieser jetzt eben wäre, nicht übergehen. Handle mit mir nach deinem väterlichen Rat, nach der Treue, deren du dir bewusst bist, nach der Macht, durch die ich allein zur Seligkeit bewahrt werden muss. Sonst ists um mich geschehen.

Ach, leite mich, reinige mich, stärke mich und regiere mich durch deine Gnade. Lass mich ein Gefäß deiner Barmherzigkeit sein für mich selbst und ein Werkzeug deiner Kraft in andern, gib mir, dass ich andächtig und ernsthaft, liebreich, sanftmütig, demütig, mäßig, keusch, vorsichtig, wachsam, unverdrossen, vergnügsam, nicht leichtsinnig, argwöhnisch, unartig und träg sei. Mache mein Herz in allen Dingen fest! Lass mir deine Wahrheit begegnen zur rechten Zeit! Segne mich, mein Weib, Kinder, Enkel, Schwiegersöhne, Bruder, Schwägerin, Patenkinder, Gevatter, Verwandte, Bekannte, Hausgenossen, Vorgesetzte, Kollegen, Nachbarn, Wohltäter und die, die sich meiner dürftigen Fürbitte anbefohlen haben, und wer unter ihnen am nächsten ist, dem gib die wahre Bereitschaft, in der Gerechtigkeit deines Sohnes Jesus Christus vor dir zu bestehen. Sieh auf die Klosterjugend und die hiesige Gemeinde, auf die, die mich jemals gehört haben und unter mir gestanden sind. Stehe denen bei, die zur Ehre deines Namens irgendetwas vornehmen.

Kann ich es ertragen und werde es nicht missbrauchen, so lasse mir den Trost deines Heils mächtig aufgehen, ehe ich hinfahre. Doch das sei, wie du willst. Nimm mich nur in deinen Frieden an bei dir in deiner Ewigkeit. Amen.«

Auf dieses ausführlichste Gebet folge jenes sehr kurze: »Herr Christus, mir soll alles lieb sein, was mich zu Dir führt. Lass mich aber an Dir selbst die größte Freude finden. Beherrsche Du mich. Ich bete Dich an. Deine Anbetung müsse reichen, soweit Himmel und Erde ist. Amen.«[120]

---

120 Werner Hehl, Johann Albrecht Bengel, Leben und Werk, Stuttgart 1987, S. 170

In einer Betrachtung betete Bengel: »Herr Jesus, was jetzt aus deinem Wort bezeugt worden ist, das ist auch uns gesagt. Gib, dass wir dich mit wahrhaftem Herzen erkennen als den Ersten und Letzten und auch nichts zu wissen begehren als dich allein. Du bist der Lebendige ... Wer sollte so kühn sein und wagen (die Tage der Drangsal) zu überwinden ohne deine Kraft, die alles tut? Alles steht in deiner Hand. Mache du uns nur von Herzen treu, dass auch wir mit getrostem Mut kämpfen und siegen und so die Lebenskrone erlangen. Gib, dass wir vom andern Tod unbeschädigt bleiben und teilhaben an der Ersten Auferstehung um deiner Ehre willen. Amen.« »Gib uns rechtschaffene Buße auch darüber, dass wir am Übel bei anderen mitschuldig sind.« »Herr Jesus Christus, du weißt auch unsere Werke. Ach wecke du uns auf und lass uns in keiner falschen Ruhe und in keinem törichten Sündenschlummer liegen ... O du Fürst des Lebens, dein Leben und deine Kraft erweisen sich mächtig auch an uns.«

»Herr Jesus, wie viel hast du aufzuräumen, bis du deine Knechte und deine Angehörigen in solchen Stand bringst, dass sie darin für deine Zukunft vorbereitet seien.«[*]

Bengel als Seelsorger

Bengel hielt sich auf Grund seines eigenen Einfühlungsvermögens für befähigt, seelsorgerlich auf die persönlich oder schriftlich vorgetragenen Anliegen der verschiedensten Rat- und Trostsuchenden hilfreich einzugehen – gemäß des biblischen Anspruchs, mit den Fröhlichen fröhlich und den Traurigen traurig zu sein. Den Leitspruch für seine diesbezügliche Tätigkeit entnahm er dem zweiten Korintherbrief des Apostels Paulus (1,2 ff.): »Gelobt sei der Gott allen Trostes, der uns tröstet in all unserer Trübsal, dass wir können trösten, die da sind in allerlei Trübsal mit dem Trost, den wir selbst empfangen haben durch Jesus.«

Hierdurch werde »mehr erreicht als durchs öffentliche Zeugnis von der Kanzel«[121].

---

[*] Du Wort des Vaters, rede du, in: Julius Rössle, Hg., Zeugnisse der Schwabenväter, Bd. VI, Metzingen 1962, S. 75 f.

[121] Konrad Gottschick, Gerhard Schäfer, Hg., Auf dem Weg zur Fülle der Zeit (17. und 18. Jahrhundert), Lesebuch zur Geschichte der Ev. Landeskirche in Württemberg, Stuttgart 1991, S. 210

Bengel übte seine Seelsorge durch »fleißige Privatbesuche«, also Haus- und Krankenbesuche aus, wobei er besonderen Wert auf Gespräche mit Leidenden und ihren Angehörigen legte. Die Länge seiner Anwesenheit machte er von den Wünschen und dem jeweiligen Befinden der Besuchten abhängig. Dabei empfahl er, ihnen die ihnen bekanntesten und beliebtesten Lieder und Sprüche vorzulesen. Dagegen erwartete er eine Bekehrung Sterbender nur selten, da sie diese Gnade entweder schon in ihrem bisherigen Leben gefunden hätten oder in ihrem seitherigen Sinn in die Ewigkeit gingen, was dem Seelsorger nicht verborgen bleibe. Dazu betonte er, dass es dabei nicht um »Ausschluss« gehe, sondern »zum Aufschauen und Forschen ..., was Glaube sei«. Er wollte einfach die Menschen zu Jesus führen.

Im Unterschied zu dem vertraulichen Charakter der mündlichen Bengelschen Seelsorge liefert der umfangreiche Briefwechsel einen tiefen Einblick in diese. Betreffen doch von rund 2900 erhaltenen Schreiben immerhin etwa zweihundert seelsorgerliche Anliegen der Schreiber. Meist handelt es sich dabei um den Bereich von Sünde und Schuld. So antwortete Bengel am 23. März 1736 einer namentlich nicht bekannt gewordenen Frau auf ihre diesbezügliche Anfrage: »Das ist an sich gewiss, dass keine Sünde so groß, unnatürlich und gräulich, unmenschlich ist, dass sie nicht sollte vertilgt werden können. Alle noch so garstigen Sündenflecken werden durch das Blut Jesu Christi, des Sohnes Gottes ausgewaschen bei denen, die sich an diesen Arzt und Heiland halten. Also ist Bitten, Suchen, Anklopfen, Flehen, Warten das einzige Mittel, Hilfe zu erlangen, und zwar nicht für diese oder jene Sünde allein, sondern für den ganzen Zustand des Baumes mit all seinen Wurzeln, Zweigen und Früchten. Gegen andere Leute soll diese Person nichts merken lassen. Sie soll mündlich bei ihrem Beichtvater sich heilsamen Rat holen. Das Gericht über den äußeren Menschen steht ihr selbst nicht zu, sie gebe sich aber im Verborgenen lauter dem Gericht Gottes anheim ... Solche innere Verleugnung des eigenen Lebens ... ist eine Art, Gott die Ehre zu geben, und Frieden zu finden. Gott beweise seine Treue und Erbarmung in diesem Anliegen. Ach, wie ist es überhaupt um das menschliche Herz bei denen, die noch von dem allgemeinen Schlaf der Sicherheit aufwachen, eine gar so trübe und unreine Quelle ... Die eine Seele nimmt es sich zu leicht, die andere zu schwer ... Gottes Wort muss alles heilen und das müssen wir in gutem Vorrat zu Herzen nehmen und unseres Heilands Licht, Kraft, Klarheit und Wahrheit in uns sich spiegeln lassen. Der getreue Hirt nehme sich unser an, wie wir es zu jeder Zeit brauchen.«[122]

Bei Zweifeln an der Vergebung riet Bengel Tübinger Studenten 1748 davon ab, »stets nur auf sich allein zu sehen, denn dann habe Gott keine Ehre davon«. Demgegenüber: »Je weniger ich an das Vergangene denke, desto besser; ich strecke mich nach dem, das da vorne ist. Auf Gottes väterliche Erbarmung leben wir hier.« Mit einer kleinen Geschichte wollte der Seelsorger erreichen, dass man sich nicht immer nur an seinen Sünden aufhalte. So habe ein Mann im Wald Holz gesammelt. Als ihm die Last zu schwer wurde, habe er noch mehr gesammelt und dies einige Male, sodass er immer weniger tragen konnte. Plötzlich wandte sich Bengel in seiner Erzählung an den Hörer selbst: »Du bist der Narr. Wenn ein Vierteljahr um ist, hast du einen Plunder Sünden von Zorn, Neid und Geiz usw. Den willst du von dir schaffen. Aber gleich gehst du hin und sammelst noch einen Plunder dazu.«[123] »Wahrlich, die Vergebung ist das eigentliche Hauptwerk der göttlichen Barmherzigkeit an dem menschlichen Geschlecht. Daran ist erschienen die Liebe Gottes.«[124]

An einen Freund, der sich einfach nicht von seiner schuldbeladenen Vergangenheit befreien konnte, richtete Bengel 1736 (also wie alle erwähnten Briefe aus Denkendorf), die anschaulichen Zeilen:

»(Ebenso) wie man es macht, wenn man ein Haus oder Zimmer säubert, dass man alles Unsaubere auskehrt, nimmer lang auseinander liest, sondern wegwirft, müssen wir es auch mit unserem Inwendigen machen. Diejenigen, die Gottes Angesicht suchen, finden ihn gewiss.«[125]

Einem Pietisten in Anfechtungen (in Sulz) gab Bengel zu bedenken, »wie komme ich dazu, dass ich die Sonne sehe?« Antwort: »Sieh sie an, so siehst du sie. Frag nicht lange, wie komme ich zur selig machenden Erkenntnis Jesu Christi? Das Wort ist dir nahe in deinem Munde und in deinem Herzen. Lass es Wahrheit sein, so ist es auch Wahrheit.«[126]

---

[122] Gerhard Schäfer, Wilhelm Horkel, Hg., Gott hat mein Herz angerührt, Metzingen 1987, S. 141 f.
[123] Adolf Neeff, Weg und Wort der beiden Schwabenväter Bengel und Ötinger, Stuttgart 1933, S. 54
[124] a. a. O., S. 55
[125] a. a. O., S. 51
[126] Konrad Gottschick, Gerhard Schäfer, Hg., Auf dem Weg zur Fülle der Zeit, Stuttgart 1991, S. 214 f.

Bengels älteste Tochter Sophia Elisabetha, Frau des Arztes Reichard Reuss in Sulz/Neckar, hatte, wohl noch unter dem Eindruck des Todes von acht ihrer zehn Geschwister* unter Schwermut zu leiden. Sie ermutigte der Vater durch folgende Zeilen: »Suche nun, liebe Sofie Liese, Gottes Angesicht getrost, er wird sich ganz gewiss und zu guter Zeit finden lassen. Wo der Trost an der Kreatur ausgeht, da ist Gottes Licht nahe.« Dieser Tochter dichtete Bengel sein wohl bekanntestes Lied: »Gott lebet, sein Name gibt Leben und Stärke, er heißet der Seinigen Sonne und Schild. Sobald ich, so oft ich sein Regen bemerke, so spür ich mich innig mit Kräften erfüllt. Sein bin ich ganz eigen, das muss sich wohl zeigen. Lass alles, was widrig und schrecklich ist, kommen, mir wird doch mein Ruhm und mein Gott nicht genommen.«In den folgenden Versen heißt es dann: »Wer glaubet, der flieht nicht, es muss ihm wohl gehen, es birget vor ihm sich die Furcht und Gefahr und weil er auf Gottes Verheißung sich lehnet, so wird er mit himmlischem Segen gekrönet.« (s. Bengel als Liederdichter sowie Ev. Gesangbuch Lied 613)**

Ein späteres Schreiben an dieselbe Tochter lautete: »Herzliebe Tochter! Du verlangst, ich möchte dir etliche Lehren (nach Sulz) schreiben. Ich könnte dir keinen besseren und längeren Brief schicken als die Hl. Schrift und diese hast du schon. Danach verhalte dich in deinem inneren und äußeren Tun und Lassen, Leben und Wandel, Glauben und Reden, Leiden und Hoffen, Meiden und Suchen, Arbeiten und Ruhen, Lieben und Dulden ... Weil du nichts Besonderes gemeldet hast, kann ich dir auch nichts besseres vorlegen. Gib dein Herz dem frommen Heiland aller Aufrichtigkeit und einfältigen Zuversicht ... Überlasse es ihm, dass er es durch seinen Geist erneuern und ihm gefällig machen möge ... Lass andere ... merken, dass du von der himmlischen Freundlichkeit und Leutseligkeit etwas erblickest. Befleißige dich, dem himmlischen Vater dankbar und gefällig zu sein ... Gott macht alles wohl. Sein sind und bleiben wir. Der verborgene Mensch des Herzens, unverrückt mit sanftem, stillem Geist ist köstlich vor ihm.«***

Einem an Depressionen leidenden Vikar schrieb Bengel 1746 (also aus Herbrechtingen), »seine Seelenverfassung« sei größtenteils durch

---

*   (Hier gibt es unterschiedliche Angaben.)
**   Julius Rössle, Von Bengel bis Blumhardt, Metzingen 1950, S. 79
*** Gerhard Schäfer, Wilhelm Horkel, Hg., Gott hat mein Herz angerührt, Metzingen 1987, S. 148 f.

eine »größere Aufmerksamkeit auf sich selbst als auf das liebreiche Vaterherz Gottes« verursacht, »womit er sich in Jesus Christus zu uns geneigt hat«. Der Vikar möge also den Blick von sich selbst wegwenden. »Die Gnade allein ist es, die das Herz fest macht.« Auf diese Weise verliere er den Mut nicht, denn »wir wollen füreinander beten, ein jeder auch für sich selbst, der Herr wird uns erhören, er hat nicht vergeblich gesagt, wir sollen ihn suchen und er ist getreu und er ist größer als unser Herz.«[127]

Einem Zuhörer, der Bengel klagte, dass er nur vorübergehende Gnadenblicke habe, erklärte dieser: »Es ist wie beim Essen. Man isst nicht immer und der Geschmack dauert nur so lange, als das Essen ist, aber der Leib empfängt doch hinterdrein noch lange die stärkende Kraft desselben. So ist es mit den Gnadenblicken. Es ist nicht nötig, dass sie andauernd sind, sie geben doch die Kraft für die Zukunft. Dadurch wird Gott nicht gedient, wenn wir uns immer an den Tisch setzen und Gnadenblicke speisen wollen. Wir sind nicht in der Welt, um immer Leckerbissen zu genießen, aber wohl dürfen wir einen ruhigen Seelengrund und Frieden begehren.«

»Es ist oft ein Mensch unter dem Gedränge lauter und steht in tieferer Abhängigkeit vor Gott als dann, wenn er in Heiterkeit ist. Eine gewisse Herbheit im Geistlichen ist ein gutes Bewahrungsmittel.«[128]

Gegen alle übertriebene Sorge um das eigene Heil und alle Skrupel empfahl Bengel: »Das Wort Gottes ist eine beständige Warnung vor dem Betrug unseres eigenen Herzens. Wie komme ich dazu, dass ich die Sonne sehe? Sieh sie an, so siehst du sie. Frage nicht lang, wie komme ich zur selig machenden Erkenntnis Jesu? Das Wort ist dir nahe in deinem Munde und in deinem Herzen. Lass es Wahrheit sein, so ist es auch die Wahrheit. Das eine Mal nimmt man es zu leicht in der Heuchelei, wenn man ohne Buße unbefugt in das Heiligtum einbricht; das andere Mal nimmt man es zu schwer und kann es nicht glauben, dass die Gnade so gnädig ist. Es ist nur ein einziges Stück, worüber sich ein Mensch zu betrüben hat, nämlich die Sünde. Über was man sich sonst betrübt, ist nicht der Mühe wert.«[129]

Auf Grund eigener Erfahrungen aus vielen notvollen Stunden erwies sich Bengel gerade gegenüber dem leidenden und leidtragenden Mit-

---

[127] Adolf Neeff, Weg und Wort der beiden Schwabenväter Bengel und Ötinger, Stuttgart 1933, S. 52 f.
[128] Richard Haug, Reich Gottes im Schwabenland, Metzingen 1981, S. 36 f.
[129] Werner Hehl, Johann Albrecht Bengel, Leben und Werk, Stuttgart 1987, S. 204

menschen als ein wahrer Seelsorger. Als er aber eines Tages schwer krank danieder lag, wünschte er sich selbst einen solchen. Da hierzu jedoch kein Pfarrer zur Verfügung stand, ließ er einen seiner Schüler zu diesem Dienst bitten, doch der zögerte: »Wie könnte ein Schüler dem Herrn Präzeptor (Trost) zusprechen?« Bengel entgegnete ihm: »Ei, das wäre doch eine Schande, ein Student zu sein und keinen Zuspruch geben zu können.« Endlich sprach der unerfahrene Mensch: »Das Blut Jesu Christi, des Sohnes Gottes, macht uns rein von aller Sünde.« Nun war Bengel zufrieden: »Jetzt ist's recht, ich habe genug.«[130]

Die Leidenszeit sah Bengel »als das Kostbarste im Leben« an, weil hier die Hand Gottes am Menschen wirke. Bei ihm gebe es immer »ein größeres Stück als bei uns selbst bei all unserem Tun«, sodass man mit Dank und Freude daran zurückdenken könne. Lasse uns Gott dabei seine Allmacht spüren, würden wir umso mehr sein Erbarmen erflehen. Zur Veranschaulichung diente Bengel z. B. »ein Schiff, das beladen besser fahre als ohne Last, wogegen ein Soldat, der erst wenig durchhalten musste, wenig Erfahrung (habe) und im Ruhequartier wenig Hoffnung, weiterzukommen.« Das Leiden gleiche ferner einem Licht, dessen Docht »nach und nach einen Butzen bekommt, wenn es nur schwach brennt. Schließlich muss auch er abgenommen werden. Wenn alle Trübsal reif geworden sei«, es aufs Höchste kommt, ist's bald vorbei. Es ist eine Stunde. »Der Glaube macht alles zu lauter Heil.«[131] Während Menschen gerne den leichteren Weg wählen, weil sie meinen, es sei der Richtige, gebe es in Wirklichkeit viele, die zum Ziel führen. Bei diesem Gebrauch der Freiheit der Wahl brauche man nicht immer die Sorge zu haben, man würde dabei sündigen. Im Leiden erblickte Bengel einen tieferen Sinn auch darin: »Man hat keinen größeren Eindruck von der Abhängigkeit gegen Gott als in Krankheiten.«[132]

Das Geheimnis der Leidenszeit übersteigt laut Bengel alles menschliche Verstehen. »Der große Gott zeigt uns Pilgrimen nicht alles, sondern nur das, was für uns auf dem Weg nötig ist. Das Übrige taugt noch nicht für uns. Es wird für die Heimkunft gespart.«[133] »Die Frucht davon erstreckt sich in die Ewigkeit.« Da gläubiges Vertrauen alles

---

130 Karl Hermann, Der Klosterpräzeptor von Denkendorf, Stuttgart 1987, S. 321
131 Karl Hermann, Hg., Vom heiligen Heimweh, 2. Auflage, Stuttgart 1979, S. 73
132 Adolf Neeff, Weg und Wort der beiden Schwabenväter Bengel und Ötinger, Stuttgart 1933, S. 42
133 Werner Hehl, Johann Albrecht Bengel, Leben und Werk, Stuttgart 1987, S. 199

zum Heil bewirke, sei keine traurige Stunde vergeblich. Deshalb »kann sich sein Kreuz niemand schnitzen, tragen muss es jeder«.[134] Aus dieser Sicht sagte Bengel zum Mann einer kranken, Gott ergebenen Frau, er habe jetzt ein Heiligtum im Hause, was dieser nie vergessen habe.

Die Frage, was heißt unter dem Kreuze stehen, beantwortete Bengel für sich selbst wie auch für andere: » ... sich nicht mit der Welt (zu) freuen, sondern mit Christo trauern, alle Sünden ... ans Kreuz heften, ungeachtet alles Schmerzes es nicht achten, wenn man um der Nachfolge Christi willen verachtet wird.« An Christi Leiden und Sterben soll sich der Christ nicht nur »weiden«, sondern sich ebenso »die Auferstehung und das unvergängliche Leben des Herrn Jesus zunutze machen. Beides gehört zusammen.« »Aus dem Gedächtnis des Leidens und Sterbens Christi soll folgen eine herzliche Gegenliebe gegen ihn und ein Hass gegen die Sünde, eine Liebe gegen alle Menschen, besonders die Glaubensgenossen.« Gegen andere möge man daher stets Geduld und Barmherzigkeit walten lassen, weshalb man auch niemand verachte, vielmehr das Gute bei ihm suche, zumal »niemand so raubärtig (ist), dass er nicht noch ein weiches Plätzchen hat, da ihm beizukommen ist«. Durch Gottes Nähe kommt man bei Tag und Nacht zur Ruhe, wobei Bengel die nächtliche Betrachtung des Wortes Gottes laut Matthäus 14,23 höher einschätzte als die bei Tage.[135] Für schlaflose Nächte empfahl er, »in der Fürbitte dahin zu denken, wo das Gemüt hingeleitet wird. Es ist selten ohne Grund.«[136]

Aus allem Geschilderten ergibt sich, dass Bengels Seelsorge biblisch begründet und theologisch durchdacht war.

Durchaus reformatorisch würdigte Bengel die Vergebung als reines, entlastendes und aufrichtendes Geschenk Gottes, was ihn von treiberischem Bekehrungseifer an Rat- und Hilfesuchenden ebenso abhielt, wie von einer engen Gesetzlichkeit im Verhalten gegen Gott und Welt. Brecht[137] erkennt darin den Grund für »Bengels Seelsorge, ihre Weite und ihren Reichtum, ihre klare Gottbezogenheit«, ohne bei ihrer Ausschließlichkeit und fehlenden positiven Würdigung des irdischen Lebens vorhandene Schwachstellen zu übersehen. Insgesamt

---

134 Karl Hermann, Der Klosterpräzeptor von Denkendorf, Stuttgart 1987, S. 435
135 Vgl. Adolf Neeff, Weg und Wort der beiden Schwabenväter Bengel und Ötinger, Stuttgart 1933, S. 22
136 Werner Hehl, Johann Albrecht Bengel, Leben und Werk, Stuttgart 1987, S. 200
137 Martin Brecht in: Gestalten der Kirchengeschichte Bd. Pietismus und Orthodoxie, Stuttgart 1982, S. 364

aber bot Bengel in seiner Seelsorge wie in seinem Kanzeldienst »eine lebendige Predigt«, die nie aufdringlich, aber eindringlich, nicht abstoßend, sondern überzeugend den bedürftigen Menschen im Geist der Frohen Botschaft des Herrn Jesus Christus beigestanden ist.

Bengel als Liederdichter

In Denkendorf nutzte Bengel die Zeiten, in denen er krank daheim das Bett hüten musste oder gerade keine Amtspflichten zu versehen hatte, auch dazu, Gedichte geistlichen Inhalts zu verfassen. Diese schöpfen ganz aus dem Zeugnis der Bibel und sollten der Verkündigung ihrer Botschaft und der praktischen Seelsorge an den Menschen dienen.

Den ersten Eindruck von Bengels poetischer Begabung vermittle seine Arie, die er zum eigenen Hochzeitstag (am 5. Juni 1714) über den 116. Psalm Vers 1 und 2 gedichtet hatte.[138]

»Der König in der hohen Stadt / der Herr der Ewigkeiten, der seinen Sitz im Himmel hat und noch wird zubereiten, des Aug auf alle Länder geht, in dessen Händen alles steht, der auf den Wolken fähret, ist's, der Gebet erhöret.

Wenn unsre Stimme sich erhebt, so hört er unser Flehen und lässt im Herzen, da es bebt, den Lebensodem wehen. Er sendet eine Hilfe zu, da eins dem andern nach der Ruh / und nach dem rechten Leben / in einem Sinn hilft streben.

Er tut, er hat bisher getan, was Gutes uns geschehen, und heute fängt von neuem an / sein Licht uns aufzugehen. Was uns bemüht, was uns erquickt und was er uns zu Händen schickt, das leitet uns zu ihm, damit ihn alles rühme.

Das ist mir lieb – ihr freut euch mit – dass Gott sich so erzeiget, dass er sein Ohr zu meiner Bitt herab ins Niedre neiget. Das Niedre sieht und höret er; er stärkt, was schwach; er füllt, was leer; wer darbt, dem will er geben; was tot ist, heißt er leben.

---

[138] zitiert aus: Du Wort des Vaters, rede du, in: Julius Rössle, Hg., Zeugnisse der Schwabenväter, Bd. VI, Metzingen 1962, S. 65 f.

Die Zahl der Stimmen, die den Herrn / in seinen Höhen ehren / einhellig, munter, billig, gern, die müssen sich vermehren / und sagen: Groß ist Gottes Macht, die uns mit lauter Heil bedacht; Lobt ihn mit frohem Liede, sein Arm wird nimmer müde!

Mein Tage will ich künftig hin / das alles fleißig treiben. Es soll mein Amt, Geschäft, Gewinn, Gunst und Ergötzung bleiben, dass ich dem Herrn, den alles ehrt, und des Erbarmen ewig währt / in wohl gelernter Weise / mit voller Stimme preise.«

Es folgen einige Eingangs- und Schlussstrophen zu Bengels Zusammenfassung »eines sterbenden Christen nach den Sieben Worten des Gekreuzigten«, diese wurden 1714 bis 1911 nach dem Württembergischen Gesangbuch viel gesungen. Wahrscheinlich schrieb er sie nach dem schweren Verlust seiner zwei ersten Kinder:

»Mittler, alle Kraft der Worte / die du in der hohen Pein / vor der offnen Todespforte / ließest deine Losung sein, / bleibt, indem ich auch abscheide, meiner Seelen Füll und Weide, nun ich so gerüstet bin, sehnt mich's dir nach, zu dir hin.

Wenig Wort in langen Stunden / redtest du vom Kreuze dar, bis du alles überwunden, was dir in dem Wege war / zu dem Vater durchzudringen / und auch uns zu ihm zu bringen, / weil du die Versöhnungsmacht / meist in stillem Kampf vollbracht.

Nun, nun ist das Heil erworben / denn du sagst: »Es ist vollbracht.« Jesu, eh du noch gestorben, blicket schon die Siegermacht. Lass nun immerhin ergehen, was den Gliedern auszustehen, mein Vollender, du in mir, und ich jetzt vollend't in dir!

»Vater, dir will ich befehlen meinen dir geweihten Geist«, schreiest du mit ganzer Seelen. So vertritt mich allermeist, wenn der letzte Hauch vorhanden; lös mich aus des Todes Banden und nimm deines Pilgrims wahr, stelle mich dem Vater dar.

Nun, so darf ich mit dir rufen, nun wo werd ich auch erhört, nun, so folg ich durch die Stufen, wo der Eingang unverwehrt,

zu dir führet und zu allem, die dir Halleluja schalle, weil durch
dich der Feind gedämpft und es ewig ausgekämpft.« [139]

Dem lateinischen Lied des französischen Mystikers Poiret 1711 nach-
empfunden, folge Bengels Lied zur Umkehr und Nachfolge:

»Du Wort des Vaters, rede du und stille meine Sinnen,
sag an, ich höre willig zu, ja lehre frei von innen.
So schweigt Vernunft mit ihrem Tand, und du bekommst
die Oberhand
Nach deinem Recht und Willen. Dir räum ich all mein
Innres ein,
das wollest du, ja du allein mit deinem Geist erfüllen.

Um eins, mein Jesu, bitt ich dich, um das lass dich erbitten:
Dein Herz, dein Herz, das gib in mich, ein Herz von
guten Sitten,
ein Herz, das wie ein kleines Kind einfältig, gütig und gelind,
unschuldig und bedächtig;
ein Herz, das heimlich Leide trägt und sich in Staub und Asche
legt,
ein Herz, in Liebe mächtig.

Ein Herz, das Gott in Lauterkeit und Gottes Kinder liebe;
ein Herz, das sanfte Folgsamkeit und wahre Demut übe;
ein Herz, das mäßig, wachsam, klug, das ohne Murren, ohn
Betrug
mit dem wohl auszukommen; ein Herz, das allenthalben frei
und ganz von nichts gefangen sei, die Liebe ausgenommen.

Nur dies bitt ich, o Herr, von dir und bitt es deinetwegen;
ach siehe, diese Bitt ist mir vor allem angelegen. Du bist mein
Schöpfer, steh mir bei;
du bist mein Heiland voller Treu, auf dich bin ich getaufet; du
hast mich dir, o höchster Ruhm,
zu deinem Erb und Eigentum mit eignem Blut erkaufet.

---

[139] Werner Hehl, Johann Albrecht Bengel, Leben und Werk, Stuttgart 1987, S. 211 f.

Du bist mein Bürg und Bräutigam; zu deinen Mitgenossen
bin ich gezählt, aus deinem Stamm, aus dir bin ich entsprossen;
ich bin zu deinem Bild gemacht und als dein Kind bei dir
geacht; ein Werk,
das ewig bleibet, an dem du Wohlgefallen trägst,
zu dem du starke Neigung hegst, das sich vom Himmel
schreibet.

Du bist, mein Jesus, mir zugut vom Vater ausgegangen
und wie man sonst den Mördern tut, für mich am Holz gehangen.
Nun denn, so überwind in mir des Satans Werk, der Welt Begier
und meines Fleisches Pochen; vollführe deine Wunderschlacht
in mir durch deines Geistes Macht, du hast's mir ja versprochen.

O Leben, Arbeit, Leiden, Not des Heilands meiner Seelen;
o meines Jesu Angst und Tod, euch will ich mich befehlen!
Geht in mich ein und lasst mich sehn das Leben aus dem Tod
erstehn
in allen meinen Kräften. Hilf mir, o du erwürgtes Lamm,
an deinen heilgen Kreuzesstamm den Leib des Todes heften.

Ach präge deinen Tod in mich, der all mein böses Wesen
in mir ertöte kräftiglich, so werd ich recht genesen!
Gieß aus dir selber in mich ein dein Leben, das so heilig, rein,
holdselig ohne Tadel, mach mich von aller Heuchelei,
ja allen Missetaten frei und schenk mir deinen Adel.

Alsdann wird deine Majestät mich ganz zum Tempel haben,
darin sie ihren Ruhm erhöht durch ihre hohen Gaben.
Es wird an solchem stillen Ort die Weisheit ihr geheimes Wort
nach ihrem Willen führen und ihren Sitz je mehr und mehr
mit ihren Wundern, Pracht und Ehr und großen Taten
zieren.

Wohlan, so lebe Gott in mir! In ihm ich leb und webe,
damit mein Ich ihn für und für nach Würden hoch erhebe
und meine Liebe ganz allein in Lieb und Leid, in Lust und Pein
an seiner Liebe hange, bis ich nach ausgestandner Prob
in vollem Licht zu Gottes Lob die Gottesschau erlange.
(Gal. 2,20)«

Evangelisches Gesangbuch 632

Zur Stärkung des angefochtenen Glaubens seiner Tochter Sophie hatte Bengel, wie bereits erwähnt, 1738 das beliebt gewordene, Trost spendende Lied gedichtet:

»Gott lebet! Sein Name gibt Leben und Stärke.
Er heißet der Seinigen Sonne und Schild.
Sobald ich, so oft ich sein Regen vermerke, so spür ich mich innig mit Kräften erfüllt.
Sein bin ich ganz eigen, das muss sich wohl zeigen; lass alles, was widrig ist, kommen.
Mir wird doch mein Ruhm und mein Gott nicht genommen.

O Seelen, vernehmet den göttlichen Willen! Das Beste, das Höchste, das gibt er so gern.
Eröffnet den Mund nur, so wird er ihn füllen; versuchet's, erkennet und lobet den Herrn.
Seid ihr noch entfernet, so sehet und lernet, was manche an seinen durchdringenden Gaben,
ja selber an Gott, dem Lebendigen, haben.

In leichten, in linden, erträglichen Tagen, vermeinet ein jedes gefasset zu sein;
ist aber ein ernstliches Treffen zu wagen, so stellen sich Fürchten und Flüchten bald ein.
Nur Gottesbekannte und Schirmesverwandte sind tüchtig, in allerlei Fällen zu stehen
und allem, was feindlich, entgegenzugehen.

Wer glaubet, der flieht nicht, es muss ihm wohl gehen es birget vor ihm sich die Furcht und Gefahr; und ehe die Trägen den Gegner ersehen,
wird jener des Siegs und des Preises gewahr. Er findt sich berufen von Stufen zu Stufen,
indem er auf Gottes Zusage sich lehnet, so wird er mit himmlischem Segen gekrönet.«

Evangelisches Gesangbuch 613

5

Bengel als Schriftforscher und Bibelausleger

BIBELAUSLEGER

Mit welcher persönlichen inneren Einstellung ging Bengel an seine biblische Forschung heran? Er war sich sowohl ihrer Wichtigkeit, des persönlichen Wertes als auch seiner eigenen Unvollkommenheit bewusst, wenn er schrieb: »Ich bin in der Bearbeitung des Neuen Testaments gleichsam ein Zuckerbäcker, der für andere Zucker und Gewürze zurechtmacht, sich selbst aber mit schlichtem Brot nährt und doch nicht ohne Teilnahme an den Gerüchen bleibt.«[140] Grundsatz des rastlos Schaffenden blieb dabei lebenslang: »Beim Fleiß, der auf Gottes Wort verwendet wird, gibt es kein Zuviel.«[141]

Dagegen lehnte Bengel die Schwärmerei solcher Kreise, welche aus geisterfüllter Verbundenheit mit Jesus die Bibel nicht mehr nötig zu haben wähnten, entschieden ab: »Die den Kern ohne Butzen, Stil, Hülsen und Schalen haben wollen, das heißt Christus ohne Bibel, werden bald vollends gar nichts mehr haben und aus dem Feinsten ins Gröbste fortschreiten, ohne zu wissen, wie es ihnen geht.«[142]

In Ergänzung zu dem bereits erörterten grundlegenden und richtungweisenden Verhältnis Bengels zur Bibel sei zunächst noch Wesentliches zu klären. Von der Verstehbarkeit der Schrift war Bengel völlig überzeugt: »Die Bibel ist nicht für Kühe, sondern für denkende Menschen geschrieben. Nichts ist darin vergeblich oder unfruchtbar.«[143] Ermutigend fuhr er fort: »Nicht jeder muss alles begreifen, aber alle Heiligen (Gläubigen) aller Zeiten und Orte sind

---

[140] Karl Hermann, Der Klosterpräzeptor von Denkendorf, Stuttgart 1987, S. 381
[141] a. a. O., S. 384
[142] Karl Hermann, Vom heiligen Heimweh, 2. Auflage, Stuttgart 1979, S. 149
[143] laut Flattich: Richard Haug, Reich Gottes im Schwabenland, Metzingen 1981, S. 74

schon wie ein einziger Lehrjünger, der sich den ganzen Inhalt zunutze macht und dadurch zu allem guten Werk ausgerüstet wird.« Im Gnomon ist dies zu lesen, und das Folgende ist tröstlich: »Ob wir das, was uns in der heiligen Schrift meist nur wie beiläufig von der Herrlichkeit des zukünftigen Lebens gesagt wird, gleich nicht verstehen, so sollen wir es nur festhalten. Wenn einer einen Schatz von großem Wert, z. B. von Edelsteinen findet, ob er es gleich nicht weiß, ihn nach Würde zu schätzen, so schadet ihm solches nicht, wenn er ihn nur nicht unbesonnenerweise weggibt oder vertauscht. Zu seiner Zeit freut es ihn nur desto besser, deshalb sollen wir das, was uns Gott vorlegt, ohne Ausnahme anhören und (das) was uns nicht eröffnet ist, demütig auf sich beruhen lassen.«

Ein weiterer weiser Rat Bengels bestand darin, »man möge sich nicht vornehmen, etwas erschöpfend erforschen zu wollen, sondern seine Arbeit gelassen fortzusetzen und zu warten, was Gott zeigen und offenbaren wolle«.[144]

Zum rechten G e b r a u c h der Bibel forderte Bengel als Grundregel (ursprünglich in lateinischer Sprache): »Te totum applica ad textum, rem totam applica ad te.« »Wende dich ganz dem Text zu, die ganze Sache wende auf dich an.« Diese Haltung nahm er persönlich ein und empfahl sie erstmals im Vorwort zu seiner Neuausgabe des Neuen Testaments aus dem Jahre 1734. Dabei geht es im Einzelnen bei der Auslegung der Schrift um die Beachtung folgender zwei Regeln: Bezüglich der Texterklärung heißt das: »Trage nichts in die Schrift hinein, aber schöpfe alles aus ihr und lasse nichts zurück, was in ihr liegt.« Was weiter den Textzusammenhang betrifft, so »ist das Einzelne aus dem Ganzen und das Ganze aus dem Einzelnen zu erklären«, da hier eine kunstvolle Harmonie vorliegt, bei der sich alle Teile aufeinander beziehen, sämtliche Wörter und Zeichen ihren Sinn haben, sodass durch Gottes Sorge nichts von seiner Offenbarung verloren ging. Wer dem gründlich nachdenkt, dem erschließt die Bibel mehr als ihren bloßen Wortlaut, vielmehr ein königliches Verständnis, welches in der Schrift selbst angeboten wird, wogegen sie sich dem natürlichen Menschen lediglich rein äußerlich darbietet. Bengel wünschte in diesem Sinne im Blick auf sich selbst als Ausleger der Schrift, »dass kein Mensch von mir einen einzigen Gedanken fassen möchte, der die

---

144 Gerhard Schäfer, Wilhelm Horkel, Hg., Gott hat mein Herz angerührt, Metzingen 1987, S. 28; Adolf Neeff, Weg und Wort der beiden Schwabenväter Bengel und Ötinger, Stuttgart 1933, S. 39

Wahrheit überschreitet und dass allein die Erbarmung Gottes an mir als einem ihrer Gefäße den Ruhm behalte.«[145]

Da die Bibel nichts Überflüssiges enthält, soll sie ein Christ rechtzeitig verstehen lernen, um sich in Notlagen danach richten zu können, bevor es dafür zu spät ist. Dabei ist auf Gottes Wort unbedingt Verlass, weil es pünktlich beim Einzelmenschen wie bei Kirche und Welt sich erfüllt. »O Freude! O Schreck!«, so empfahl Bengel den rechten Gebrauch der Schrift: »Iss du einfältig dies Brot, wie du es vorfindest und bekümmere dich nicht, wenn du hie und da ein Körnlein aus der Mahlmühle darin findest.«[146]

Von äußerster Wichtigkeit war für ihn die höchst persönliche und uneingeschränkte Verbindlichkeit der Bibel gewesen. Unter ausdrücklicher Berufung auf Römer 2,4 erklärte er: »Was Gott sagt, sollen wir uns gesagt sein lassen.« Ebenso unmissverständlich schrieb er: »Das Wort richtet sich nicht nach uns, wir müssen uns nach ihm richten. Es geht uns nicht nur als alte Geschichten an, nicht nur, dass wir es hören, lesen oder wissen, sondern dass wir es tun.«[147] »Wir sollen das gerne (in Herz und Leben) eindringen, standhaft behalten und in uns wirken (lassen), Frucht bringen, nicht ersticken, sondern davon ergriffen werden, um der Gefahr einer bloßen Gewöhnung zu entgehen.«

Der zitierte Grundsatz der persönlichen Anwendung des Wortes Gottes aufs eigene Leben zeigt Bengel als typischen Pietisten, wonach perdu (französisch: verloren) gehe, was nicht per Du geht. Indem Bengel diesbezüglich die eigene Erfahrung hervorhebt, unterscheidet er sich darin deutlich von den Reformatoren, welche sich mit solchen Selbstzeugnissen zurückgehalten hatten.

Bengels sorgfältige Arbeitsweise wird besonders anschaulich bei seiner Übersetzung des Neuen Testaments aus dem Griechischen ins Deutsche. Im Vorwort aus dem Jahre 1753 (§10 S. XIII–XXV) heißt es, es lasse sich zwar darin nicht die »ganze Lehre von der rechten Art zu übersetzen mit allen ihren Regeln ausführen, doch will ich ...anzeigen:

1) eine Übersetzung muss sich auf einen genau revidierten Originaltext gründen,

---

[145] Gerhard Schäfer, Wilhelm Horkel, Hg., Gott hat mein Herz angerührt, Metzingen 1987, S. 166
[146] Karl Hermann, Der Klosterpräzeptor von Denkendorf, Stuttgart 1987, S. 372
[147] S. u. vgl.: Du Wort des Vaters, redu du, in: Julius Rössle, Hg., Zeugnisse der Schwabenväter, Bd. VI, Metzingen 1962, S. 18

2) eine Übersetzung muss dem Leser ... den Eindruck in der Hauptsache und soviel (wie) möglich in allem, auch den kleinsten Nebensachen geben wie das Original selbst. Man muss nichts dazu setzen, nichts zurücksetzen, nichts anders setzen, sondern übersetzen ...
3) eine Übersetzung darf nicht dunkler, aber auch nicht deutlicher, nicht schwächer, aber auch nicht heftiger, nicht härter, aber auch nicht zierlicher sein als das Original ...
8) heißt es schließlich: »Eine Übersetzung muss bei der Ordnung der Worte bleiben, soviel es die Muttersprache verträgt.«[148]

Die Folgen der Bengelschen Veröffentlichung seines Neuen Testaments zeigten sich auf der einen Seite in einer Reihe von Nach-, Raub- und Neudrucken, auf der anderen Seite in einer Fülle von meist zustimmenden Stellungnahmen aus jenen Tagen. Sehr positiv urteilten die Tübinger »Wöchentlich gelehrten Neuigkeiten«: »Alle Kenner werden eingestehen, dass der berühmte Herr Autor sattsam und vollkommen geleistet, was er versprochen hat, alle Teile des Werks sind mit dem größten Fleiß, Geschicklichkeit und Gelehrsamkeit ausgeführt.« Der Leser wird sodann aufgefordert: »Lasset uns seinen Spuren nachgehen. Es ist kein Zweifel, dass man die reinste und edelste Lection zu suchen habe. Die Hochachtung, welche ein Christ gegen das Göttliche Wort billigst hat, erforderts.« Die in Leipzig erschienene Ausgabe der »Auserlesenen Theologischen Bibliothec« stellte fest, »dass Bengels Fleiß nicht vergeblich gewesen« sei. »Er hat zuvörderst (vor allem) einen reinen und soviel ihm möglich gewesen vollkommeneren Text geliefert, (was) man längst zu sehen gewünscht und begierig darauf gewartet hat«, womit man sich jedoch auf jenen Teil der Bengelschen Bibelarbeit bezog, von welchem noch genauer zu berichten sein wird.

Sogar Bengels größter geistiger Widersacher (Prof. Johann Jakob Wettstein) musste eingestehen: »Der berühmte Herr Verfasser hat sich durch diese Arbeit des Neuen Testaments höchlich verdient gemacht.«[149]

Allerdings musste sich Bengel später in seinem Gnomon gegen diesen Gelehrten in seiner »Nötigen Antwort« rechtfertigen, wogegen

---

[148] S. u. vgl. Auf dem Weg zur Fülle der Zeit (17. und 18. Jahrhundert), Lehrbuch zur Geschichte der Ev. Landeskirche in Württemberg, Konrad Gottschick, Gerhard Schäfer, Hg., Stuttgart 1991, S. 207
[149] S. u. vgl. Gottfried Mälzer, Johann Albrecht Bengel, Leben und Werk, Stuttgart 1970, S. 175 ff.

ΕΥΑΓΓΕΛΙΟΝ
ΚΑΤΑ
ΜΑΤΘΑΙΟΝ.

CAP. I.
℣. 2

ΒΙΒΛΟΣ γενέσεως ἰησῦ χριςῦ, υἱῦ δαυὶδ, υἱῦ ἀβραάμ. Ἀβραὰμ ἐγέννησε τὸν ἰσαάκ· ἰσαὰκ δὲ ἐγέννησε τὸν ἰακώβ· ἰακὼβ δὲ ἐγέννησε τὸν ἰύδαν καὶ τὰς ἀ-
3 δελφὺς αὐτῦ. ἰύδας δὲ ἐγέννησε τὸν φαρὲς καὶ τὸν ζαρὰ ἐκ τῆς θάμαρ· φαρὲς δὲ ἐγέννησε τὸν ἐσρώμ. ἐσρὼμ δὲ ἐγέννησε τὸν
4 ἀράμ· ἀρὰμ δὲ ἐγέννησε τὸν ἀμιναδάβ· ἀμιναδὰβ δὲ ἐγέννησε τὸν ναασσών·
5 ναασσὼν δὲ ἐγέννησε τὸν σαλμών· σαλμὼν δὲ ἐγέννησε τὸν βοὸζ ἐκ τῆς ραχάβ· βοὸζ δὲ ἐγέννησε τὸν ὠβὴδ ἐκ τῆς ρὺθ·
6 ὠβὴδ δὲ ἐγέννησε τὸν ἰεσσαί· ἰεσσαὶ δὲ ἐγέννησε τὸν δαυὶδ τὸν βασιλέα.

Δαυὶδ δὲ ὁ βασιλεὺς ἐγέννησε τὸν σο-
7 λομῶνα ἐκ τῆς τῦ ὀυρίε· σολομῶν δὲ ἐγέννησε τὸν ροβοάμ· ροβοὰμ δὲ ἐγέν-
8 νησε τὸν ἀβιά· ἀβιὰ δὲ ἐγέννησε τὸν ἀσά· ἀσὰ δὲ ἐγέννησε τὸν ἰωσαφάτ· ἰωσαφὰτ δὲ ἐγέννησε τὸν ἰωράμ· ἰωρὰμ δὲ ἐγέννησε τὸν ὀζίαν· ὀζίας δὲ ἐγέννησε τὸν ἰωαθάμ· ἰωαθὰμ
9 δὲ ἐγέννησε τὸν ἄχαζ· ἄχαζ δὲ ἐγέννησε τὸν ἐζεκίαν· ἐζεκίας δὲ ἐγέννησε τὸν
10 μανασσῆ· μανασσῆς δὲ ἐγέννησε τὸν

ἀμών· ἀμὼν δὲ ἐγέννησε τὸν ἰωσίαν· ἰωσίας δὲ ἐγέννησε τὸν ἰεχονίαν καὶ
11 τὰς ἀδελφὺς αὐτῦ, ἐπὶ τῆς με- τοικεσίας βαβυλῶνος. Μετὰ δὲ τὴν
12 μετοικεσίαν βαβυλῶνος, ἰεχονίας ἐγέν- νησε τὸν σαλαθιήλ· σαλαθιὴλ δὲ ἐγέννησε τὸν ζοροβάβελ· ζοροβάβελ δὲ
13 ἐγέννησε τὸν ἀβιύδ· ἀβιὺδ δὲ ἐγέννη- σε τὸν ἐλιακείμ· ἐλιακεὶμ δὲ ἐγέννησε
14 τὸν ἀζώρ· ἀζὼρ δὲ ἐγέννησε τὸν σα- δώκ· σαδὼκ δὲ ἐγέννησε τὸν ἀχείμ· ἀ-
15 χεὶμ δὲ ἐγέννησε τὸν ἐλιύδ· ἐλιὺδ δὲ ἐγέννησε τὸν ἐλεάζαρ· ἐλεάζαρ δὲ ἐγέννησε τὸν ματθάν· ματθὰν δὲ ἐ-
16 γέννησε τὸν ἰακώβ· ἰακὼβ δὲ ἐγέννη- σε τὸν ἰωσὴφ τὸν ἄνδρα μαρίας, ἐξ ἧς ἐγεννήθη ἰησῦς ὁ λεγόμενος χριςός.

17 Πᾶσαι ἒν αἱ γενεαὶ ἀπὸ ἀβραὰμ ἕως δαυὶδ, γενεαὶ δεκατέσσαρες· καὶ ἀπὸ δαυὶδ ἕως τῆς μετοικεσίας βαβυλῶνος, γενεαὶ δε- κατέσσαρες· καὶ ἀπὸ τῆς μετοικεσίας βαβυ- λῶνος ἕως τῦ χριςῦ, γενεαὶ δεκατέσσαρες.

18 Τῦ δὲ °ἰησῦ χριςῦ ἡ γέννησις ὕτως ἦν. μνηςευθείσης γὰρ τῆς μητρὸς

LECTIONES VARIANTES.
MATTH. CAP. I. ℣. 6 ὁ βασιλεὺς] — δ   νησε τὸν ἰεχονίαν δ ζ
11 ἰεχονίαν] ἰωακείμ. ἰωακεὶμ δὲ ἐγέν-   18 ἰησῦ] — α

LOCA PARALLELA.
MATTH. I, 1. Luc. 3, 31. 34.

A

die 1735 ebenfalls in Leipzig gedruckte »Fortgesetzte Sammlung von Alten und Neutestamentlichen Sachen« Bengels Leistung mit dem hervorragenden Zeugnis würdigte: »Teutschland und das Herzogtum Württemberg hat Ehre von diesem vortrefflichen Werk.«[150]

Alles in allem war Bengel ständig bestrebt gewesen, die Erfahrung und das Verständnis des jeweiligen Bibellesers so gut wie möglich zu fördern. Zugleich war es ihm ein aufrichtiges Anliegen, dass seine eigene Person zurückstehe, damit ihm nicht ein Lob, dessen er nicht wert war, gegeben werde und dafür Gott allein umso höher gelobt werde. Ebenso dürfe auf keinen Fall die Person des Christen von der des Gelehrten verdeckt werden, vielmehr habe er in seinem ganzen Tun seinen Glauben zu bezeugen.

Bengel als Textforscher

In Denkendorf konnte Bengel seine Tätigkeit an der Klosterschule sowohl vom Zeitaufwand her als auch in der Sache sehr gut mit der eines Erforschers und Auslegers des Bibeltextes in Einklang bringen, wobei beides stets ineinander ging, »sich harmonisch zueinander fügte«.[151] Ausgehend von der Bearbeitung antiker Klassiker- und Kirchenvätertexte für den Schulgebrauch über die Feststellung des neutestamentlichen Urtextes gelangte der unermüdlich Arbeitende unmittelbar zur Auslegung und Darstellung der biblischen Botschaft als Heilsgeschichte. Solche Entwicklungsschritte gilt es jetzt im Einzelnen nachzuvollziehen, wobei sie hintereinander dargestellt werden, während sie bei Bengel oft gleichzeitig verliefen.

Die Vorgeschichte dieser Beschäftigung liegt bereits in Bengels Studienzeit, als ihm störend aufgefallen war, dass das griechische Neue Testament nicht in einer einheitlichen Textfassung vorlag, sondern lediglich in verschiedenen Ausgaben, welche untereinander mancherlei Unterschiede aufwiesen. Solche Mängel erklären sich so, dass die jeweiligen Abschreiber der zu Grunde gelegten Handschriften teils unbewusst Fehler gemacht hatten, teils meinten, den ihnen vorliegen-

---

[150] zitiert nach: Gottfried Mälzer, Johann Albrecht Bengel, Leben und Werk, Stuttgart 1970, S. 176 f.

[151] S. u. vgl. Gottfried Mälzer, Johann Albrecht Bengel, Leben und Werk, Stuttgart 1970, S. 80

den Text »durch Ergänzungen oder Auslassungen zum Zweck eines besseren Verständnisses« verbessern zu müssen. Die Folge war, dass im Laufe der Zeit solche Abweichungen vom ursprünglichen Wortlaut mehr und mehr überhand nahmen. Ähnliches musste Bengel schon bei seinen lateinischen und griechischen Schultexten feststellen, die mit ihren voneinander abweichenden und im Unterricht benutzten Ausgaben die Arbeit für Lehrer und Schüler erschwerten. Aus diesem Grunde veröffentlichte er bereits zwei Jahre nach Beginn seiner Lehrtätigkeit in Denkendorf 1719 einen selbst erarbeiteten einheitlichen Text zu »Ciceros Briefen an vertraute Freunde«. Er verband dies mit einem Aufruf: »Nur getreu! Wenn es gleich bisweilen nur ein Jota oder ein Strichlein betrifft, ein Tag unseres schwachen Tuns ist vor Gott wie tausend Jahre; so reichlich kann er alles für uns hereinbringen, wenn wir Ihm die Ehre geben.« Denselben demütigen Geist atmet der Schluss seiner griechischen Chrysostomusausgabe: »Der Ruhm ist dein, o Herr, der Ruhm ist dein«.[152]

Diese Tätigkeit nützte Bengel schon als Vorbereitung für seine Erforschung des neutestamentlichen Urtextes als »Handgriff, mit (diesem) hernach desto geschmeidiger umzugehen«. Unter dem Einfluss des führenden Pietisten August Hermann Francke in Halle beendete er schließlich die Bearbeitung klassischer Texte, um sich nunmehr nur noch den biblischen Handschriften zuzuwenden. Mit seinen bisherigen Veröffentlichungen erwarb er die Anerkennung durch die Wissenschaft und deren weiterer Aufmerksamkeit auf sein Tun. Solches verschaffte ihm zugleich die notwendige Erlaubnis der Stuttgarter Kirchenleitung und der Universität Tübingen, seine Studien an der Heiligen Schrift und entsprechende Werke drucken zu lassen. Man machte ihm jedoch zur Bedingung, den traditionellen Text nicht anzurühren, sonst werde ihm die Genehmigung für seine Arbeit entzogen. Indessen wollte Bengel seinerseits vermeiden, durch seine wissenschaftlichen Entdeckungen den so genannten »Schwachen«, ja seinen Zeitgenossen überhaupt zu viel zuzumuten. Er zeigte seine Absicht, ein griechisches Neues Testament mit genauen Erklärungen herauszugeben, spätestens in zwei Briefen aus dem Jahre 1725. Die Verwirklichung seines Planes sollte allerdings mit Veränderungen noch geraume Zeit auf sich warten lassen. Jedoch hatte er sich bereits im Vorwort seiner Chrysostomusausgabe bezüglich eines »Vorläufers

---

[152] S. u. vgl.: Karl Hermann, Der Klosterpräzeptor von Denkendorf, Stuttgart 1987, S. 367

einer zuverlässigen Ausgabe des griechischen Neuen Testaments« an die Öffentlichkeit gewandt, was dann zwei wissenschaftliche Zeitschriften fast ungekürzt in der gesamten Gelehrtenwelt verbreiteten. Dabei bat er um deren wohlwollende Prüfung seiner Forschungsarbeit sowie ihn über vorhandene Hilfsmittel bezüglich Text und Auslegung zu benachrichtigen, was Bengels Vorgehensweise erkennen lässt.

Es ging ihm nämlich darum, möglichst viele Handschriften zu sammeln, zu ordnen und in ihrer Zuverlässigkeit untereinander zu vergleichen, um Fehler im Textbestand zu entdecken und zu verbessern. Bei der Bemühung um eine bestmögliche Urfassung wollte er sich selbst bescheiden im Hintergrund halten, indem er die Leistung der beiden englischen Vorläufer auf diesem Forschungsgebiet, John Fell (1675) und John Mill (1707) hervorhob. Auch bei Professor Pfaff zeigten sich seit 1729 solche Ansätze in seiner dreibändigen Bibelausgabe. Jedoch stand erst seit Bengel die Erforschung der hebräischen und griechischen Textbestände im Blickpunkt der theologischen wie auch der philologischen Wissenschaft. So konnte er in über viertausend Handschriften insgesamt etwa dreißigtausend Textverschiedenheiten aufspüren und hinsichtlich ihrer Zuverlässigkeit des Wortbestandes bewerten. Manche grundlegenden Hilfsmittel wie die Erstausgabe des griechischen Neuen Testaments durch Erasmus von Rotterdam, welche Luther zu seiner Übersetzung benutzt hatte, musste sich der Textforscher Bengel zunächst erst selbst ausleihen.

Um die einzelnen Handschriften überhaupt zu erhalten oder wenigstens einzusehen, erwiesen sich die abseitige Verkehrslage von Bengels Wirkungsstätte Denkendorf, seinem »Winkel«, wie auch die allgemeinen Reisebedingungen seiner Zeit als äußerst ungünstig. So konnte er die allerwichtigsten Bibliotheken in Rom, Oxford oder Paris, ja sogar die näher gelegenen wie Basel oder München nie persönlich besuchen. Es blieb ihm also nichts anderes übrig, als eine außerordentlich weitreichende und zahlreiche Korrespondenz in Sachen der Beschaffung von Handschriften für seine Zwecke zu führen. Bengels Briefwechsel reichte von Amsterdam bis Pressburg, von Zürich, Straßburg, Memmingen und Hamburg bis nach Russland und Griechenland, was damals wohl fast einmalig gewesen sein dürfte. Unter den Adressaten befanden sich außer den genannten berühmten Bibliotheken auch der Vatikan, Klöster, Gelehrte, Kirchenführer und Hochschulen, wobei die vorhandenen Konfessionsgrenzen zur katholischen und orthodoxen Kirche überhaupt keine Beachtung fanden, wahrlich ein frühes Erscheinen echt ökumenischer Zusammenarbeit!

Bengel legte seiner so genannten »Textkritik« folgende Maßstäbe für die Bewertung der ursprünglichsten Handschriften zu Grunde: Die jeweils schwierigere Lesart ist stets einer leichter verständlichen vorzuziehen. (Damit sollte Bengel in den meisten Fällen Recht behalten, wie später von der Wissenschaft festgestellt wurde.)

Beispielsweise hatte er in 1. Mose 18,22 entdeckt, dass es dort ursprünglich geheißen hatte: »Gott stand vor Abraham.« Fromme Abschreiber mussten diese Aussage wohl als unangebracht empfunden und sich daran geärgert haben, weil man »stehen vor« als »bedienen« empfunden hatte,[153] sodass sie den Wortlaut in der Weise änderten, dass jetzt Abraham vor Gott zu stehen hatte. Ein solcher Eingriff glättete also das Anstößige des älteren Textes.

Als Luther die Verse 3 und 4 von Kolosser 3 »vom Offenbarwerden des Christen« übersetzte, ergänzte er den ihm vorliegenden Text »in der Herrlichkeit«, während es ursprünglich nur »in Herrlichkeit« heißen dürfte. Diese kleine Änderung ist jedoch deshalb wichtig, weil es hier nämlich nicht um den Ort, sondern um das Wesen der Herrlichkeit geht. Sie ist als eigentlich zu erstrebendes Ziel des Christen »zunächst verborgen, dann offenbar mit Christus in Gott«. Solche gründlichst durchgeführten Beobachtungen des neutestamentlichen Originalwortlautes ließ Bengel manche scheinbaren Widersprüche innerhalb des biblischen Zusammenhangs erklären und sogar ausgleichen.

Im Einzelnen bewertete der Textforscher jede einzelne Lesart nach fünf Stufen: 1. ob sie ursprünglich, weiter, ob sie dem Text 2. überlegen, 3. ebenbürtig, 4. weniger gut oder 5. gar zu verwerfen sei, ein Urteil, das er jedoch nie gefällt hatte. Nach sorgfältiger Sichtung sämtlicher Handschriften, Drucke und vorliegenden Übersetzungen des Neuen Testaments mit ihren verschiedensten Lesarten beschrieb und begründete Bengel jede einzelne Einstufung. Er hielt diese Ergebnisse im so genannten Apparat des Griechischen Neuen Testaments fest, welcher bis heute dort jeder Ausgabe (natürlich auch mit neuen Ergebnissen) auf den jeweils unteren Seitenteilen beigegeben ist.

Das erstmals 1734 im berühmten Verlag Cotta in Tübingen erschienene, im Blick auf den aufgewandten Fleiß und den erreichten Umfang imponierende Werk widmete Bengel seinem damaligen Regenten Carl Alexander, der jedoch schon 1737 verstarb.

---

[153] Vgl. Artur Weiser, Einleitung in das Alte Testament, 2. neubearb. Auflage, Göttingen, 1949

Faksimile einer handschriftlichen Seite aus Bengels »Brevier«
in originaler Schriftgröße.

Das Vorwort zu seiner ersten Ausgabe schloss Bengel mit den ursprünglich lateinischen Worten aus Psalm 115,1: »Nicht uns, Herr, nicht uns, sondern deinem Namen gib Ehre über deine Barmherzigkeit und Wahrheit.«

Bei dieser langwierigen Tätigkeit leitete Bengel die Grundhaltung: »Wo Gott und sein Wort geredet hat, hat der Mensch alle Sorgfalt anzuwenden.«[154] Als »Sprachmeister des Himmels«, wie sich dieser »Bibelbearbeiter« nennen konnte, wollte er weder, dass die Wissenschaft die Frömmigkeit noch die Frömmigkeit die Wissenschaft verachtet. Er selbst ringe mit »Feilenstaub, damit der Spiegel des Evangeliums hervorleuchtet ... Mancher Edelstein lag im Staub. Manches konnten wir zum Leuchten bringen.«[155]

Er bezeichnete sich sogar als »Brunnenmacher, der die Röhren so lege, dass das Wasser ungehemmt und ungetrübt denen in die Gefäße fließt, die das Wasser holen wollen«. Ferner verglich sich Bengel mit einem Diener, der im königlichen Saal die Dochte der Öllampen der vielen Gäste zu reinigen habe, dass das Licht wieder hell leuchten könne.[156] Über seine Ausdauer und Beharrlichkeit bei solchen Studien schrieb er: »Wenn ich nach genugsamem Forschen auf etwas Gewisses gekommen bin, lasse ich mich ohne erheblichen (Grund) nicht (mehr) davon abbringen, doch lasse ich mir auch gern sagen, ich bin bisweilen zu folgsam gewesen: Ich wirke, solange es Tag ist, und was meine Hand findet, das tue ich ohne ängstliche Wahl, da unterdes Auge und Herz auf das Beste gerichtet bleibt, weiß ich nicht immer, Was? Warum? Wann? Wozu? So weiß es doch Gott auf seine heiligen Absichten zu lenken. Nur getreu, wenn es gleich bisweilen nur ein Jota oder Strichlein betrifft.«[157]

Es ging Bengel also in seinem ganzen Forschen stets um das Wort Gottes in seinem ursprünglichen Wortlaut und Sinn, um solches den Menschen wiederzugeben und verständlich zu machen, zumal davon ja das Heil aller abhängig ist.

Das Ergebnis seiner jahrelangen Forschungsarbeit am überlieferten Bibeltext bereitete dem Forscher Bengel größte Freude, denn er durfte feststellen, dass sich nirgends wesentliche Abweichungen von

---

154 zitiert nach: Adolf Köberle, Das Glaubensvermächtnis der Schwäbischen Väter, Hamburg 1959, S. 11
155 Julius Rössle, Von Bengel bis Blumhardt, Metzingen 1959, S. 75
156 a. a. O., S. 77
157 Adolf Neeff, Hg., Weg und Wort der beiden Schwabenväter Bengel und Ötinger, Stuttgart 1933, S. 27

den zentralen Aussagen der biblischen Botschaft herausgestellt hatten. Änderungen des bisher überlieferten Wortbestandes schienen ihm lediglich an unmaßgeblichen, außerdem zahlenmäßig seltenen Stellen angebracht zu sein. Die damit klar vorliegende einzigartige Bewahrung und Erhaltung der Bibel bedeutete für ihn ein wirkliches Wunder Gottes. Arbeiten an ihrem Textbestand erachtete er deshalb nie als etwas Unwesentliches, sondern als sehr Lohnenswertes und Bedeutendes. Die Wiedergabe seiner Forschung jedoch stellte für Bengel nie mehr dar als einen bloßen Hilfsdienst.

Es sei nochmals hervorgehoben, dass sich Bengels Kritik nie auf den Inhalt der biblischen Botschaft bezogen hatte, sondern lediglich auf ihr äußeres Gewand und ihre menschlichen Überlieferer, die Abschreiber der Texte.

Bei seiner unendlich mühsamen und langjährigen Forschertätigkeit an den Handschriften des Neuen Testaments wurde Bengel, vor allem in den Anfangszeiten, auch mancher Kritik ausgesetzt. So tadelte ihn August Hermann Franckes Sohn Gotthilf August, er würde nur seine Zeit vergeuden, da er keine nicht bereits schon entdeckte abweichende Lesart mehr finden könne. Als sich Bengel selbst daraufhin prüfte, ob sich der ganze Zeitaufwand für seine diesbezügliche Tätigkeit überhaupt lohne, zog er für sich und andere den Vergleich mit einem profanen Schriftsteller. Wenn schon dieser sich um sein weltliches Werk bemühe, dass es ohne Veränderungen gedruckt werde, um wie viel mehr träfe dann dies auf ihn im Dienst des »heiligen Gotteswortes« zu.

In seiner Schrift »Richtige Harmonie der vier Evangelisten« (1736) schilderte Bengel zunächst die Eigenheit derselben. So erweist Matthäus Jesus als Messias auf Grund der alttestamentlichen Weissagungen. Markus schildert Anfang, Fortgang und Ausbreitung des Evangeliums. Lukas den vollständigen Verlauf der Geschichte, und Johannes beabsichtigt, »dass wir glauben, Jesus sei der Sohn Gottes«.[158]

Zur unübersehbaren Verschiedenheit der vier Evangelien hatte Bengel zuvor einleuchtend machen wollen: »Wenn einer eine Stadt von Morgen (Süden) und ein anderer dieselbe Stadt von Abend (Norden) her abmalet, so müssen zwar alle beide die höchsten und vornehmlichsten Türme und Gebäude darstellen, im übrigen können und müssen beide Bilder stark voneinander verschieden sein, (je nachdem der eine diese, der andere jene Teile der Stadt vor Augen hat.« Daraus

---

[158] Du Wort des Vaters, rede du, in: Julius Rössle, Hg., Zeugnisse der Schwabenväter, Bd. VI, Metzingen 1962, S. 47

folgerte er, »dass im vierfach bezeugten nur ein einziges Evangelium oder Nachricht vom Wandel des Sohnes Gottes auf Erden bezeugt wird.«

Nach jahrelangen intensivsten Vorbereitungen veröffentlichte Bengel noch in Denkendorf im Jahre 1740 sowohl »Die erklärte Offenbarung Johannis oder vielmehr Jesu Christi« als auch sein grandioses, alles krönendes neutestamentliches Bibelwerk des »Gnomon, Fingerzeig aufs Neue Testament«, jeweils als Auslegung der zu Grunde gelegten Bibeltexte abgefasst.

Bengels Hauptwerk zur Bibelauslegung – der Gnomon

Bengel wollte die bereits vorhandenen biblischen Auslegungen nicht einfach durch seine eigenen diesbezüglichen Schriften erweitern, vielmehr den Leser ohne Umschweife direkt ins Wort Gottes einführen und ihm helfen, »selbst zu den verborgenen Kleinodien zu gelangen und den im Acker verborgenen Schatz zu heben«.[159] Er wollte selbst »nur geziemend genau forschen«.[160]

Mit seinem Gnomon, deutsch Fingerzeig, beabsichtigte Bengel, wie der weitere Titel zeigt, die »Einfachheit, Tiefgründigkeit, Gefälligkeit und Heilsamkeit der biblischen Sinne anzuzeigen«. Das ursprünglich in lateinischer Sprache abgefasste Buch wurde sogleich allgemein beachtet, sogar bewundert und von vielen Pfarrern – teilweise bis heute – gerne benutzt. Zu Recht kann Bengel also als der »Ausleger des Pietismus« bezeichnet werden. Man bot ihm wegen dieser hervorragenden Arbeit sogar eine Professur an, die er jedoch in seiner bescheidenen Art mit der Begründung ablehnte: »Nicht jeder kann alles.«[161]

Ursprünglich wollte Bengel nur einen kurzen Kommentar zum gesamten neutestamentlichen Text mit Anmerkungen aus der Dogmatik, Apologetik, Archäologie und Grammatik verfassen. Bereits im Jahre 1724 hatte er dem damaligen Theologieprofessor und Kanzler

---

[159] Karl Hermann, Der Klosterpräzeptor von Denkendorf, Stuttgart 1987, S. 392
[160] a. a. O., S. 390
[161] Adolf Neeff, Weg und Wort der beiden Schwabenväter Bengel und Ötinger, Stuttgart 1933, S. 13

der Universität Tübingen, Matthäus Pfaff, mitgeteilt, »der bescheidene Titel Gnomon wird, wie ich denke, dem Werk angemessen seyn, denn die Anmerkungen sollen ... durch einen kurzen Fingerzeig in den Text selbst hineinführen. Ich werde die echte durchgängige Bedeutsamkeit des gesamten Bibelwortes zeigen«. Da Bengels äußerst gründliche und sorgfältige Vorbereitungen bis zur Veröffentlichung seines Gnomon ihn etwa dreißig Jahre in Anspruch genommen hatten, kann von einer wahren Lebensleistung und einem ausgereiften klassischen Werk gesprochen werden.

Im Vorwort seines Gnomon als »einer hermeneutischen Fundgrube ohnegleichen« (Ernst Ludwig) befasst sich Bengel in nicht weniger als 27 Paragraphen mit der Bibel, »als was man sie anzusehen hat (1), wie man sie recht zu gebrauchen habe, nämlich als Zeugnis Gottes, entsprechend einem Organismus und Anleitung zum Umgang (2), ihrer Notwendigkeit (3), ihrem Zweck (4) und der Geschichte ihrer Auslegung«, wobei Kommentare den Verlust der Ursprünglichkeit und Unmittelbarkeit tragen. Insbesondere in den Paragraphen 8–11 legt Bengel die fundamentalen Grundlagen seiner Bibelarbeiten dar, welche die bestmögliche Herstellung und Auslegung des griechischen Urtextes sowie kurze sprachliche, sachliche, theologisch durchdachte, dogmatisch verankerte und zugleich erbaulich anwendbare Erklärungen zu jeder einzelnen Bibelstelle bieten sollen. In Paragraph sechzehn nennt Bengel die Absicht seines Bibelwerkes. Er will die Worte und Reden der Schrift »auseinander wickeln«, »notiert (deren) Gesinnung«, bringt Altes und Neues Testament in Beziehung zueinander, zeigt Parallelen auf und erörtert einzelne Argumente. »Alles wird (dabei so) vorgetragen, dass es dem Leser eine Handhabe gibt, weiteres zu bedenken.« Nach einem kurzen »Disput mit anderen Exegeten« werden die einzelnen Schriften des Neuen Testaments behandelt. Dabei versäumt Bengel nicht die Betonung seiner Rechtgläubigkeit (wohl in Anbetracht der damals vorliegenden strengen Zensurbestimmungen der Landeskirche im Herzogtum Württemberg durch die mit der Überwachung betraute Universität Tübingen). Der Verfasser des Gnomon blieb allerdings durch diese Kontrollbehörde unangefochten. Auch das bereits dargelegte lebendige Verhältnis zwischen der Kirche einerseits und der Heiligen Schrift andererseits wird durch Bengel in seinem Gnomon in unübertrefflicher Klarheit zur Sprache gebracht.

Die Einleitung in die jeweiligen Schriften des Neuen Testaments, am ausführlichsten zur Offenbarung Johannis ... gestaltete Bengel durch knappe Übersichten zu Einteilung und Aufbau der jeweiligen

Texte in kleinen Abschnitten. Inhaltlich fügte er alle Erklärungen und Anmerkungen stets direkt in den biblischen Wortlaut ein, um dadurch zu verhindern, dass sie der Leser auch ohne eine solche Verbindung benutzen könnte. Zu wichtigen Texten und Begriffen verfasste Bengel ausführliche Erklärungen, welche als wissenschaftlich zuverlässig und doch zugleich in leicht lesbarer verständlicher Sprache als ein wahres Meisterwerk bezeichnet werden können. Professor Brecht urteilt dazu:[162] »So stellt der Gnomon eine glückliche Verbindung von Frömmigkeit und Wissenschaft dar, ein Glanzstück pietistischer Exegese von bleibendem Wert.« Von den bedeutenden pietistischen Schriftforschern »dürfte kaum einer ... an das Format Bengels heranreichen«.

Die eigentliche Höchstleistung Bengels, »die Auslegung des als Organismus verstandenen göttlichen Zeugnisses in einer neuen männlichen und königlichen Art«, besteht darin, dass er in seinem gesamten, umfangreichen Werk nie von der Bibel weg, sondern stets zu ihr hinführt. Zur eigenen Arbeitsweise äußert er sich bereits am Anfang desselben: »Vorerst benutze ich meine eigenen Gedanken über den Text und dann erst ziehe ich auch die Beobachtung anderer biblischer Sprachforscher und Exegeten zu Rath.«

Einige Beispiele aus dem Gnomon sollen das Vorstehende noch verdeutlichen.[163]

Zu Matthäus 6,8 (Bergpredigt Jesu zum Gebet) schreibt Bengel: »Wir beten nicht, um den Vater von unserer Lage in Kenntnis zu setzen, sondern um ihn zu verehren. Es ist nicht um Belehrung, sondern um Verehrung Gottes zu tun.«

Zu Lukas 23,40 (Passionsgeschichte Jesu): »Der Schächer ließ die harte Kreuzespein bei sich anschlagen. Auf weichem Lager kommt er selten zur gründlichen Bekehrung. Die Buße, der Glaube, das Bekenntnis, das Gebet, die Bestrafung, das ganze Christentum war hier beisammen. Der Missbrauch dieses gar sonderbaren Beispiels ist gefährlich, der rechte Glaube ist köstlich.«

Zu Johannes 4,7 (Begegnung Jesu mit der Samariterin): »Ein Wunder von einer himmlischen Lehrart ist es, dass Jesus das samaritische Weib durch ein so kurzes Gebet zum Glauben bringt. Die Jünger hat er erst lange hernach dazu gebracht. Aber freilich, ein Baum wächst langsamer als ein Halm.«

---

[162] Martin Brecht in: Gestalten der Kirchengeschichte, Bd. 7 Pietismus und Orthodoxie, Stuttgart, S. 324
[163] 1 – 4 in Anlehnung an: Julius Rössle, Von Bengel bis Blumhardt, Metzingen 1959, S. 13 f.

Zu Apostelgeschichte 1,7 (wichtig für Bengel wegen seiner Berechnung der Wiederkunft Christi). Bengel verweist zunächst auf den griechischen Urtext: »Es heißt nicht, es kommt euch nicht zu, sondern nicht euch kommt es zu, damit der Nachdruck auf euch liege.« Bengel vergleicht diese mit anderen Redensarten … Er sagt nicht, ihr habt kein Recht, zu fragen, sondern »nicht euch kommt es zu, zu wissen. Der Vater hat es nicht in eure Macht gestellt, sondern seiner Macht vorbehalten, es zu wissen und auszuführen. Es sei also nicht auszuschließen, dass er es hernach andern eröffnen werde. Johannes als einem Diener der Offenbarung Jesu Christi. Die Offenbarung der göttlichen Haushaltung hat ihre Stufen. Zeiten, welche Gott sich selbst vorbehalten hat, erforschen wollen, ist Vorwitz; hingegen ist es Blödheit oder Gleichgültigkeit, diejenigen, welche er geoffenbart hat, nicht (zu) achten«.

Zu Römer 12,12 (Apostel Paulus): »Die wahre Fröhlichkeit ist nicht nur ein Gefühl oder eine Wohltat, sie ist auch eine Christenpflicht. Wie ist doch Gott so freundlich. Er will, wir sollen uns freuen und unser geistliches Leben mit Freuden führen.«

Zu Galater 6,2 (Last tragen, Christi Gesetz zu erfüllen): »Traget mit standhafter Geduld nicht nur, dass einer dem andern ein oder das andere mal aufhelfe. Lasten, das sind wohl unsere Fehler; im Griechischen bedeutet das Wort ein Überladenseyn über die Kräfte … Das Griechische zu dem Wort erfüllen deutet zugleich auf einen bei den Galatern zu erstattenden Mangel hin – Gesetz Christi ist das Gesetz der Liebe. Mose gibt viele andere Vorschriften, diese alle aber werden von jenem weit übertroffen …«

Zu Kolosser 3,14 (Liebe als Band der Vollkommenheit): »Die Liebe gehet allem vor. Sie umfasst alle christlichen Tugenden miteinander. Wer Liebe hat, dem geht nichts ab. Sie ist auch die Quelle der besonderen Pflichten.«

Zu 1. Petrus 1,3 – 5: »Gelobt sei Gott, der Vater unseres Herrn Jesus Christus, der uns nach seiner großen Barmherzigkeit wiedergeboren hat zu einer lebendigen Hoffnung durch die Auferstehung Jesu Christi von den Toten, zu einem unvergänglichen und unbefleckten und unverwelklichen Erbe, das behalten wird im Himmel für euch, die ihr aus Gottes Macht durch den Glauben bewahrt werdet zur Seligkeit, welche bereit ist, dass sie offenbar werde zu der letzten Zeit.«

Bengel machte hierzu folgende Anmerkungen, die wie eine ganze Predigt für sich sind:

»Das Erbe wird im Himmel verwahrt.
Der Erbe wird auf Erden bewahrt;
Und beides durch Gottes Macht.«

Zu Offenbarung 2,10 (Treue bis in den Tod, Sendschreiben an die Gemeinde zu Smyrna): »Sei getreu, beständig als Blutzeuge – bis in den Tod, nicht nur im Gefängnis. Der Märtyrertod des Polykarp von Smyrna ist an die fünfzig Jahre hernach erfolgt. Ohne Zweifel aber ist dieser Gemeinde-Engel bald nach diesem Schreiben gestorben, denn nur in diesem Brief und keinem anderen ist von der Zukunft des Herrn die Rede.« Zur »Krone des Lebens« kommentiert Bengel: »Die Menschen töten den Leib, weiter reicht ja ihr grimmiges Vermögen nicht, da ist denn ein Streiter Christi geschwind durch den Tod zum Leben gebracht.«

Beigefügt sind solchen Erklärungen stets Verweise auf Parallelstellen.

An den Schluss seines Gnomon stellt Bengel das für seine Person charakteristische Gebet: »O Gott, durch dein Urteil steht oder fällt, was immer steht oder fällt; schütze das, woran du durch mich hast arbeiten wollen; erbarme dich der Leser und meiner! Dein ist die Herrlichkeit und soll es ewig sein!«

Der Begründer des englischen Methodismus, John Wesley, übersetzte Bengels Gnomon ins Englische und bezeichnete ihn als »das große Licht der christlichen Welt«. Mälzer würdigt ihn (und sein Werk[164]): »Bengels Gnomon beeindruckt als das Werk und als das Abbild einer Persönlichkeit, bei der Gelehrsamkeit von hohen Graden mit tiefer, schlichter und praktischer Frömmigkeit zu einer ehrlichen, edlen und dauerhaften Bindung zusammen gewachsen ist. Es sind immer Glücksfälle der Kirchengeschichte, wenn eine solche Verbindung gelingt und wenn sie – wie im Falle Bengels – weder auf Kosten der Wissenschaft noch der Frömmigkeit geht.«

Diese Geisteshaltung ziert ebenso das Vorwort Bengels zu seinem ins Deutsche übersetzten, aber erst ein Jahr nach seinem Tode, nämlich 1753, erschienenen, mit sehr guten Anmerkungen versehenen, lange und von vielen Leuten gerne benutzten Neuen Testament: »Er könne bei seinem Dienst am Wort nur mit einem Aufwärter verglichen werden, der das vom Hausherrn gegebene Licht recht schnäuze, d. h. den Docht beschneide, dass es hell brenne.« Klar und deutlich zeigt

---

[164] Gottfried Mälzer, Johann Albrecht Bengel, Leben und Werk, Stuttgart 1970, S. 206

92

sich bei Bengel als Ausleger der Heiligen Schrift, dass er nie ihr Meister, sondern nur ihr Diener sein wollte.

Bis in unsere Zeit herein erlebte der Gnomon mehrere Auflagen und Übersetzungen in fremde Sprachen. So hatte Sixt Karl Kapff, der einstige württembergische Prälat und in der Kirchenleitung wirkende Pietist, seiner württembergischen Kirche 1855 bekannt gemacht, dass Bengels Gnomon »wie in Deutschland, so in Holland, England und Dänemark ... mit großem Beifall und augenscheinlichem Segen gebraucht werde«. In Amerika war 1860–1862 eine englischsprachige, in Stockholm 1877–1878 eine schwedische Ausgabe erschienen. Auch der Verfasser der vorliegenden Lebensbeschreibung gesteht dankbar, von Bengels Hauptwerk manch anregenden und im Verständnis einer Bibelstelle tiefer führenden Gebrauch [für seine Vorbereitungen zum Verkündigungsdienst] gemacht zu haben.

6

Bengel als Propst und Prälat in Herbrechtingen

PROPST

Bengels neues Tätigkeitsfeld war ihm 1741 im Alter von 53 Jahren als Propst in Herbrechtingen bei Heidenheim auf der Schwäbischen Ostalb übertragen worden. Er hatte sich um diese Stelle nicht beworben, sollte sie aber äußerst gewissenhaft bekleiden. In seinen Lebenserinnerungen gestand er, »nun eine ruhigere Zeit gefunden zu haben«,[165] nutzte dies aber zum fleißigen Schreiben. Obwohl seine jetzige Gemeinde klein und überschaubar war und er zunächst nur als Pfarrer und Verwalter des Klosterwesens zu wirken hatte, standen ihm noch ein zweiter Pfarrer und ein Vikar zur Seite. Unterricht hatte er nicht mehr zu erteilen, stattdessen wurden ihm nach und nach auf Grund seines wachsenden Einflusses im Land politische Aufgaben zugewiesen, indem er seit 1747 dem Großen, seit 1748 dem Kleinen, Engeren Ausschuss als Abgeordneter der württembergischen Landstände (dem Landtag) in Stuttgart angehörte. Damit bekleidete er auch formell das Amt eines Prälaten mit verfassungsmäßig eingeräumtem Sitz und Stimme in der Kirchenleitung, dem Konsistorium. Aufgrund dieser neuen wichtigen politischen und kirchlichen Leitungsfunktionen musste er immer wieder zeitaufwendige und mühsame Tagesreisen nach der und von der Residenzstadt unternehmen. Dort ging es hauptsächlich um die Einrichtung und Besetzung der Pfarrstellen im Land, um den Betrieb und die Prägung der Hochschulen sowie um Fragen der Lehre und Lebenshaltung der christlichen Gemeinde.

Die politische Betätigung schien Bengels Wesen nicht zu entsprechen, bot ihm jedoch die Gelegenheit, das verschwenderische und

---

[165] Gerhard Schäfer, Wilhelm Horkel, Gott hat mein Herz angerührt, Metzingen 1987, S. 168

leichtlebige Verhalten des jungen Herzogs Carl Eugen und seines teuren Hofstaats mäßigend zu beeinflussen. So stand Konsistorialrat Bengel verantwortungsbewusst dem Landschaftskonsulenten Johann Jakob Moser bei, als dieser, ein entschiedener und wahrheitslieben-der Christ, die württembergische Landesverfassung gegen die bru-tale Willkür des absolutistisch regierenden Herzogs Carl Eugen ver-teidigte. Moser weigerte sich, seinem Fürsten befehlsgemäß die Kasse der Landstände auszuliefern, welche er gewissenhaft zu verwalten hatte. Er musste dies mit dem hohen Preis einer jahre-langen schweren Haft ohne Gerichtsverfahren auf der Festung Hohentwiel bei Singen im Hegau bezahlen. Den hierauf zu Stande gekommenen schriftlichen Beschwerden gegen den despotischen Landesherrn schloss sich Prälat Bengel rückhaltlos an. Stand doch für ihn Gott als oberster Herr ganz eindeutig über Herzog und Obrigkeit.

Über Bengels Amtsführung im Einzelnen ist nur wenig zu berich-ten, da damals das Konsistorium (im Unterschied zum Landtag) über seine Verhandlungen kein Protokoll geführt hatte. Bengel stand in der Anwesenheitsliste an letzter Stelle. Er musste sich natürlich in seine neuen Aufgaben erst einarbeiten, sodass seine Zurückhaltung in den Gesprächen auch von daher und nicht nur von der Tatsache verständ-lich wird, dass er der Jüngste im Kollegium gewesen war. Dieses tagte zweimal wöchentlich und war mit sehr vielen vorliegenden Verhand-lungsgegenständen vollauf von früh bis spät tätig. Obwohl Bengel nur wenige amtliche Schreiben hinterlassen hat, waltete er gewiss mit größtem Verantwortungsbewusstsein auch in diesem nicht erstrebten Dienst für seine Kirche.

In einem Brief an seinen einstigen Schüler Reuss äußerte sich Bengel im Jahre 1745 zu der von ihm selbst gestellten Frage: »Wenn ich ein Kirchenruder zu führen hätte« und zeigte darin sehr moderne Ansich-ten. So lehnte er das landesherrliche Kirchenregiment mit der Begrün-dung ab, dass man dabei den Fürsten mehr auferlege, als sie ertragen könnten, was dann ihren Räten anheimfalle. Diese würden dabei nicht als Pastoren gelten, wie sie eigentlich sein sollten, sondern als Räte im Dienste des Fürsten. »Ob sie das Herz haben, die Faust auch außer dem (Hosen)sack zu machen« sei eine andere Frage. Daher rührten auch viele Missstände in der Kirche. Wenn Bengel »ein Kirchenruder zu führen hätte«, würde er für eine freie Personalwahl und -politik der in den Kirchenbezirken Verantwortlichen eintreten, wobei – im Blick auf die zu tadelnde Kirchenzucht – das Beschwerlichste sei, »dass man doch nicht den ganzen rohen Haufen bessern würde«.[166]

Bengels jetzige Stellung zu Kirche, Pietismus und Judentum

Seine Stellung als Prälat und Konsistorialrat bot Bengel nunmehr die Gelegenheit zu unverhüllten Einblicken in die Übelstände von Kirche und Staat, was ihn in seinen bereits bestehenden Reformgedanken bestätigen sollte. Er erstrebte dabei keine Reformation der Lehre, sondern des Lebens.[167]

Keinesfalls sollte die Kirche verlassen werden. Deshalb musste er angesichts des um sich greifenden Separatismus bereits nach seinem Amtsantritt seine neue Gemeinde in Herbrechtingen mahnen, »die öffentlichen Versammlungen der Kirche nicht gering zu achten und daran zu denken, dass unser lieber Herr und Heiland das Predigtamt gestiftet und erhalten ... habe, damit seine Lehre öffentlich in die Gemeinde gehört, die Sakramente nach seiner Einsetzung gespendet, ein gemeinschaftliches Gebet vor Gott gebracht und damit eine öffentliche Gemeinschaft der Gläubigen erhalten werde«.

Auf diese Weise nahm er Stellung gegen jene geistliche Bewegung, welche die Einrichtung und Verkündigung der Kirche ablehnte und dabei das so genannte innere Wort des Geistes über das äußere der Schrift stellte. Diese Leute hielten sich dabei, wie Bengel urteilte, selbst für stark. »Es ist bei den meisten unter ihnen viel Hochmut und Eigensinn und Feindseligkeit, wenn sie anfangs etwas Gutes gehabt haben, so war doch viel Unlauteres dabei.«[168]

Diese genaue Beobachtung hielt jedoch Bengel im kirchenleitenden Amt nicht davon ab, seinen Pfarrern Duldsamkeit zu empfehlen: »Das ist das Sicherste, gut Freund mit allen zu sein, die Jesus lieb haben, im Übrigen sich von aller Anhänglichkeit (Abhängigkeit) freizuhalten.«[169] Bengel gestand den Separatisten Gewissenhaftigkeit und Aufrichtigkeit zu, sofern sie die fehlende Verwirklichung der Kirche

---

166 Gottfried Mälzer, Johann Albrecht Bengel, Leben und Werk, Stuttgart 1970, S. 309 f.
167 Richard Haug, Reich Gottes im Schwabenland, Metzingen 1981, S. 60
168 Richard Haug, Reich Gottes im Schwabenland, Metzingen 1981, S. 190
169 a. a. O., S. 102

bekämpften, bezweifelte aber deren Überlieferung der biblischen Botschaft, vielmehr könne es bei ihnen in der dritten oder vierten Generation bereits »Heiden« geben. Diese Leute würden sich nicht mehr unterordnen und ein verschwenderisches Leben führen. Die Pfarrer sollten solche Leute zu nichts zwingen, nicht ... drängen, sie nicht verspotten. Man lasse sie nach ihren Grundsätzen handeln, auch wenn sie ihre Kinder nicht taufen (lassen wollen). Bestehe jedoch die Gelegenheit, so bezeuge man diesen Menschen Liebe in Jesu Sinn. Da sie nicht mehr zur kirchlichen Gemeinschaft gehören, von der sie sich getrennt hatten, dürften sie nicht auf deren Friedhof bestattet werden. Zudem liege ja nichts daran, wo man begraben liegt. Gott kenne überdies die rechtschaffenen Seelen unter den Separatisten und benutze sie zum ständigen Protest gegen die sehr verdorbene Kirche, »besonders wider die Kanaille des rohen Haufens«.[170]

Aus dieser Einstellung wird ersichtlich, dass für Bengel bei Wort und Geist Gottes eine untrennbare und unverzichtbare Einheit besteht. Die damit gegebene Spannung zwischen Gottes Vorsehung und Gnade einerseits und dem innerlichen Gehorsam der Christen andererseits war und ist für die Kirche lebensnotwendig und lebensspendend.

In Herbrechtingen profilierte sich ebenso Bengels Haltung zum württembergischen Pietismus. Er sah in dessen Anhängern »heilige Leute, die ohne Heuchelei mit wahrhaftigen, redlichen Herzen in der Kraft des Glaubens, ohne Verachtung des Nächsten in heiliger Ordnung Gott zu gefallen trachten«.[171]
Ganz im Sinne des Reformators Martin Luther bejahte Bengel solche Versammlungen von Menschen, die »mit Ernst Christen sein wollten«, wobei die Bibel Quelle und Band, »Keimzelle der Gemeinschaft untereinander innerhalb der großen Kirche« sein sollte.
In diesem Sinne schrieb er seinem Freund Prälat Weissensee schon 1741 nach Denkendorf: »Was die Privatversammlungen betrifft, so wäre (der Kirchenleitung) zu wünschen, dass man (solch) wackere Seelen nicht unter dem Vorwand bürgerlicher Ordnung zu hart einschränke, sondern sie zu der Zeit, da andere ihren weltlichen Lustbar-

---

170 Aus Tischreden von Dr. J. A. Bengel, Reutlingen 1869, zitiert bei Konrad Gottschick, Gerhard Schäfer, Hg., Auf dem Weg zur Fülle der Zeit, Stuttgart 1991, S. 212
171 Karl Hermann, Hg., Vom heiligen Heimweh, Stuttgart 1979, S. 53

keiten nachgehen, die Freiheit genießen lassen möchte, sich unterdessen auf ihre Weise in Gottes Wort miteinander zu erbauen. Auch ich halte sie für einen Schwarm, aber in gutem Sinne, und ich halte es für einen Schaden, wenn er statt geschickt gefasst zu werden, verscheucht wird«.

Bengel würdigte solche »Stunden« also »als einen Schatz, eine Gabe unserer Zeit, die man nicht dämpfen soll«.[172]

Im Laufe der Zeit bildeten sich örtliche Gemeinschaften überall im Land, vor allem im Remstal, auf der Schwäbischen Alb und im Schwarzwald. Bengel selbst gründete in seinem Amtsbereich, wo noch nicht vorhanden, solche Zusammenkünfte von Pietisten. In Herbrechtingen hielt er selbst so genannte Privatversammlungen zur Vertiefung der kirchlichen Verkündigung. Dabei entstanden seine »Erbauungsstunden über die Offenbarung Johannis«, über die noch zu reden sein wird.

Zugleich konnte sich Bengel trotz aller Unterstützung im Blick auf die pietistischen Gemeinschaften auch sehr zurückhaltend äußern, er sei selbst nicht dazu berufen, Stunden zu halten. So teilte er seinem pietistischen Schwiegersohn Dr. Reuss in Sulz mit: »Ich vergleiche mich mit einem Blümlein, das einzeln aus der Mauer herausgewachsen ist, andere sind aufgegangen wie die Blumen in einem Garten, die sich deswegen auch in die Gemeinschaften viel ungezwungener schicken können.«[173]

In einem anderen Brief schrieb er über seine eigene Stellung zum Pietismus, er sei »wie ein Ortlaiblein (Brot), das nirgends angebacken ist, eine vereinzelte Kirche, dränge sich niemand auf und nehme niemand zum Muster an«.[174]

»Was andere in Gemeinschaft tun, da kann ich mit Freuden zusehen, aber wenn ich anders handeln wollte, so käme es eben affektiert (gekünstelt) heraus. Ich bin wie ein Reichsstädtlein immer für mich gewesen.«[175]

Bengel betonte demnach seine Unabhängigkeit, mit Ausnahme von der höchsten Obrigkeit, nämlich Gott. Zugleich hatte Bengel jedoch sein Haus für pietistische Zusammenkünfte wohl bereits in Denken-

---

172 Julius Rössle, Von Bengel bis Blumhardt, Metzingen 1959, S. 81
173 a. a. O., Metzingen 1959, S. 81
174 Gottfried Mälzer, Johann Albrecht Bengel, Leben und Werk, Stuttgart 1970, S. 91
175 Julius Rössle, Von Bengel bis Blumhardt, Metzingen 1959, S. 82

dorf, jetzt in Herbrechtingen und schließlich sogar in Stuttgart zur Verfügung gestellt. Er bemerkte dazu: »Ich begreife nicht, was man gegen den Besuch solcher Privatversammlungen haben könnte. Warum soll denn ein jeder für sich bleiben und fromm sein? Es ist eben, wie wenn Leute übers Feld gehen und ich wollte ihnen befehlen: Geht ja nicht miteinander, sondern einer einen Büchsenschuss hinter dem andern.«[176]

Dabei übersah Bengel keineswegs die »Abwege der Privatversammlungen«, nämlich die Tendenz mancher pietistischer Gruppen, sich von der Kirche abzuspalten. Demgegenüber betonte er: »Man darf dieses Feld (der Kirche) nicht räumen, vielmehr soll jeder das für alle einbringen, was er habe, wobei die Schrift als einigendes Band alles zusammenhalten kann.« Bengel sah auch jene Gefahr sehr deutlich, dass »manche ... allzu sehr an den Versammlungen hängen und scheinen fast zu meinen, als ob sie um deswillen besser wären, weil sie so eine Übung haben, aber sie sind weder allein noch alle fromm. Es gibt auch außerdem (außerhalb) wackere Seelen, und es gibt auch in den Versammlungen Heuchler.« Gottschick/Schäfer zitieren eine Tischrede Bengels in Reutlingen 1869. »Die ganze Sache im Christentum kommt auf die Harmonie des Willens zum Willen Gottes an und übrigens muss eine heilige Ruhe und Stille in der Seele sein.«[177]

Hieraus ergibt sich bei Johann Albrecht Bengel die Verbindung einer von der Schrift geprägten nüchternen, speziell württembergischen Art der Frömmigkeit mit einer anschließend zu betrachtenden lebendigen Naherwartung des Herrn Jesus. Dem entsprach sein Lebenswahlspruch: »Nicht unbedacht, aber unverzagt.« Aus einer solchen Geistes- und Glaubenshaltung heraus wird verständlich, dass er mit Zinzendorfs »Lämmleinsfrömmigkeit« und August Hermann Franckes Betonung des Gefühls nicht einverstanden sein konnte, sondern davon Abstand hielt. Als deswegen Bengel im Auftrag der Kirchenleitung 1749 einen Fragebogen für die Theologieprüfung Zinzendorfs an der Tübinger Universität ausarbeiten sollte, bezeichnete er den Grafen sogar als falschen Propheten, von dem das Konsistorium Abstand nehmen solle. Eine solche kritische Position verhalf jedoch später jener Herrnhuter Bewegung zu ihrer positiven Entwicklung und Konsolidierung gegenüber einer bis dahin gepflegten Blut- und Wun-

---

[176] a. a. O., S. 82
[177] Konrad Gottschick, Gerhard Schäfer, Hg., Auf dem Weg zur Fülle der Zeit, Stuttgart 1991, S. 209

denlehre mit ihrer steten Wiederholung des Opfers Jesu und Empfindung des Gefühls, als ob man »das ganze Jahr über von lauter Marksuppen leben wolle«.[178] Im genannten Sinne unterstützte Bengel im Konsistorium die Anliegen des Pietismus und seine Versammlungsfreiheit, was diesem dann mit dem bahnbrechenden Generalreskript für die Kirche im Herzogtum Württemberg von 1743 endgültiges Heimatrecht in ihr verschafft hat. Bengel wollte hierfür die Pfarrschaft zur Mitarbeit gewinnen.

Bengel lobte den »Vater des Pietismus«, Spener, dass »durch ihn« eine große Tür aufgetan worden ist. »Zugleich hatte er aber eine andere, zweifache Sicht der göttlichen Heilsgeschichte, nämlich die am meisten notwendige Gesamtentwicklung des Reiches Gottes für die, denen ein Licht dafür gegeben ist.«[179]

Außerdem erwartete Spener keine baldige Wiederkunft Jesu, sondern eine »große Erquickungszeit«, Bengel jedoch eine ernste Prüfungszeit für die Gläubigen. Dass der Schwäbische Pietismus sich nicht wie sonstige Gruppierungen von der Kirche absonderte, sondern sein geistliches Leben in ihr entfalten konnte und sie sich gegenseitig »nicht aus einem schwäbischen Harmoniebedürfnis heraus, sondern auf biblischer Grundlage bereichern«, ist wesentlich Bengel zu verdanken, der – wie Ötinger – »entstehende und bestehende Spannungen und Gegensätze zum Vorteil beider zusammengeführt und beieinander gehalten hat«.[180]

Auf einem Zettel vermerkte Bengel die Merkmale des Pietismus, nämlich »Gebet und Danksagung, Vertiefung, ernster Eifer, Mildtätigkeit, Sparsamkeit, Nüchternheit, ein Aufatmen zu Gott in der Tätigkeit«,[181] wobei er hier die Betonung auf den praktisch sozialen Lebensstil und nicht auf den reinen Glaubensinhalt gelegt hatte.

Zum Judentum nahm Bengel eine durchweg positive Haltung ein. Bereits im Jahre 1713 pflegte er mit dem großen jüdischen Getto in Frankfurt/Main durch seinen Besuch guten Kontakt. Ständig beschäftigte er sich in seinen verschiedenen Werken mit dem Volk Israel und

---

[178] Adolf Köberle, Das Glaubensvermächtnis der Schwäbischen Väter, Hamburg 1959, S. 10
[179] Helmut Egelkraut, Die Zukunftserwartung der pietistischen Väter, Gießen, Basel 1987, S. 31 f.
[180] Adolf Köberle, Das Glaubensvermächtnis der Schwäbischen Väter, Hamburg 1959, S. 9
[181] Gottfried Mälzer, Johann Albrecht Bengel, Leben und Werk, Stuttgart 1987, S. 374

seiner Geschichte. Die erste gründliche Darstellung der jüdischen Geschichte unter den christlichen Völkern studierte er durch das 1701 erschienene Buch von Basnage. Bengel rechnete mit einer baldigen Bekehrung vieler Juden, welche allein Gottes Werk ist. Außerdem förderte er finanziell die Hallesche Judenmission. Im Gnomon (Römer 9, Vers 6) betonte er, Gottes Wort sei hinfällig, wenn es keine Christen jüdischer Herkunft in der Kirche geben würde.

Er übernahm selbst die Patenschaft für einen getauften Juden und warnte davor, Juden überheblich zu behandeln. Israels Vorzug als Volk Gottes bleibe bis in Ewigkeit gültig. Unter Berufung auf den jungen Luther ermahnte er, die Juden zu achten und freundlich mit ihnen umzugehen. Dass diese sich ebenfalls für Bengel interessierten, wird aus Stuttgart 1741 berichtet, wonach sie seine erklärte Offenbarung gelesen haben. Schließlich war Bengel als Konsistorialrat 1751 gegenüber der jüdischen Gemeinde von Freudental an einer für diese günstigen Entscheidung mitbeteiligt gewesen.[182]

Bengel als Verfasser erbaulicher Schriften und Sendschreiben

In Herbrechtingen verfasste Bengel verschiedene Schriften, teilweise streng am Bibeltext orientierte Auslegungen, aber auch spekulative Deutungen durch Berechnungen biblischer Zahlen, »obwohl er überzeugt war, durch die Predigt viel mehr auszurichten«.[183] Vor allem sind seine »Sechzig Erbauliche Reden über die Offenbarung« zu nennen, die (wie bereits erwähnt) aus pietistischen Erbauungsstunden im Jahre 1747 hervorgegangen sind. »Diese Apokalypse sollte besser nach Jesus als nach Johannes benannt werden.« Für Bengel stellte sie das wichtigste Buch der Bibel dar, da in ihr der erhöhte Herr der Weltgeschichte Jesus Christus redet ... damit Christen wachsam die Zeichen der Zeit wahrnehmen und die Listen des Teufels durchschauen, der dazu nur noch wenig Gelegenheit habe.

---

[182] Kirchengeschichte Württembergs in Porträts, Pietismus und Erweckungsbewegung, Hg. Siegfried Hermle, Martin Jung, Hänssler Verlag, S. 68 ff., 2001 Holzgerlingen

[183] Adolf Neeff, Weg und Wort der beiden Schwabenväter Bengel und Ötinger, Stuttgart 1933, S. 27

Dabei erläuterte der Verfasser sein Vorhaben, wonach die Wissenschaft erst recht auf erbaulichem Gebiet angewandt wird, was gewiss manchen Gelehrten nicht gefallen werde. Zweck dieser Auslegung der Offenbarung war für Bengel ausschließlich, »Gottes Gedanken zur und Vorgehen in der Weltgeschichte nach(zu)denken, sie reden (zu) lassen, um sie zu verstehen«. Hierbei zeige sich, dass sich die Offenbarung in den verschiedenen Stufen der Kirchengeschichte zunehmend entfalte und diese selbst wie auch die Weltgeschichte als Beispielsammlung für Gottes Handeln zu betrachten sei, um in seinem Heilsplan (der »Ökonomie«) das Heil der Welt anzustreben«. Bereits bei Philipp Melanchthon, Luthers Hauptmitarbeiter, war diese Geschichtsschau vorhanden gewesen. Dabei war Bengel felsenfest davon überzeugt, dass der Heilsplan Gottes jetzt klarer zu erkennen sei als in der Urgemeinde. Obwohl sämtliche Bücher der Bibel Gottes Bücher sind, alle Bücher des Neuen Testaments Bücher Jesu Christi, sah Bengel die Offenbarung Jesu Christi in ganz besonderer Weise von Gott hierfür ausgerüstet. »Der Herr Jesus ist der Autor und Johannes hat die Feder geführt« weshalb wir es auch »besonders lieb und wert achten sollen«.[184]

Die Offenbarung war für Bengel ein »Kreuzbuch« vor allem für Zeiten der Christenverfolgungen. »Wer im Glauben, in der Hoffnung, in der Liebe gefasst ist, der kann sich alle Stunden in alles schicken, was noch unvermutet hereinbricht«, was ihn dann ganz spontan zu dem kurzen Gebet veranlasste: »Lass dein Licht und deine Wahrheit uns geleiten, dass wir unversehrt einhergehen lernen und wenn es auch ein böses Stündlein geben sollte, uns durchschlagen und den Sieg erhalten Dir zur Ehre. Amen.«[185]

Bengel beschrieb die Offenbarung als ein kleines Büchlein, welches auf etliche wenige Blätter geht, und doch fasst sie erstaunlich viele große Dinge. Es ist darin beschrieben der »Verlauf der Dinge in der Natur, bei dem Menschengeschlecht, in der Kirche, in dem Himmel und im Reich der Finsternis, bis ans Ende aller Dinge in die Ewigkeit hinein. Es wird darin bezeugt, was geschehen soll.«[186] Tröstlich ist dabei für Bengel, »das Böse wird nicht immer die Oberhand haben, es muss hinunter ... Christus ... wird uns allezeit beschirmen und er-

---

184 S. u. vgl. Konrad Gottschick, Gerhard Schäfer, Hg., Auf dem Weg zur Fülle der Zeit, Stuttgart 1991, S. 204 f.
185 Richard Haug, Es komme dein Reich, Stuttgart 1987, S. 14
186 a. a. O., S. 17

freuen. Seine Kraft ist unendlich, überschwänglich und unüberwindlich.«[187]

»Die Weltgeschichte ihrerseits entspringt einem Guten und Bösen aus dem Unsichtbaren, dem Reich der Finsternis und dem Reich Christi. Herr Jesus Christus, dein Glanz macht alle Weltzeiten fröhlich und heiter, aber die Kräfte der Finsternis machen alles traurig und düster ... Gib, dass wir deine kleinen Gerichte und Wege erkennen ... unter dir wohl beschirmt seien und bleiben in dem Reich deines Lichts.«[188]

In der Offenbarung selbst unterschied Bengel »Zeiten« von Dingen. Erstere würden nur um der letzteren willen »angezeigt«, nicht umgekehrt. Damit ist die Frage nach der Apokalyptik in der Sicht Bengels gestellt. So sollte also die Offenbarung die Gemeinde aller Zeiten durch den Blick auf den bisherigen Verlauf der Geschichte ermutigen, indem sie Gott in den verschiedenen, aufeinander folgenden Ereignissen am Werk sehe. Dieser führt jedoch nicht (wie die Aufklärung meinte) einen ständigen Fortschritt herbei, sondern den Beginn und Abschluss des Kampfes zwischen ihm und dem Teufel. Bengel erblickte darin eine »Zeitlinie«, das »Knochengerüst«[189] der Bibel. Die »göttliche Haushaltung« bringe die Lösung aller Welträtsel, nämlich die »Erziehung des Menschengeschlechts«. Dabei verglich Bengel den Einbruch besserer Zeiten »mit dem nach und nach schmelzenden Schnee, unter dem schon das Grüne nach und nach hervorbricht. Es ist nicht die Frage, ob das Verderben und die Unordnung bereits groß und gräulich geworden ist, sondern wie dem Verderben und der Unordnung am besten zu begegnen und etwas dagegen auszurichten sei. Das geschieht nicht, indem man auf und davon geht, auch nicht durch gesetzliches Stürmen und Poltern, sondern durch das Evangelium und den Geist der Liebe.« Bengel verglich nun die Offenbarung mit einem »heiligen, herrlichen, unvergleichlichen Tempel, der zwar auch seine Uhr, Glocke und Zeiger hat, nach dessen Stunden der schöne Gottesdienst gehalten wird. Wer aber recht gesinnet ist, der sieht nicht nur von ferne oder außen auf die Uhrtafel, sondern geht vielmehr in den Tempel selbst hinein zur rechten Stunde.«[190]

---

[187] a. a. O., S. 18
[188] a. a. O., S. 17
[189] S. u. vgl. Konrad Gottschick, Gerhard Schäfer, Hg., Auf dem Weg zur Fülle der Zeit, Stuttgart 1991, S. 204
[190] Gottfried Mälzer, Johann Albrecht Bengel, Stuttgart 1970, S. 319

Bengel als Vertreter der biblischen und spekulativen Apokalyptik

So untrennbar für Bengel Textforschung, Textauslegung und Textdeutung gewesen waren, so umstritten sind seine umfangreichen spekulativen Darstellungen bei Bibellehrern und Bibellesern unserer Tage. Andererseits wird sein Werk in manchen pietistischen Kreisen immer noch geachtet und beachtet, zumal Bengels Schau der Endzeit mit derjenigen seiner Heilsgeschichte nahtlos zusammenhängt. Dass er dabei nicht schon zu Beginn seines Wirkens an einer genauen Deutung der Endzeit interessiert war, zeigen zwei seiner frühen Äußerungen. So schrieb er einst: »Es war noch nicht an der Zeit, die ganze Reihe der zukünftigen Dinge zu enthüllen, welche die Zeit von der Zerstörung Jerusalems bis zum Ende der Welt ausfüllen sollte.« »Daher ist die Rede des Herrn wie das Gemälde einer Gegend, das die nahe liegenden Häuser, Hügel, Sümpfe usw. genau zeichnet, entfernte Täler und Gebirgsketten aber, die sich noch so weit ausdehnen, in einem kleinen Raum zusammengedrängt. Ich halte dafür, dass jeder viel mehr auf das Gegenwärtige als auf das Zukünftige sehen und wer ein Stücklein eines geistigen Ackerwerks habe, darin getreulich arbeiten und vor Gott mit einem unbescholtenen Gewissen erfunden zu werden beflissen sein soll, denn es ist etwas Größeres, das Gegenwärtige zu verstehen als das Zukünftige.«[191]

Noch 1722 hatte sich Bengel aus Denkendorf gegenüber J. F. Reuss eindeutig gemäß dieser Betrachtungsweise ausgesprochen: »Ich hatte im Sinne, Dir gar vieles zu schreiben, aber die Lust dazu ist mir wieder vergangen, denn ich weiß, dass die Grübelei über seine Geheimnisse Gott missfällig ist. Sein Wille ist, dass wir seinen heiligen Willen in Demut verehren, nicht aber die Gründe desselben zu erforschen unternehmen.«[192]

Wie kam es nun zu Bengels Sinneswandel zugunsten der berechnenden Apokalyptik?

Als er 1741 seine »Erklärte Offenbarung Johannis oder vielmehr Jesu Christi« noch in Denkendorf veröffentlichte, teilte er mit, der Gedanke zu diesem Werk sei ihm bereits fünfzehn Jahre zuvor bei der Vorbereitung einer Adventspredigt gekommen und habe ihn seither

---

[191] Karl Hermann, Vom heiligen Heimweh, 2. Auflage, Stuttgart 1979, S. 168
[192] zitiert nach: Gottfried Mälzer, Johann Albrecht Bengel, Leben und Werk, Stuttgart 1970, S. 413

nicht mehr losgelassen. Es gebe nämlich für die Herrlichkeit des sich vollendenden Reiches Gottes keinerlei Zeitgrenzen mehr, sondern nur noch für den vorausgehenden Jammer auf dieser Erde. Dabei wandte er die Mathematik auf die Bibel an und berechnete aufgrund der Zahl 666 aus Offenbarung 13,18 die Wiederkunft Christi exakt auf den 24. (oder 18.?) Juni 1836 (2 Überlieferungen), wozu ihm auch die Stelle Offenbarung 19, Vers 26 vom Untergang des Tieres und des falschen Propheten, der Bindung Satans und vom Anfang der letzten Dinge diente.

Dieses Datum veranlasste Pfarrer Philipp Matthäus Hahn bis ins Jahr 1785 hinein, seine Weltuhr mit dem diesbezüglichen Vermerk auf Jesu Wiederkunft zu versehen und ihre Funktionen mit dieser Zeitgrenze endgültig auslaufen zu lassen. Er rückte jedoch entschieden wieder davon ab, als er erkannte, dass Bengels aktuelle Zeitberechnungen bis dahin überhaupt nicht eingetroffen waren.[193]

Als Bengel noch in Denkendorf von seinem Freund und Vorgesetzten Prälat Weissensee vor seinen apokalyptischen Forschungen gewarnt worden war, habe er auf eine Tasse Tee mit süßem Bodensatz gezeigt und gesagt, er wolle beim Neuen Testament auch »den Zuckerboden mitnehmen«, womit er die Offenbarung als letztes Buch der Bibel meinte.

Seiner »Erklärten Offenbarung« hatte Bengel den aufschlussreichen ausführlichen Titel verliehen: »Aus dem Grundtext übersetzt, durch die prophetischen Zahlen aufgeschlossen und allen, die auf das Wort und Werk des Herrn achten und dem, was vor der Tür ist, würdiglich vor Augen gelegt.« Bengel fühlte sich nunmehr berufen, »das aus seiner Sicht bevorstehende erhoffte und verheißene Zeitalter auf Grund vorgegebener Zahlen zu deuten, was so geschwind ein Aufsehen in Deutschland gemacht (hatte) wie sonst nicht leicht mit einem Buch dieser Art zu geschehen pflegte«.[194]

So legte er seinem Werk sogar eine genaue Zeittafel jener Ereignisse bei, sprach indessen nur von einem vorläufigen Versuch, da er bei seiner jahrelang vorausgehenden Forschung nicht in allen Punkten zur selben Gewissheit gelangt sei. Vielmehr gehe er vor wie die Geografen, welche oft auf ihren Karten bekannte Länder, Grenzen und Küsten mit Unbekanntem wegen des Zusammenhangs ausfüllen würden. In seinem Werk seien allerdings nicht »die mathematischen Feinheiten« das

---

[193] Vgl. Lothar Bertsch, P. M. Hahn, Metzingen 1989, S. 146
[194] Gottfried Mälzer, Johann Albrecht Bengel, Leben und Werk, Stuttgart 1970, S. 249

Wesentliche, sondern die »arithmetischen Grundbegriffe« unter Berücksichtigung der »unregelmäßigen Zahlen«. Die Offenbarung schilderte laut Bengel den »Verlauf der Welt und des Reiches Gottes bis ans Ende aller Dinge und in die Ewigkeit, so subtil verfasst, dass es auf wenige Blättlein geht. Da erhellt eben vieles nicht aus den Worten selbst, sondern nur aus dem, wie sie gegeneinander stehen. So muss man erkennen, dass hier an einem Wörtlein sehr viel gelegen sein müsse.«[195]

Bengel selbst schränkte allerdings seine Zahlendeutungen und davon abgeleitete zeitliche Voraussagen dahingehend ein, er wolle die »Nähe ihres Ausgangs (nur) mutmaßlich bestimmen«. Zugleich rechnete er nicht nur prophetisch in die Zukunft voraus, sondern historisch über Christus zu Adam zurück, indem er sich, übereinstimmend mit dem geistlichen »Bestsellerautor« jener Zeit, Johann Arndt, auf »den Engel mit dem ewigen Evangelium« aus Offenbarung 14 sowie mit Philipp Jakob Spener auf den Engel, der gemäß Offenbarung 18 Babylons Fall ankündigt, schließlich auch auf »die Trompeten der ersten vier Engel nacheinander« berufen hatte. Seitdem würden wir uns in der letzten Weltepoche befinden, die entsprechend der Offenbarung in drei Stufen verlaufe und am errechneten Zeitpunkt ende. Trotz eigener Bedenken hinsichtlich seiner biblischen Mathematik wollte Bengel mit ihrer Hilfe sogar beweisen, dass Christus nur an einem Freitag gestorben sein könne.

Zugleich räumte er ein, dass im Buch der Offenbarung, »manches schwer verständlich (sei); das Schwere sollen wir mit Verwunderung und Erkenntnis unseres Unvermögens stehen lassen, das Verständliche dagegen dankbar annehmen. Beides laufe nebeneinander her. Man wird nie damit fertig und geht nie ganz leer aus«.[196]

Alle Bemühungen Bengels um die Offenbarung als einzig prophetisches Buch des Neuen Testaments gipfelten darin, das Geheimnis und den Ablauf der Geschichte so zu deuten, dass die Wiederkunft Jesu Christi und die damit verbundene Vollendung des Reiches Gottes erneut in den Mittelpunkt des kirchlichen Bewusstseins gerückt werde. Jedoch habe diese so genannte Lehre von den letzten Dingen gegenüber der notwendigsten Erkenntnis Gottes als Schöpfer, Erlöser und Tröster, von Engeln und Menschen, von Sünde und Gnade zurückzustehen.

---

[195] Richard Haug, Es komme dein Reich, Stuttgart 1987, S. 13 ff.
[196] Gerhard Schäfer, Wilhelm Horkel, Hg., Gott hat mein Herz angerührt, Metzingen 1987, S. 122

Als die beiden Hauptfragen der Bibel bezeichnete Bengel einerseits die Anweisung zum Weg des Lebens, andererseits die Anleitung für die zukünftige Entwicklung aus Gottes Gesamtplan mit der Welt. Die »Wallfahrt des Menschen« führt ihn aus dem Gestern ins Morgen, indem die »göttliche Ökonomie« alles Geschehen einschließt und in gottgewolltem Sinn erfüllt, eine unvergleichliche Nachricht, (die) von Anfang bis zum Ende alle Dinge umfasst. Im Sinne der schon zitierten Bezeichnung der Bibel als Lagerbuch Gottes mit ihren absolut zuverlässigen Eintragungen eines amtlichen Grundbuchs bleibt auch Gottes Plan in der Offenbarung für Bengel völlig unveränderlich bestehen und vollzieht sich unaufhaltsam.

Die Bibel darf dabei jedoch nicht wie ein Spruchbuch der religiösen Unterweisung in ihre einzelnen Verse aufgelöst werden, sondern ist mit Bengel als Gesamtheit zu sehen, die dem Menschen seine Pflichten und Gottes Absichten zeigt. »Bekommt der Mensch den Blick dafür, kann er recht mitgehen und mitarbeiten.«

In seiner Vorrede zum »Weltalter« (§3 S. 263 f.) ging es dem Verfasser darum, »wie wir die gegenwärtigen Zeiten anzusehen und was wir zu tun haben«.

Unter Berufung auf Offenbarung 14,9 sahen manche frommen Kreise in Bengel sogar den dritten Propheten.

Mit der überbiblischen spekulativen Apokalyptik (im Einzelnen hier sehr gekürzt wiedergegeben, da zwar interessant, aber nicht mehr relevant)[197] befasste sich Bengel besonders in seinen Werken »Ordo temporum« (Ordnung der Zeiten 1741), »Cyclus« (1745) und »Weltalter« (1746). In seiner Ordnung der Zeiten wollte er unter Einbeziehung des Alten Testaments, besonders des Propheten Daniel, die wichtigsten Zeitabschnitte und Ereignisse der Geschichte mit Hilfe der in der Bibel genannten Zahlen »heilsgeschichtlich beschreiben und deuten«, denn diese stünden nicht ohne tiefere Gründe in der Schrift. So berechnete er die Erschaffung der Welt im Herbst des Jahres 3940 v. Chr. und suchte dann den zeitlichen Ablauf zwischen Adam und Christus zu erfassen, zu beschreiben und in eine einzige »güldene Kette« einzufassen. Dazu diente ihm nicht nur die Bibel, sondern auch ein »heidnischer Kalender«, der sich auf die ägyptische, babylonische und persische Geschichte bezog. In Bezug auf die (bereits vorgestellte)

---

197 Zum Ganzen s. u. vgl. Gottfried Mälzer, Johann Albrecht Bengel, Leben und Werk, Stuttgart 1970, S. 318 ff.; genaue Zahlenberechnungen sind a. a. O. wiedergegeben, S. 311 ff., 320

Zahl 666 aus der Offenbarung wollte Bengel »gegen Feinde des christlichen Glaubens und aller geoffenbarten Religion« den »herrlichen Beweis« liefern, »dass die ganze Reihe der Zeiten, welche in der Schrift dargestellt werden, auf die Bezeichnung des Tages Christi hinausläuft«. Obwohl es sich dabei um keine »verbindliche Heilstatsache« handle, die nur »einige« angehe, möge sich »der Verstand eines Christenmenschen« mit Bengels »chronologischem Zirkel« beschäftigen. Zwar von seinen komplizierten Berechnungen zutiefst überzeugt (die wir jetzt nicht nachvollziehen), räumte Bengel doch die Möglichkeit eines »Systems des trügerischen Scheins« ein, »wenn man mal auf etwas gekommen ist. Da kann man also einleuchtend zusammen reimen ... und doch ist nichts dahinter.«

In seinem Werk »Weltalter« verließ Bengel bewusst den vorgegebenen Rahmen der Bibel, wobei er sich darauf berief, »das ganze Universum ist der göttlichen Ökonomie unterstellt«. »Was mit der ganzen Gemeinde Christi, was mit dem Volk Israel, was außer der Christenheit und Judenschaft bei allen Nationen vorgeht, ist zwar groß und weitläufig, aber noch vielmehr dasjenige, was in den unsichtbaren Dingen, im Reich des Lichts und der Finsternis, mit Lebenden und Toten, mit Menschen und Engeln, mit dem Universo« sich ereignen werde. Hierbei bezog Bengel die Natur vollkommen mit ein, indem Sonne, Mond und Sterne zur Förderung der prophetischen und astronomischen Kenntnisse beitragen sollten. Für Bengel war es der majestätische Tempel göttlicher Haushaltung mit seiner Regierung von Welt und Kirche. Er weist einen Stundenzeiger auf, sein Uhrwerk bildet die durch das prophetische Wort erschlossene Bewegung in der Natur.

Zu der aus der Offenbarung entnommenen Länge der Zeit durfte laut Bengel nichts »hinzugetan oder weggelassen werden«. War dort in dieser Weise gewarnt worden und wollte er »zum süßen Wissen nicht durch Spekulationen gelangen, sondern durch die genaue Schriftauslegung«, so erlag er doch der Versuchung, in seine Bibelauslegung eigene Weisheiten hineingelegt und hineingelesen zu haben.

An dieser Stelle seien Bengels Deutungsversuche der Zukunft (aus dem Cyclus) wenigstens kurz aufgeführt: 1836 die Wiederkunft Christi, 2836 Satans Bindung für tausend Jahre, seine Freiheit für eine »kleine Zeit« nämlich genau einhundertelf einneuntel Jahre, darauf das Tausendjährige Regiment der gläubigen Christen im Himmel, worauf genau im Jahr 3836 das Ende der Welt und das Weltgericht folgen sollten.

Aus alledem ergibt sich die wichtige Frage: Worin bestand eigentlich Bengels Anliegen bei seiner umfangreichen, bienenfleißigen und mathematisch exakt durchgeführten Darstellung der Apokalyptik? Indem er die ganze Weltgeschichte in Gottes Wort einbezog, wollte er dessen absolute Zuverlässigkeit zur Stärkung, Ermutigung und Wachsamkeit der Christen und ihrer Gemeinde so eindrücklich wie nur möglich herausstellen. Er unterstrich in einem seiner Briefe den »großen Trost«, welchen er selbst dadurch bei den Trauerfällen in der eigenen Familie erfahren habe. Er war gewiss, dass »diejenigen, die jetzt geboren werden, wunderbare Zeiten schauen (werden)«. So mahnte er den Briefempfänger: »Bereite auch du dich darauf vor, denn Weisheit wird vonnöten sein.« An anderer Stelle beschrieb er den Zweck der von ihm übersetzten und erklärten Offenbarung als Angebot an alle, »die auf das Wort und Werk des Herrn achten und dem, was vor der Tür ist, würdiglich entgegenzukommen begehren«.

Jesu Ankunft vollzieht sich in der Schau Bengels auf dreifache Weise: Zuerst war es seine völlige Hingabe beim Kreuzestod in Jerusalem gewesen, wodurch er dem Menschen Vergebung der Sünden und Kindschaft bei Gott ermöglichte. Jesu zweites Kommen ereignete sich im unscheinbaren Dienst seiner Boten, nur in seinem Wort und Geist. Ab jetzt ist dem Menschen die lebenswichtige Botschaft auszurichten, diesen Jesus persönlich als Helfer und Erlöser anzunehmen. Das dritte Erscheinen Jesu wird sich in Herrlichkeit, Hoheit und Macht vollziehen. Zwar steht das noch aus, doch die Entscheidung für ihn ist unaufschiebbar zu treffen. Bengel stellte dabei klar, dass Jesu Wiederkunft nicht den Weltuntergang mit sich bringe, sondern den Beginn des Friedensreiches Gottes auf der Erde. Solches wird also nicht (wie die Aufklärer aller Zeiten annehmen) durch Menschen herbeigeführt, sondern allein durch Gottes Eingreifen. Bengel erwartete dabei nicht wie Zinzendorf eine vorausgehende allgemeine Erweckung, sondern entsprechend dem vorliegenden Zeugnis der Offenbarung eine Periode des Leidens, die deswegen ohne Verzagtheit durchzustehen sei, weil Zeit, Geist und Macht des Antichristen nur befristet wirken.

In diesem Zusammenhang war Bengel außerordentlich wichtig und daher ausführlich von ihm dargestellt seine Deutung des in der Offenbarung aufgeführten Tausendjährigen Reichs als bevorstehende Stufe zur Vollendung der Welt.[198]

---

[198] S. u. vgl. Richard Haug, Es komme dein Reich, Stuttgart 1987, S. 24 ff.

Da letztere noch nicht eingetreten war, verglich er dies lediglich mit einer »Vorfeier zum Hochzeitstag«, wo »die Heiligen auf Erden noch im Glauben und nicht im Schauen wandeln«. Die heilige Schrift gewähre nur bisweilen einen Blick auf diese »heiligen verborgenen Dinge«, weshalb bei Behandlung solcher Geheimnisse Zurückhaltung geboten sei.[199] Wer jedoch diese göttliche »Ökonomie« bestreite, sei, wie Bengel beteuerte, ein »Feind des Geheimnisses, welches in Kapitel 20 der Offenbarung teuer beschworen ist«. Die dem menschlichen Rückgrat vergleichbare Zeitlinie von der Schöpfung bis ans Ende der Welt wäre nämlich damit zerbrochen. Bengel schloss diesen Gedankengang mit dem kurzen Gebet zum Herrn der Weltgeschichte: »Du wirst dich herrlich, mächtig, prächtig erweisen in den Tagen deines Sieges. Gib, dass wir das Wort deiner Geduld in der Gemeinschaft deiner Leiden bewahren, damit auch wir teilhaben an der Freude, wenn du deine Herrlichkeit je mehr und mehr zeigen wirst.«

Obwohl »in der Offenbarung alles auf ein seliges Tausendjähriges Reich hinausläuft«[200] schätzte Bengel die Schönheiten der jetzt noch bestehenden Erde sehr, wenn er etwa malerisch, ja fast poetisch schilderte: »Wie im Frühling und Sommer Berg und Tal grünet und mit Blüten und Früchten angefüllt ist und wie schön der Himmel (ist), wenn die Sonne und helle Luft in ihrem mehr als goldenen Glanz pranget oder wenn Mond und Sterne bei einer heiteren Nacht ihren Schein und Schimmer ungehindert geben.« Doch unverzüglich lautete seine Schlussfolgerung, es sei »solches etwas Altes und Vergängliches« im Vergleich zur kommenden Herrlichkeit.[201] Uneingeschränkt blieb bei Bengel nur das Lob Gottes. Dieser »wohnt in einem Lichte, da niemand zukommen kann ... kommt (dar)aus hervor und erleuchtet die Gefäße seiner Herrlichkeit«, wobei er erklärte, »die Heiligkeit Gottes ist die verdeckte Herrlichkeit, und die Herrlichkeit Gottes ist die entdeckte Heiligkeit. So wird nun die heilige Stadt, da sie die Herrlichkeit Gottes hat, von derselben beleuchtet.«[202]

Zum Zustand des Tausendjährigen Reiches bemerkte Bengel in seiner »Erklärten Offenbarung« (Stuttgart 1740, S. 1053): Hier »wird in der Christenheit die Zwietracht in der Lehre aufhören. Heidentum,

[199] a. a. O., S. 25
[200] a. a. O., S. 24
[201] a. a. O., S. 27
[202] a. a. O., S. 28

Juden und Türken wird das Licht der Wahrheit aufgehen« (keine Regenten mehr ...).[203] Bengel war von der Hoffnung überzeugt, »dass die ganze Welt Eigentum des Herrn Jesus wird«.[204] Es gebe dort zwar noch eine Obrigkeit, die aber ihre Untertanen brüderlich behandle. »Die willigen Diener Gottes werden herrschen, bürgerlich regieren und zwar in alle Ewigkeit ... Dieses Ziel sollen wir immer vor Augen haben ... einander ermahnen, stärken, reizen.« »Es wird bleiben der Ehestand, der Feldbau und andere rechtmäßige Arbeit, ohne dasjenige, was menschlicher Vorwitz, Pracht und Schwelgerei daneben eingeführt hat.«[205] Die Befreiung aus aller Eitelkeit könne jedoch noch nicht erwartet werden, da ja der neue Himmel und die neue Erde noch ausstünden und Satan zuvor für kurze Zeit losgebunden werde. Alle Nationen werden in dieses künftige Handeln Gottes einbezogen sein, »ihrem rechtmäßigen Hirten anheimfallen, wenn der Drache, der sie verführte, gebunden sein wird«.* Eine erste Auferstehung der Toten vor dem Tausendjährigen Reich lehnte Bengel als nicht schriftgemäß ab.[206]

Die Auferstehung der Toten und das Gericht, den neuen Himmel und die neue Erde, das neue Jerusalem mit seinem Glanz sollen wir beständig zu Herzen nehmen ...

Angesichts der erwarteten uneingeschränkten Offenbarung des Heils brach Bengel in Bewunderung und ins Gebet aus: »O wie große Dinge und wie kurze Zeit« und fragte: »Was ist uns nötig? Weisheit, Geduld, Treue, Wachsamkeit. Es wird sich nicht tun (geziemen, gehören), dass wir auf unseren Hefen sitzen bleiben. Wie viel wichtige Dinge, Herr Jesus, liegen in der Offenbarung vor deinem Angesicht, bei denselben ich mit meinen blöden Augen vorbeigegangen bin! Erstatte du meinen Mangel bei mir, aber in deiner Fülle. Dir sei die Kraft und Herrlichkeit in Ewigkeit.« Dabei wollte Bengel jedoch keine fromme Träumerei auslösen, vielmehr »tun, was wir wollen vom Morgen bis zum Abend, vom Abend bis an den Morgen in äußerlichen Geschäften und Verrichtungen; um das Herz herum soll es immer neu und frei, wacker und fröhlich stehen.«[207] Wenn danach ein Christ

---

203 Richard Haug, Reich Gottes im Schwabenland, Metzingen 1981, S. 158
204 a. a. O., S. 160
205 Konrad Gottschick, Gerhard Schäfer, Hg., Auf dem Weg zur Fülle der Zeit, Stuttgart 1991, S. 206
* a. a. O., S. 204
206 Ernst Beyreuther, Geschichte des Pietismus, Stuttgart 1978, S. 282
207 Richard Haug, Es komme dein Reich, Stuttgart 1987, S. 28

»daheim ist, darf man nicht mehr nach dem (bisherigen) Weg fragen«.[208]

Bei Beurteilung der Bengelschen Lehre vom Tausendjährigen Reich ist zu beachten, dass er zwar völlig mit den lutherischen Bekenntnisschriften übereinstimmte, diese Botschaft aber nicht predigte, um eine Panik- und Katastrophenstimmung der Leute ebenso zu vermeiden wie eine weltflüchtige christliche Verzagtheit und Untätigkeit. Auch gewalttätige, fanatische Bestrebungen, durch menschliche Aktivitäten den Anbruch des Reiches Gottes zu erreichen, lehnte er aufs Entschiedenste ab. Stattdessen war er bestrebt, dass der Christ sich jederzeit im Geiste des Evangeliums und treuer Gesinnung der Liebe ganz für das kommende Reich Gottes einsetzt. Das Allerwichtigste war ihm bei der Apokalyptik die rechte Haltung des Christen in Erwartung seines wiederkommenden Herrn. Seinem »Ich komme« als mächtigem »Erweckungswort« solle ein freudiges »Komm« entgegengeschickt werden. »Hat es irgendwo ein Häklein, so mache man sich davon los und lasse sich durch nichts umstimmen«,[209] wozu ihm das häusliche Gebet empfohlen sei: »Aus deiner Macht bewahre mich zur Seligkeit.« »Wer sich zu Gott wendet, an dem werden sich Gottes Worte wahrhaftig zu seiner ewigen Freude beweisen.« »Wer nun im Glauben, Hoffnung und Liebe in gutem Einvernehmen mit Gott steht, hat schon genug an dem Wort »Er kommt«. »Dein Sohn sei willkommen. Lass dein Angesicht leuchten, so werden wir selig werden. Amen.«[210]

Indem Bengel auch dort redete, wo die Reformatoren schwiegen, blieb er ein Kind seiner Zeit. Schäfer sah die Wurzeln der Bengelschen Naherwartung bei Spindler, die rechte Lehre von Gottes Wesen mit dem zuverlässig berechenbaren Weltenlauf in der Orthodoxie und die optimistische Weltbetrachtung mit ihrer restlosen Erfassung der Gedanken Gottes durch den menschlichen Verstand in der Denkweise des 18. Jahrhunderts. Erst durch den Philosophen Immanuel Kant sollte diese in ihre zeitlich und räumlich bestehenden Schranken verwiesen werden.[211]

---

[208] a. a. O., S. 29
[209] a. a. O., S. 31
[210] a. a. O., S. 32
[211] S. u. vgl. S. 150; Konrad Gottschick, Gerhard Schäfer, Hg., Auf dem Weg zur Fülle der Zeit, Stuttgart 1991, S. 206

Bengel schrieb über die Wiederbringung aller Dinge: Wer darin Einsicht besitze und dies aussage, »der schwatzt Gotte aus der Schule«.[212]

Es bleibt zunächst die Frage offen, weshalb sich Bengel nicht an die eindeutige Feststellung des Herrn Jesus Christus gehalten hatte, wonach Gott den Zeitpunkt der angekündigten Wiederkunft ausschließlich sich selbst vorbehalten hat. (Matthäus 24, 42, Markus 12,31 f.) Bengel war davon überzeugt, Jesus habe die betreffende Aussage nur auf seine persönliche Lebenszeit bezogen, sie habe jedoch danach ihre Gültigkeit eingebüßt. Außerdem habe ja Jesus den genauen Aufschluss über Gottes weitere Pläne mit der Welt bereits aus dessen Offenbarung erfahren.

Die Wirkungsgeschichte der Apokalyptik Bengels

Welche Folgen zeigten sich, als Bengels zeitlich auf Jahr und Tag errechnete Wiederkunft Jesu, »die Ernte und der Herbst, Ausgießung der Schalen, Babylons Gerichte, des Tieres letztes Toben und Untergang des Satans Gefangenschaft« ausgeblieben und die »kurze Zeit« bis zum Eintreffen der genannten Ereignisse ergebnislos verstrichen war? Sowohl die Naherwartung als auch die folgende Enttäuschung lieferte den entscheidenden Anstoß zu einer großen Auswanderungsbewegung aus dem seinerzeitigen Königreich Württemberg nach dem Heiligen Lande Palästina und weiterer, Jerusalem näher gelegener Gebiete wie Südrussland mit dem Kaukasus. Um diesem schmerzlichen Bevölkerungsverlust entgegenzuwirken, gestattete der württembergische König Wilhelm I. die Gründung der pietistischen Sammlungsorte Korntal und (einige Zeit später) Wilhelmsdorf bei Ravensburg. Obwohl man sich dabei umsonst auf Bengels Berechnungen gestützt hatte, wurde deren günstige Entwicklung keineswegs gebremst, sondern erstaunlicherweise sogar begünstigt. Bis in unsere Gegenwart hinein dürfen sich die beiden Brüdergemeinden eines regen geistlichen und pädagogisch verheißungsvollen Aufschwungs erfreuen. Die Naherwartung fasste aber auch Fuß in den entstehenden

---

212 Richard Haug, Reich Gottes im Schwabenland, Metzingen 1981, S. 163

Gruppierungen der Zeugen Jehovas sowie in adventistischen und apostolischen Kreisen und Kirchen.

Kritisch im Blick auf das Ausbleiben Jesu zum errechneten Zeitpunkt hatte sich bereits Bengel persönlich dahingehend geäußert: »Sollte das Jahr 1836 ohne merkliche Veränderungen vorbeistreichen, so wäre freilich ein Hauptfehler in meinem System und dann müsste man Überlegungen anstellen, wo er stecke.«[213] Während Graf Zinzendorf schon bei seinem Besuch Bengels in Denkendorf bei dessen diesbezüglichen Ausführungen aus Langeweile – und damit Ablehnung – das Zimmer verlassen habe, fand Biograf Karl Hermann zustimmende Worte[214] zu Bengels Absicht: in einer Welt, die sich dem Vernunftglauben, dem Fortschrittsglauben, dem Entwicklungsglauben in die Arme warf, habe er den Grundgedanken der biblischen Welt bezeugt, »dass die Welt zum Gericht eilt«.[215] Haug[216] wog in seiner Darstellung der Lehre Bengels dessen berechtigte Kritik und gebührende Würdigung gegeneinander auf: »Dass es Bengel um den Heilsplan Gottes für die Welt geht, ist sein großes Verdienst, dass er meint, ihn rechnerisch festgelegt zu haben, ist die starke Täuschung, der er verfallen ist. Gottes Plan läuft nie automatisch ab.« In der Tat war bei Bengel die Lehre vom Tausendjährigen Reich und der Apokalyptik viel mehr gewichtet als in der Heiligen Schrift selbst.

Bei allen Erwägungen für und wider das Aufgezeigte mit seinen offenen Fragen bleibt Jesu Wiederkunft fester Bestandteil des christlichen Glaubensbekenntnisses. Wie auch Luther an einem »doppelten Ausgang der Geschichte« festhielt und damit die so genannte »Wiederbringung aller Dinge«, die Allversöhnung ablehnte, so kam es auch für Bengel ganz entscheidend darauf an, dass Glaube und Gnade ihre alles andere überragende Bedeutung behielten und bewährten, in einem nicht an Berechnungen festhaltenden Gottvertrauen fest verankert sind und bleiben.

Der Einfluss Bengels auf die Universitätstheologie wurde mit der Wende zum neunzehnten Jahrhundert schwächer, zumal er ja kein akademisches Amt bekleidet hatte. Doch gab es weiterhin Geistesver-

---

213 Werner Hehl, Johann Albrecht Bengel, Leben und Werk, Stuttgart 1987, S. 129
214 Karl Hermann, Der Klosterpräzeptor von Denkendorf, S. 421
215 Helmut Egelkraut, Die Zukunftserwartung der pietistischen Väter, Gießen, Basel 1987, S. 32
216 Richard Haug, Es komme dein Reich, Stuttgart 1987, S. 26

wandte des einstigen Klosterpräzeptors und Konsistorialrates, Propstes und Prälaten. Sie vertraten weiterhin einen so genannten Biblizismus mit seiner Sicht eines zusammenhängenden Systems der Schrift, so der Tübinger Professor Crusius (1715–1775) und vor allem der schon erwähnte Prälat Magnus Friedrich Roos (1727–1803). Wollte er doch in seiner »Christlichen Glaubenslehre« den göttlichen Ursprung der Bibel beweisen, welche kein unnötiges Wort und keine falsche Weissagung enthalte (nur eine gemäßigte Apokalyptik).

In Bengels geistlicher Nachfolge erwartete auch der berühmte Schriftsteller und Arzt Heinrich Jung-Stilling (1740–1817) in seiner »Siegesgeschichte der christlichen Religion die großen Ereignisse der Endzeit in Bälde«, obgleich für ihn die Offenbarung Johannis nur als bildliche Vorhersagung der ganzen Geschichte des Kampfes zwischen dem Erlöser und Verderber des Menschengeschlechtes »verstanden wurde«. Johann Michael Hahn aus Altdorf bei Böblingen (1758–1819), auf den die heute noch lebendige Hahnsche Gemeinschaft zurückgeht und sich in ihren Stunden auf ihn beruft, bejahte das Tausendjährige Reich und schrieb weiter: »Ich glaube und bekenne die Wiederbringung aller Dinge, so gewiss ich an einen gnädigen, barmherzigen Gott glaube, so gewiss ein Versöhner ist, der für unsre und aller Welt Sünde gestorben ist.«[217] Unter Hahns und Bengels Einfluss gründete später Christian Hoffmann (1815–1885) die »Templergesellschaft« und sein Siedlungswerk Palästina, um dadurch am »Königreich Gottes auf Erden« mitzubauen.[218]

Auch Professor Johann Tobias Beck (1804–1878) wollte diese Einheit und Wirklichkeit der Bibel im Sinne Bengels begründen, als Abbild des Organismus der Wahrheit betrachten und ihre einzelnen Bücher mit einer gewissen Stufe im Offenbarungsablauf in Einklang bringen. Im zwanzigsten Jahrhundert setzten die Tübinger Theologieprofessoren Karl Heim und Adolf Schlatter diese Betrachtungsweise auch durch viele Pfarrer als ihre Schüler in segensreicher Weise fort. Nicht vergessen sei wegen seiner ausgezeichneten Auslegung der Offenbarung Karl Hartenstein (1894–1952). Dieser war württembergischer Prälat, Mitbegründer der Evangelischen Kirche in Deutschland, der Ökumenischen Allianz und des Hilfswerks nach dem Krieg 1945. In seinem Buch machte er die Unzulänglichkeit der bisherigen Auslegungen deutlich und betonte, »wir glauben, dass hier im Gehor-

---

[217] Werner Hehl, Johann Albrecht Bengel, Leben und Werk, Stuttgart 1987, S. 124
[218] a. a. O., S. 125

sam gegen das Wort der heiligen Schrift ein Geheimnis stehen bleiben muss, das uns erst erfüllt werden wird, wenn der Tag Jesu Christi gekommen ist.« Im Tausendjährigen Reich sah Hartenstein »das Reich Gottes als die Ernte der Welt bezeugt, weil nach dem Heilsplan Gottes Zeit und Ewigkeit nicht nur auseinander treten, sondern auch geheimnisvoll zusammengehören«. Die Welt hat eine Zukunft und die Zeiten laufen Jesus Christus entgegen. Wir sollen wachen und warten lernen auf Jesus den Kommenden. »Dieser Erwartungszeit folgt die Christenzeit. Sie hat ein Ende der Angst zur Folge.«[219]

Exkurs zur Eschatologie

Auch in der Gegenwart ging Bengels Vermächtnis der Zukunftserwartung Jesu nicht verloren. So unterscheidet der Theologe Walter Tlach 1991 in seiner Schrift »Der letzte Krieg«[220] die Schuldfrage von der Machtfrage. Jesus löste die erste, wirksam zwischen seiner Himmelfahrt und Wiederkunft, während letztere erst mit dem Weltfriedensreich eintritt, das nicht den Weltuntergang, sondern die Welterneuerung mit Abschaffung der zerstörerischen Mächte und Lösung der bisherigen politischen Probleme zwischen den Völkern mit sich bringen wird.[221]

Professor Karl Heim berichtete in einer seiner Predigten aus »Stille im Sturm«[222] wie Bengel beim Auftreten eines Kometen 1744 durch einen Hauptmann nach der Bedeutung dieses Vorgangs gefragt worden war. Seine Antwort lautete: »Der Glaube setzt die Kinder Gottes über die Kometen und alle Natur«, wobei sich Heim selbst gegen jegliche Vorausberechnung des Reiches Gottes ausgesprochen hatte, denn es »kommt nicht so, wie man einen Sonnenaufgang berechnet. Jesus muss uns erst unsre fromme Wissbegierde aus dem Herzen nehmen, wenn die Flamme (seiner) Adventserwartung ganz rein brennen soll.«

Der württembergische Landesbischof Prof. Dr. Gerhard Maier schildert 1995 in seiner Schrift zunächst die einzelnen theologischen

---

[219] aus dem Predigtband Wachen und Warten, S. 355
[220] Walter Tlach, Der letzte Krieg, hg. von Wilfried Veeser, Stephan Zehnle, Neuhausen 1991, S. 53
[221] a. a. O., S. 57
[222] a. a. O., S. 53

Personen und Positionen zu diesem Thema. So stellte für den Schweizerischen Theologieprofessor Karl Barth (1886–1968) Jesu Wiederkunft »kein zeitliches Ereignis«, sondern »eine ewige Wahrheit dar« bei seinem Kollegen Wolfgang Trillhaas beschränkte sie sich auf das »ewige Leben des Einzelnen, unserer ungetrübten Gemeinschaft mit Jesus Christus«, bei Professor Rudolf Bultmann war die Frage »erledigt«.[223] Demgegenüber hält Maier am »Reich des wiedergekommenen Christus« fest[224], in dem die »Macht des Satans erloschen ist«, »ohne Dämonen«, allerdings gibt es dabei den Tod noch[225]. Er liefert für diese Feststellungen die entsprechende biblische Begründung.

Schließlich sei noch aus der ausgewogenen Darstellung der diesbezüglichen Problemlage von Dr. Andreas Rössler, Chefredakteur des Württembergischen Gemeindeblatts wiedergegeben,[226] was er in Bezug auf ein politisches perfektes Friedensreich auf Erden feststellt: »Menschen sind nicht fähig, von sich aus ›ein Reich der Gerechtigkeit, des Friedens und der Bewahrung der Schöpfung‹ herzustellen. ›Wo sie es gerne zu zwingen versuchen, verhindern sie es gerade.‹ Das irdische Reich Gottes b e g i n n t (Hervorhebung vom Verfasser), wo sich Menschen vom Geist Gottes erneuern lassen und dann bruchstückhaft versuchen, der künftigen Herrschaft Gottes zu dienen, wobei an Verkündigung und Verhalten Jesu das Reich Gottes bereits deutlich erscheinen wird.«[227]

Um aufzuzeigen, dass die biblische Zukunftserwartung als ein Bengelsches Erbe auch in allerneuester Zeit von der wissenschaftlichen Theologie keinesfalls als »erledigt« betrachtet wird, seien aus dem Deutschen Pfarrerblatt vom November 2001 zwei Artikel zur Sprache gebracht. So beantwortet Otfried Reinke seine selbst gestellte Titelfrage: »Was ist mit dem Wort Ewigkeit gemeint?« mit seinem positiven Schlusssatz: »Die Menschen sind zur ewigen Gemeinschaft mit Gott bestimmt und darum wird Gott sie vom Tode auferwecken und sie durch das Gericht hindurch so verwandeln, dass sie zur Teilhabe an seinem Lichte und an seiner Herrlichkeit fähig werden.«[228]

Friedemann Richert greift in seiner Abhandlung über die Eschato-

---

223 Gerhard Maier, Er wird kommen, Was die Bibel über die Wiederkunft Jesu sagt, S. 17
224 a. a. O., S. 57
225 a. a. O., S. 55
226 veröffentlicht in »Zeitenwende - 2000 Jahre Christuszeit ...«, S. 67
227 a. a. O., S. 67
228 Deutsches Pfarrerblatt Nr. 11, 2001, S. 576

logie[229] auf, was Professor Jürgen Moltmann 1995 in seinem Buch »Das Kommen Gottes« so formuliert hat: »Das eschatologische Denken redet der Hoffnung auf Auferweckung zum ewigen Leben das Wort« was bedeutet, »dass Gott nichts verloren gegangen ist, weder Schmerzen noch das Glück. Der Mensch wird bei Gott nicht nur den letzten Augenblick, sondern seine ganze Lebensgeschichte wiederfinden, aber als versöhnte, zurechtgebrachte und geheilte und vollendete Geschichte seines Lebens.«[230] Laut Richert »entlastet die Eschatologie vom utopischen Allmachtstraum des Menschen«, weil zuletzt bestehende Spannungen »nicht durch menschliches, sondern nur durch Gottes Handeln gelöst werden können«. Damit ist Bengels Denken als ein auf Gottes Reich ausgerichtetes auch in der modernen theologischen Wissenschaft nicht verloren gegangen, vielmehr in Übereinstimmung mit dem Zeugnis des Wortes Gottes lebendig geblieben. Die Wirkung kann in Zustimmung und Widerspruch mit einem chemischen Katalysator verglichen werden, der bekanntlich selbst unverändert bleibt, aber immer neu zu Verwandlungen der mit ihm in Berührung kommenden Elemente führt. Daher bietet die biblische Lehre von den letzten Dingen immer neuen Zündstoff für Kirche, Theologie, sozialer und politischer Gesellschaft. So könnte die kommunistische Enderwartung eines Paradieses der klassenlosen Gesellschaft bei Karl Marx und Friedrich Engels als eine vollständige Umkehrung der Bengelschen Lehre vom Tausendjährigen Reich in nur noch rein irdisch-materielle Verhältnisse und Vorstellungen gedeutet werden. Auf jeden Fall löste diese Lehre in manchen Teilen der Welt eine gewaltige und gewaltsame, oft explosionsartige Revolution, Umwälzung der politisch-sozial-kulturellen Entwicklung der Geschichte aus. Ihre Kettenreaktionen und ihre Spuren sollten sich jedoch nicht als dauerhaft erwiesen haben, während die Hoffnungen des Christen nach wie vor auf ein endgültiges Eingreifen Gottes und ewiges Reich ausgerichtet sein dürfen. Eine solche letzte Zielvorstellung schließt Zerstörung und Vernichtung aus – Rettung und Vollendung der von Gott geschaffenen und geliebten Welt jedoch ein.

---

[229] a. a. O., S. 579
[230] dort zit. nach Jürgen Moltmann, Das Kommen Gottes, S. 88

7

Prälat von Alpirsbach
mit Sitz in Stuttgart

PRÄLAT

Charakter, Aufgaben und Amtsführung
Bengels im kirchenleitenden Amt

Im Jahre 1749 wurde Johann Albrecht Bengel von seiner Kirchenleitung zum Prälaten von Alpirsbach im Schwarzwald ernannt. Da dieses Amt mit dem eines Abgeordneten im Landtag verbunden war, musste er seinen Wohnsitz jetzt in Stuttgart nehmen. Stuttgart zählte zu Bengels Zeit nur etwa 17 000 Einwohner. Zum Abschied von Herbrechtingen vermerkte er: »In diesem Ort am Ostrand der Schwäbischen Alb glaubte ich am Ende der Welt zu sein. In Stuttgart bin ich (dagegen) mitten in ihrem sumpfigen Gewühle und dazu muss ich, einer, der sein Leben in lauter geistlichen Beschäftigungen zugebracht (hat), im Alter (von 62 Jahren) noch einen Lehrling im Weltlichen abgeben.«[231] Sein Charakter einer bescheidenen und entschiedenen Persönlichkeit änderte sich also mit dieser hohen Stellung in keiner Weise. Auch weiterhin blieb ihm jegliche Rechthaberei und Wichtigtuerei völlig fremd. Statt eingebildet zu werden, was für ihn dem Unverstand und der Torheit gleichkäme, schätzte er über alles jene Weisheit, dass »nichts groß ist als Gott und wenn sich ein Mensch in seiner Niedrigkeit verliert, so findet er sich in Gott wieder. Wenn ein Mensch von Herzen demütig ist, so kann er sich leicht von Untugenden losmachen«.[232] Bereits 1748 zeigte sich dieses Verhalten, als ihm in

---

[231] Adolf Neeff, Weg und Wort der beiden Schwabenväter Bengel und Ötinger, Stuttgart 1933, S. 11
[232] Julius Rössle, Von Bengel bis Blumhardt, Metzingen 1959, S. 8 f.

IOHANNES ALBERTVS BENGELIVS,
SS. THEOL. D. SEREN. DVCI WIRTENB. A CONSILIIS SACRIS,
ORD. PROVINC. SENATVS ARCTIORIS ASSESSOR,
ET ABBAS ALPIRSPACENSIS.
N. D. XIV IVN. ST. V. A. CIƆIƆCLXXXVII. DEN. D. II NOV. CIƆIƆCCLII.

Andr. Löscher pinx.   I. I. Haid sculps. A. I.

Johann Albrecht Bengel, Kupferstich von Andreas Löscher,
© LMZ-BW/Robert Bothner

Tübingen ein Bauer seine Freude über die Begegnung mit ihm zum Ausdruck gebracht hatte. Da legte ihm nämlich Bengel die Hand auf die Schulter und sprach: »Ach lieber Mann, ihr habt jetzt einen Menschen gesehen, der von Gottes Erbarmen leben muss.«[233] Als ein Dekan bei Bengel zu Gast war, besuchte ihn überraschend auch ein gläubiger Mann aus bescheidenen Verhältnissen. Auf diesen Neuankömmling eilte der Prälat zu, küsste ihn und sprach dazu Worte aus Psalm 15,4: »Ehret die Gottesfürchtigen.« Er verwunderte sich selbst, »wie es kommt, dass ich nur eine Freude an Briefen von einfachen Leuten habe, weit mehr als an Speners, Arnds usw. Briefen. Vielleicht ist es diesen Männern auch so ergangen.«[234] Bengel bildete sich auch nichts darauf ein, als ihm 1751 die Universität Tübingen die Würde eines Ehrendoktors verliehen hatte.

Bengels neue Aufgaben als Konsistorialrat und Mitglied des Landtags, mit seinen Worten »ins Getriebe der Welt geworfen«, verdankte er keineswegs seiner Zugehörigkeit zum Pietismus, wie man angesichts einer zwischen den verschiedenen kirchlichen Gruppierungen ausgleichenden Kirchenleitung vermuten könnte, sondern ausschließlich seinen persönlichen Fähigkeiten, nämlich der Klarheit seines Denkens, der unerschütterlichen Treue zu seiner Kirche und seinem ausgewogenen Urteilsvermögen. Seine Verantwortung in der Kirchenleitung bezog sich auf die Besetzung sämtlicher Pfarr- und Schulstellen, die Ausbildung der Theologen und Lehrer im Herzogtum Württemberg sowie die Aufsicht über das Theologische Stift an der Tübinger Universität und die Klosterschulen in Denkendorf, Blaubeuren, Urach und Maulbronn. Auch die ausgiebigen Sitzungen im Großen und Kleinen Ausschuss des Landtags nahmen den Prälaten besonders stark in Anspruch.

Bengels Amtsführung war gekennzeichnet durch sein vorsichtiges, ja bedächtiges, die jeweiligen Gesichtspunkte sorgfältig abwägendes Urteil. Allem Schlechten wollte er auf seine eigene Weise widerstehen und eine fortschrittliche Entwicklung in Kirche und Staat fördern, während er in der Verbindung der weltlichen und der kirchlichen Macht eine besondere Gefahr erblickte.[235] Natürlich war er nicht in der

---

233 Adolf Neeff, Weg und Wort der beiden Schwabenväter Bengel und Ötinger, Stuttgart 1933, S. 18
234 a. a. O., S. 18
235 Richard Haug, Reich Gottes im Schwabenland, Metzingen 1981, S. 239

Lage gewesen, die hier bestehenden Verhältnisse grundsätzlich in Frage zu stellen, obwohl er ebenso wie Spener, »der Vater des Pietismus«, im Geheimen die bestehende Struktur mit ihrer Einmischung der Herzogs und der Regierung in die inneren Angelegenheiten der Landeskirche ablehnte. In diesem Sinne wirkte der Prälat und Konsistorialrat Bengel mäßigend auf Hofkaplan Storr ein, als sich dieser mit dem Herzog und dem Konsistorium wegen des bevorstehenden Karnevals scharf auseinander gesetzt hatte. In sämtlichen politischen, kirchlichen und persönlichen Angelegenheiten ließ er sich vom »dauerhaften Gefühl von der Wichtigkeit der ewigen und unsichtbaren Dinge« bestimmen, was ihn beim Zeitungslesen zögern ließ, den Wert oder Unwert einer Sache zu beurteilen, da »alles nur ein kleiner Schatten von dem (ist), wie es in Gottes Augen sein mag, wenn er des Menschen Tun und Lassen ansehen muss, nachdem er schon zum Voraus weiß, was er für ein Ende damit haben wird«. Auch raube diese Lektüre dem modernen Menschen so viel Kraft und Zeit, die besser für eine Arbeit angewandt würden.[236] So ließ Bengel bei allen täglichen Amtspflichten nie den Blick auf Gott außer Acht, er wollte in seinem gesamten Handeln in den verschiedenen Pflichtbereichen ausschließlich dem Ruf und Willen Gottes als oberster Instanz gehorchen. Davon hatte er sich schon immer leiten lassen, als er auf alle Bewerbungen um ein höheres Amt verzichtet hatte, vielmehr seine Wege völlig Gottes Führung und Fügung anvertraute. In diesem Sinne konnte er 1740, also noch von der Denkendorfer Kanzel aus, raten: »Es ist besser sich in dasjenige Plätzlein, darein man kommt (zu) schicken und zu schmiegen, als (zu) verlangen, dass die Stelle nach uns solle eingerichtet und zugeschnitten werden, es ist ohnehin nur ein kurzer Durchgang durch diese Welt. Man muss nicht begehren, es eben aufs Bequemste zu haben.« Er fügte hinzu: »Diejenigen kommen im Leben am besten durch, welche das Plätzlein, das ihnen anvertraut ist, nach bestem Gewissen auszufüllen suchen, da gilt es, solange sie leben, wenig zu reden von ihnen. Sie schleichen sich unbeschrien durch die Welt, aber hernach, wenn sie weg sind, vermisst man sie doch.«[237] Eine solche innere Freiheit vom Karrierestreben machte ihn auch unabhängig und unerschrocken seinem Fürsten und der irdischen

236 Adolf Neeff, Weg und Wort der beiden Schwabenväter Bengel und Ötinger, Stuttgart 1933, S. 28
237 Du Wort des Vaters, rede du, in: Julius Rössle, Hg., Zeugnisse der Schwabenväter, Bd. VI, Metzingen 1962, S. 7 f.

Obrigkeit gegenüber, ließ ihn nicht Fürstengunst und politische Macht suchen, sondern häufig Gott anrufen: »Du hast mich berufen zum ewigen Leben, du hast mich ergriffen, zeuch deine Hand nicht ab von mir, bis ich das ewige Leben ergriffen habe.« Gewiss trug diese Unabhängigkeit und Unbestechlichkeit sehr zu Bengels Ansehen und Einfluss im Lande bei, wo bekanntlich viel »Vetterleswirtschaft«, Bestechlichkeit und fürstliche Ungerechtigkeit zu finden war.

Daher ist Bengels scharfe und schonungslose Kritik an den Zuständen seiner Zeit nicht verwunderlich. Bengel sah die Kirche »nicht so geraten, wie Luther es gewünscht hat. Es ist ein Haufen, unter welchem der heilige Wille Gottes immer hineingepredigt wird, aber es ist keine solche Zucht vorhanden, dass man es auch zum Werk selbst brächte, ein jeder tut was er will ... Die ganze Religion wird darauf gesetzt, dass man lediglich einen Schöpfer oder Meister aller Dinge erkennt, wobei man dann mit Türken, Juden und Heiden bald eins werden kann: Es fehlt nicht viel, dass der lose Christ und der Türke eine Glaubensgemeinschaft machen.« Die Kirche bildete für das Mitglied ihrer Leitung »eine so verdorbene Masse, ein(en) so bösen Sauerteig, dass die ganze Welt könnte davon durchsäuert werden ... Es ist, wie wenn es im Geistlichen dem Winter zuginge, es ist eine elende, kaltsinnige Zeit, es muss ein Wecker kommen.«[238] Dazu stellte Bengel weiter fest: »Das Christentum hat noch nie seine völlige Gestalt gehabt, die es kraft der Verheißungen haben soll. Das apostolische Licht ist gar bald ausgegangen, nachdem die Apostel weg waren.«[239] Bengel bedauerte dabei sehr, »dass vieles verloren gehe, was die Reformatoren mit so viel Mühe, Gebet, Gefahr errungen und verteidigt haben«.[240]

Solche Beobachtungen und Erwägungen drängten Bengel zur Mahnung an die Verantwortlichen in der Kirche, die Herde des Herrn aufmerksam zu betreuen.

Doch Prälat Bengel betonte neben aller Kritik auch die tiefe Dankbarkeit für die Existenz der Kirche. »So verdorben auch die äußere Kirchenverfassung ist, so hat man ihr doch die Erhaltung der Hl. Schrift zu verdanken. Ohne sie wäre die Historie von Christus

---

[238] Richard Haug, Es komme dein Reich, Stuttgart 1987, S. 23
[239] Gerhard Schäfer, Wilhelm Horkel, Hg., Gott hat mein Herz angerührt, Metzingen 1987, S. 85
[240] Julius Rössle, Von Bengel bis Blumhardt, Metzingen 1959, S. 80

längst eine Fabel.«[241] »Unsere Kirche ist weit, weit nicht rein, aber doch die wahre Kirche. Denn man muss nicht darauf sehen, was durch Schuld der Menschen verderbt ist, sondern was Gott noch darin hat, wie das bei der Kirche des Alten Testaments gewesen ist, da Israel bei allem Verderben dennoch Gottes Volk geblieben ist.«[242] Die gegenwärtige protestantische Kirche ist nur eine Interims(Zwischen)kirche »vor der des Tausendjährigen Reiches«.[243] Die wahre Scheidung von dem »verwirrt unordentlich Ding, dem nicht zu helfen ist ... wird der Herr machen. Man handelt unrecht, wenn man die Hoffnung, dass auf dem Acker der Kirche noch etwas Gutes gewirkt werden könnte, aufgebend, die Pflanzen des echten Christentums ausrauft und in eine Furche zusammensetzt.«[244]

»Im Schoß der Kirche zu sein, ist eine große Wohltat und bewahrt einen sowohl von den geistlichen Seeräubern als auch von den Räubern und der Versklavung im Leiblichen.«[245]

Prälat Bengel strebte auf Grund dieser Beobachtungen eine echte »Lebensreformation« an. Die Kirchenzucht müsse wieder strenger gehandhabt werden, vor allem sollten »rechtschaffene Seelen, besonders Pfarrer«, die den Verfall der Kirche wegen der Geringachtung ihrer reformatorischen Grundlagen »mit Wehmut sehen«, den Karren nicht stehen lassen, vielmehr sich nach seiner »Besserung« sehnen. Ein solches »Sehnen und Seufzen befördere den Bau Jerusalems«. Dabei war es für Bengel nicht wesentlich, »ob das Verderben und die Unordnung bereits groß und gräulich geworden (war), sondern nur, wie dem am besten zu begegnen und etwas dagegen auszurichten sei«. Dies könnte keinesfalls dadurch gelingen, »dass man einfach auf und davon geht, ebenso wenig durch gesetzliches Stürmen und Poltern, sondern durch das Evangelium und den Geist der Liebe«, sonst drohe »ein völlig Zurücksinken in ein wildes, blindes Heidentum«.[246] Gleichzeitig dürfe aber die »Beschaffenheit unserer Gemeinde ... nicht aus dem Lärm abgeleitet werden, den einige böse Buben machen, die sich darunter befinden, so wenig als man daraus, dass man nichts als Frö-

---

241 Gottfried Mälzer, Johann Albrecht Bengel, Leben und Werk, Stuttgart 1970, S. 361 f.;
242 Gerhard Schäfer, Wilhelm Horkel, Hg., Gott hat mein Herz angerührt, Metzingen 1987, S. 58
243 Richard Haug, Es komme dein Reich, Stuttgart 1987, S. 21
244 Karl Hermann, Vom heiligen Heimweh, 2. Auflage, Stuttgart 1979, S. 85
245 Richard Haug, Reich Gottes im Schwabenland, Metzingen 1981, S. 190
246 Du Wort des Vaters, rede du, in: Julius Rössle, Hg., Zeugnisse der Schwabenväter, Bd. VI, Metzingen 1962, S. 8 ff.

sche aus einem See schreien hört, schließen kann, dass keine Fische darin seien«.[247]

Bei der Pflege des reformatorischen Erbes dürfe allerdings aus dem »großen Licht« des Augsburgischen Glaubensbekenntnisses »kein Riegel« gemacht werden um der »göttlichen Wahrheit Einhalt zu tun, dass sie sich nicht wieder ausbreiten dürfe, sonst kommt es ebenso heraus wie mit der Sonne, weil man im Sommer morgens um vier Uhr schon dabei lesen und arbeiten kann, befehlen wollte, sie solle jetzt nicht weitergehen, es sei nicht nötig, man habe schon Licht genug«.[248]

Bengel suchte das kirchliche Leben auch durch Reformen der Organisation und Institution zu verbessern, verstieg sich dabei allerdings auch zu der Bemerkung, die Kirchenmusik könne nichts dazu beitragen, »denn sie füllt das Ohr und hindert den innerlichen Herzensgesang. Der Vorwand, dass sie ein äußerliches Zeichen sei, die Andacht zu wecken, hat Zeremonien die Tür geöffnet und ist ein Anfang der Wassersucht in den Kirchen.«[249] Dieses abwegige Urteil Bengels darf um der Wahrhaftigkeit willen nicht unterschlagen werden.

---

[247] a. a. O., S. 112
[248] a. a. O., S. 9
[249] a. a. O., S. 80

8

Bengels letzter Lebensabschnitt: Leiden und Heimgang

LEIDEN

Letzte Werke

Noch im Jahr vor seinem Tode verfasste Bengel 1751 den »Abriss der so genannten Brüdergemeine«, sein einziges Werk ohne Auslegung oder Deutung der Heiligen Schrift. Darin untersuchte er die Reden und Lieder des Grafen Nikolaus von Zinzendorf auf ihre Übereinstimmung mit der Bibel und den lutherischen Bekenntnisschriften, um dann vor dessen Lehre zu warnen und sie liebevoll zu verbessern.

Zu Zinzendorf hatte Bengel immer mehr Abstand genommen, hauptsächlich wegen ihrer verschiedenen Auffassung der Bibel, etwa der Leidensgeschichte mit Nachdruck auf dem Gefühl oder der gedanklichen Erfassung ihrer Botschaft. Im Grund nicht weit voneinander entfernt, suchte der Graf aus Herrnhut mit dem leidenden Heiland gleichzeitig zu sein, Bengel dagegen mit dem erhöhten Herrn. Bengels Sicht wirkte allmählich mäßigend auf die Herrnhuter Theologie ein, sodass die beiden pietistischen Gruppen einander näher kommen konnten. Zugleich trug Bengel entscheidend dazu bei, dass die Verbindung zwischen der Landeskirche mit ihrer weithin noch orthodoxen Universitätstheologie und der überwiegenden Mehrheit der Pietisten nicht abriss, sondern fest geknüpft worden ist. Die Bengelsche Bluttheologie wurde von ihren Schülern in abnehmendem und teils abweichendem Maße weiterüberliefert.

Zur selben Zeit (1751) veröffentlichte Bengel sein »Neues Testament« mit dem ausführlichen Titel »Zum Wachstum in der Gnade

Herzog Carl Eugen v. Württemberg um 1750/1760, © LMZ-BW

und Erkenntnis des Herrn Jesus Christus nach dem revidierten Grundtext übersetzt und mit dienlichen Anmerkungen begleitet«: Diese und zugleich jegliche Arbeit Bengels an der, mit der und für die Schrift brachte ihm jetzt die Verleihung der Ehrendoktorwürde der Universität Tübingen und damit die Anerkennung seiner gesamten wissenschaftlichen Tätigkeit.

Jetzt erlahmte jedoch die bisher ununterbrochene und ungebrochene Leistungsfähigkeit des beinahe siebzig Jahre alt gewordenen Lehrers der Bibel und Kirche. Er bekannte offen: »Ich bin der gelehrten Welt so satt (geworden), dass ich das, was sein muss, aber eben doch eitel ist, fast nur ungern tue. Je näher mich das heranbrechende Alter an die Pforte der Ewigkeit bringt, desto mehr gehe ich von dem Umkreis zum Mittelpunkt, von den Hilfsmitteln zu der Sache selbst in ihrem Genuss«, also zur weiteren Konzentration auf das Wesentliche und Ewige. Bengel fand »nicht (mehr) viel Ursache, längeres Leben zu wünschen. Neues, Sonderliches kann ich nicht mehr erleben. Und in der Heiligung achte ich es auch nicht, dass ich es noch weit höher bringen werde. Es ist mir vielmehr gut, wenn ich einmal von mir selbst los werde.«[250]

Der bereits in Denkendorf und Herbrechtingen öfters schwer krank gewesene Bengel bereitete sich schon früh auf das Sterben vor, wie das von einem Christen zu Herzen genommen werden sollte. Dabei ging es ihm nicht um die Erwartung des Todes, sondern er freute sich auf die Erscheinung des Herrn Jesus Christus selbst. »Der Tod ist dann Nebensache, denn er gehört nicht in die große Ordnung der göttlichen Ökonomie.«[251] Es sei umso »angenehmer« zu sterben, je näher das Ende aller Dinge herannahe, wovon Bengel überzeugt war. Es sei nur »ein Lüftlein, das ihn anwehe«. »Wo unsere menschliche Kraft am Ende ist, da geht Gottes Kraft an.«[252] Es treffe zu, »wenn sich an einem Sterbebett Ewigkeit eröffnet, so werden dessen auch die Umstehenden mit Freude, Trost, Schrecken, Angst und anderen Gemütsbewegungen inne und wenn (beim Heimgang) eines Pilgers in jene bessere Welt die Tür aufgeht, so streichet (allen Beteiligten) ein Himmelslüftlein entgegen, das sie stärket, bis die Reihe auch an sie

250 Gerhard Schäfer, Wilhelm Horkel, Hg., Gott hat mein Herz angerührt, Metzingen 1987, S. 84
251 Werner Hehl, Johann Albrecht Bengel, Leben und Werk, Stuttgart 1987, S. 79 f.
252 Gerhard Schäfer, Wilhelm Horkel, Hg., Gott hat mein Herz angerührt, Metzingen 1987, S. 92

kommt. Wer schon sogar nahe bei der Ewigkeit ist, gleicht der Mündung eines Flusses, der in das Meer fließt, da man fast nicht mehr unterscheiden kann, welches das Wasser des Flusses oder des Meeres ist.«[253]

In seinem Lebenslauf bekundete Bengel: »Als mit den Jahren die Geschäfte zu- und die Kräfte abnahmen, befleißigte ich mich, dass mich nichts verschlinge, alles aber mein Verlangen nach ewiger Ruhe fördern möchte. Und solches ist nun erfüllt. Hinfort ist ausgesorgt! Hinfort ist Friede und Freude vorhanden. Gebt unserem Gott die Ehre! Die Gnade des Herrn Jesus sei mit euch allen!«[254]

Kurz vor seinem Heimgang aus dieser Welt blickte Bengel nochmals auf sein vergangenes Leben zurück: »Hat dich Gott lieb gehabt, so hat es dir an Trübsal nicht gefehlt ... Doch mein Leid war meist geistlich verborgen.«[255]

Der im Herbst des Jahres 1752 schon sehr angegriffene Gesundheitszustand Bengels verschlechterte sich nach einer kurzzeitigen Besserung derart, dass er kurz nach seinem Geburtstag und endgültig seit dem 26. Oktober ans Krankenbett gebunden war. Zwei Tage später entwickelte sich eine Entzündung von Brust, Körper und Lunge. Von seiner unverändert tief gegründeten Glaubenshaltung zeugt sein wohl letzt überliefertes Gebet: »Mein Grund ist das Vertrauen, welches ich in Kraft des Heiligen Geistes auf den ewigen Hohepriester Jesus setze, in dem mir alles geschenkt ist.« Bengel empfing dann am 1. November 1752 im Kreise aller Angehörigen das Heilige Abendmahl. Dem Glaubensbekenntnis und einem Beichtgebet folgte die Fürbitte des Sterbenden für seine Kirche, die Amtsbrüder, das Land Württemberg mit dem Herzoglichen Hause, für die Landstände und schließlich für seine Familie. Diese Feier zum Abschied wurde zu Beginn von Liedversen aus dem Choral »O Jesu Christ, mein schönstes Licht« und zum Ende mit Strophen aus dem viel benutzten Lied »Wer weiß wie nahe mir mein Ende« umrahmt. Dem Schwerkranken wurde danach weiter aus dem Wort Gottes vorgelesen und gebetet. Kurz vor seinem Tod sprach Bengel die überlieferten Worte: »Die Gnade Gottes haben wir nicht

253 Du Wort des Vaters, rede du, in: Julius Rössle, Hg., Zeugnisse der Schwabenväter, Bd. VI, Metzingen 1962, S. 10
254 Gerhard Schäfer, Wilhelm Horkel, Hg., Gott hat mein Herz angerührt, Metzingen 1987, S. 169 f.
255 Werner Hehl, Johann Albrecht Bengel, Leben und Werk, Stuttgart 1987, S. 81

gepachtet, sondern sie ist uns zum Gebrauch gegeben. Die das erste meinen, kann Gott oft sehr leer machen und das tut er nicht zu ihrem Schaden.«[256] Dann folgten jene prophetischen Worte, welche unausgelöscht bleiben und tiefen Eindruck hinterlassen sollten: »Ich werde eine Weile vergessen sein, aber wieder ins Gedächtnis kommen«,[256] wozu auch jede Erinnerung an Bengels Geburts- und Todestag ihren Beitrag leisten möge! »Herr Jesu, dein bin ich«, lauteten Bengels letzte Worte. Um ein Uhr des anbrechenden 2. November 1752 hörte das Herz des treuen Zeugen des Herrn und standhaften Dieners seiner evangelischen Kirche in Württemberg und darüber hinaus zu schlagen auf. Der Schwäbische Pietistenvater und wissenschaftliche Schriftforscher ist in die göttliche Herrlichkeit heimgegangen, um zu schauen, was er auf Erden geglaubt hat. Mit der von ihm hoch geschätzten Offenbarung Johannis folgen ihm seine Werke nach (Offb. 14, Vers 17).

Am 5. November 1752 fand Bengels Beerdigung in Stuttgart statt. »Die gesamte Bürgerschaft begleitete seine entseelte Hülle zur letzten Ruhestatt.« Während dieser Zeit waren Stuttgarts Stadttore verschlossen geblieben.[257] Bengels Leichenpredigt wurde in der Hospitalkirche gehalten.[258]

Der damalige Stiftsprediger Dr. Tafinger predigte über Hebräer 7, Vers 24 und 25. Worte, die Bengel selbst noch auf dem Sterbebett gesprochen hat: »Jesus hat, weil er ewig bleibt, ein unvergängliches Priestertum. Daher kann er auch für immer selig machen (retten), die durch ihn zu Gott kommen, denn er lebt für immer und bittet für sie.« Zu Bengels Tod bemerkte damals sein Freund Prälat Ötinger: »Er wollte nicht geistlich pompös sterben, sondern gemein (unauffällig), wie wenn man unter dem Geschäfte zur Tür hinausgefördert wird: Seinesgleichen ist nicht in Württemberg, aber freilich in seiner Art.«[259] Über eineinhalb Jahrhunderte danach würdigte der einstige bayerische Landesbischof Hermann Bezzel den Heimgegangenen und sein Wirken, »er habe pünktlich und treu seinem engeren und ewigen Vaterland die Treue gehalten. Diese Treue im Kleinen (ist) eine heroische Tugend. Sie will nur eins und dieses eine ganz.«[260]

---

[256] Du Wort des Vaters, rede du, in: Julius Rössle, Hg., Zeugnisse der Schwabenväter, Bd. VI, Metzingen 1962, S. 37
[257] Werner Hehl, Johann Albrecht Bengel, Leben und Werk, Stuttgart 1987, S. 80
[258] a. a. O., S. 81
[259] a. a. O., S. 81
[260] Adolf Neeff, Weg und Wort der beiden Schwabenväter Bengel und Ötinger, Stuttgart 1933, S. 11

9

Bengels Wirkungsgeschichte bis zur Gegenwart

GEGENWART

Bengels Echo bei Schülern und Freunden

Unter Bengels wichtigsten Schülern stand ihm vor allem Jeremias Friedrich Reuss (1700–1770) besonders nahe. Dieser wirkte zunächst als Professor der Theologie in Kopenhagen/Dänemark, wurde später Universitätskanzler in Tübingen und förderte dort sowohl die Lehren seines Lehrers Bengel als auch den zeitweise bettelarmen Studenten Philipp Matthäus Hahn. Obwohl der ausgezeichnete Wissenschaftler Reuss nicht mit Bengels Apokalyptik einverstanden war, schätzte er dessen Werk der »Offenbarung« und verteidigte es. Mit seiner Ablehnung aufklärerischer Kritik an der Bibel hatte er jedoch keine nachhaltigen Ergebnisse erzielen können. Sein persönliches Wesen und praktisches Wirken spiegelt sich am deutlichsten in Bengels Briefen an ihn wieder.

Ein weiterer Schüler aus Bengels Anfängen als Lehrer in Denkendorf war Philipp Friedrich Hiller (1699–1769), von Hehl[261] der »Lobsänger des Schwäbischen Pietismus« genannt. Zuerst Pfarrer in Mühlhausen an der Enz, dann in Steinheim am Albuch, gab er nach völligem Verlust seiner Stimme das von ihm im Geiste Bengels gedichtete, selbst dessen Zeitvorstellungen übernehmende und zusammengestellte »Liederkästlein« heraus. Noch heutzutage wird dieses in Versammlungen der Hahnschen Gemeinschaft regelmäßig und fleißig gebraucht. Als Bengel in Herbrechtingen tätig war, befand sich Hiller ganz in seiner Nähe und bat ihn 1751, als er seine Stimme verlor, wegen »bisweilen übermenschlich scheinender Anfechtungen« um

---

[261] a. a. O., S. 110

seelsorgerlichen Beistand durch Fürbitte, dass ihm Christus seinem Willen entsprechend Gewissheit verschaffe, »sei es durch Hilfe, sei es durch seinen Trost der Belehrung«. Hiller verehrte in Bengel seinen »geistlichen Vater«, dem er seine »ganze geistige Entwicklung« in aller Treue verdanke.[262] Im Rückblick auf seine Schulzeit schien Hiller später »zu Bengels Wegzug nach Stuttgart 1741« ein Gedicht verfasst zu haben, dessen Schluss lautete: »Ich danke dir für alle Treu / von Jugend an und nun aufs neu / seit jetztund sechsunddreißig Jahren.«[263] Als Bengel starb, verglich ihn Hiller mit einem »Bergmann, der im Schacht grub und reichste Adern ew'ger Beute« fand. Er fuhr fort: »Der Glaube nährte sich, das kleinste Körnlein Gold, das er von Schlacken wusch, war seiner Arbeit Sold, wobei er Schweiß und Schmach nicht scheute.«[264] Als Bengel gestorben war, rückte Hiller von den genauen Daten des apokalyptischen Rechenwesens seines Lehrers ab, betonte aber weiterhin den bevorstehenden Anbruch des Tausendjährigen Reiches mit dem völligen Wandel der Geschichte, was wiederum Heinrich Jung-Stilling (1740–1817) im Geiste Bengels aufgreifen sollte, indem er »die großen Ereignisse der Endzeit in Bälde erwartete«.[265] Von ihm stammt das bekannte Wort: »Selig sind, die das Heimweh haben, denn sie werden nach Hause kommen.«

Bengels Sekretär und Schwiegersohn wurde sein einstiger Zögling Philipp David Burk (1714–1770), von dem man behauptete, alle Worte Bengels in- und auswendig gewusst zu haben und dessen »anderes Ich« geworden zu sein.[266] Er zog in Bengels Nähe von Herbrechtingen, nach Bolheim bei Heidenheim, von wo er danach zum Dekan von Markgröningen und schließlich von Kirchheim/Teck ernannt worden war. In seinem »Gnomon zu den Kleinen Propheten« blieb er seinem Lehrer treu, gab zusammen mit Schwager Ernst-Johann Albrecht Bengels Werke heraus und ergänzte dessen Gnomon mit Anmerkungen aus dem Nachlass des großen Bibelauslegers. Burks Hauptanliegen war jedoch der treue Predigtdienst in seiner Gemeinde sowie die Pflege des Kontakts zu gleichgesinnten Pfarrern gewesen, zumal damals noch keine landesweiten pietistischen Gemeinschaftsverbände bestanden.

Ein weiterer früherer Schüler Bengels (schon erwähnt), Johann

---

262 Werner Hehl, Johann Albrecht Bengel, Leben und Werk, Stuttgart 1987, S. 111
263 Karl Hermann, Der Klosterpräzeptor von Denkendorf, Stuttgart 1987, S. 324
264 a. a. O., S. 325
265 Werner Hehl, Johann Albrecht Bengel, Leben und Werk, Stuttgart 1987, S. 124.
266 a. a. O., S. 114 f.

Christian Storr (1712–1773), wirkte als evangelischer Hofkaplan zur Zeit des katholischen Herzogs Carl Eugen, danach als Stiftsprediger und Konsistorialrat in Stuttgart. Dort erschien außer anderen Veröffentlichungen sein viel benutztes »Christliches Hausbuch«. Zu diesem schrieb Bengel die Vorrede, welche von Kennern als sein bestes Schriftwerk bezeichnet wird. Ihr Titel lautet: »Über die rechte Weise, mit göttlichen Dingen umzugehen.« Nach dem Tode des »großen treuen Lehrers« habe laut Äußerungen anderer Schüler Bengels Storr »Verrat« an diesem begangen, weil er sich jetzt von dessen Berechnungen zur Offenbarung distanziert habe. Dennoch pries Storr die Offenbarung weiterhin als »wichtige Prophezeiung für die letzte Zeit« und hielt selbst von ihm gegründete Erbauungsstunden.[*]

Als einer der bekanntesten und sehr gern gehörten Prediger erwies sich Immanuel Gottlob Brastberger, dessen »Evangelisches Zeugnis der Wahrheit« eine Art geistlicher Bestseller wurde. Als Dekan in Nürtingen hielt er 1756 anlässlich des dortigen Stadtbrandes eine aufsehenerregende Predigt, in der er ausführte, dass es eine Gnade Gottes sei, dass nicht die ganze Stadt zerstört wurde, obwohl der Brand eine Strafe für Sünde und Ungehorsam gewesen sei. Er selbst müsse ein Feuer legen in tätiger Liebe. Auch bei ihm fanden Bengels apokalyptische Werke keine Beachtung mehr.

Unter dem starken Einfluss des Bengel-Schülers Pfarrer Friedrich Christoph Steinhofer entstanden zunächst an dessen Wirkungsort Dettingen bei Urach pietistische Gemeinschaften, so im nahen Hülben mit der Lehrerfamilie Kullen, dann in Kirchheim/Teck, in Münsingen auf der Schwäbischen Alb, an deren Fuß in Balingen und Tuttlingen. Die Gründung solcher Erbauungsversammlungen erfolgte auch im Gäu um Herrenberg, im Schwarzwald um Calw sowie im Neckartal um Stuttgart und nicht zuletzt im Remstal.

Durch seinen Schüler Johann Friedrich Flattich (1713–1793) erzielte Bengel in der Klosterschule Denkendorf und in dessen Pfarreien Hohenasperg, Metterzimmern und Münchingen beste Früchte eigener segensreicher Pädagogik an zahlreichen »Zöglingen«. Diese wirkten dann ihrerseits in seinem Geiste weiter. Flattich hatte bei seinem Abschied in Denkendorf Bengel das lateinisch verfasste Gedicht gewidmet: »Tausendmal Dank sei dir, / doch wert ist ein Dienst des andern. / Sieh dieses Herz hört nie auf, / rühmend zu schlagen für dich. Der allergrößte König im Himmel / mög dir's vergelten. / Den

---

[*] Werner Hehl, Johann Albrecht Bengel, Stuttgart 1987, S. 112 f.

du lebendig verehrst, / was du mir Gutes getan.«[*] Flattich seinerseits war später durch seine Tochter Beata Regina zum Schwiegervater von Pfarrer Philipp Matthäus Hahn zunächst in Kornwestheim, dann in Echterdingen geworden.[267] Unter allen Schülern Bengels ragte als der wichtigste und zugleich eigenwilligste der spätere Prälat von Murrhardt, Friedrich Christoph Ötinger (1702–1782) hervor. Für ihn, der zwar nicht in Denkendorf zur Schule gegangen war, blieb Bengel stets sein »Vater im Geist«, obwohl aus seinem bereits im Tübinger Studium begonnenen Briefwechsel hervorgeht, dass es ihm »nicht möglich war, dass mir alles im Munde zu Honigseim wird, was von Ihnen zukommt«. Dennoch »ergötzte« er sich in Bezug auf Bengels Apokalyptik an der Art und Weise, die Gott gebraucht hat, in diesem Werkzeug der Weisheit nach und nach die zunehmende Erkenntnis zu läutern, aufzuklären und zu befestigen. Er konnte beten: »Gelobet sei der Herr, der uns durch Bengels Offenbarungserklärung ein festes Zeichen und eine gewisse Standarte gegeben hat.« Tatsache bleibt, dass Ötinger seine eigenen theologischen Gedanken und Schriften auf der Grundlage der Bengelschen Heilsgeschichte entfaltet und dargestellt hat.[268] Während sich die meisten Schüler Bengels politisch nicht geäußert hatten, bemühte sich Ötinger auch um diesbezügliche Reformen. Persönlich pflegte er als Nachbarpfarrer in Schwaikheim 1743–46 weiterhin Kontakt mit Bengel in dessen Herbrechtinger Zeit.

Von tiefster Dankbarkeit zeugt auch der Brief Ernst Gottfried Autenrieths vom 5. Februar 1721, als er, der der ersten Promotion Bengels in Denkendorf angehörte, an ihn geschrieben hatte: »Ich weiß, dass ich Euch verdanke, was ich sonst niemand verdanke. Es ist ein Band da ... fest geschlungen ... vertrauensvoll, jetzt noch viel mehr ... außer Euch (ist) niemand, der mich etwa besser beraten könnte oder dem ich gerne Folge leistete. Ich glaube, dass ich erst unter Eurer Führung begann, (Gott) selbst zu suchen ... Bitte, Ihr wollet in Eurer väterlichen Liebe gegen mich auch ferner meiner gedenken.«[269] Die vielfach erzeigten Dankesäußerungen bezogen sich also nicht nur auf die Tätigkeit des Lehrers, sondern auch des lebenslang wirkenden seelsorgerlichen Briefschreibers Bengel.

Die sehr starke Wirkung der Persönlichkeit Johann Albrecht Ben-

---

[*] Werner Hehl, Johann Albrecht Bengel, Stuttgart 1987, S. 114
[267] Lothar Bertsch, Freude am Denken und Wirken, 3. Auflage, Metzingen 1990, S. 112ff.
[268] Werner Hehl, Johann Albrecht Bengel, Leben und Werk, Stuttgart 1987, S. 115 f.
[269] Karl Hermann, Der Klosterpräzeptor von Denkendorf, Stuttgart 1987, S. 325

gels sollte indessen nicht auf seine eigentlichen Schüler und Freunde beschränkt bleiben. Vielmehr wird manches aus seinem Verhalten und Lebensstil berichtet, was auf seine Z e i t g e n o s s e n großen Eindruck gemacht hatte, weil es sich von der sonstigen höheren Gesellschaft im Lande und besonders am Hofe des Herzogtums Württemberg völlig unterschieden hatte. Statt eines verschwenderischen Benehmens »auf großem Fuß« und pompösen Äußeren sah man bei ihm als Prälaten und Konsistorialrat ein zurückhaltendes und auch in seiner Kleidung bescheidenes Auftreten. Im Essen und Trinken, das bei zahlreichen führenden Persönlichkeiten oft maßlos gewesen war, hielt sich Bengel an seine selbst empfohlene Regel, man solle »die Speisen nicht so niedlich kochen, wohl gesund und zur Nahrung, zur Erfrischung und Labung, aber nicht zur Lust«.[270] Er erwies sich also auch in seinem Auftreten als ein glaubwürdiger Zeuge seines Herrn Jesus Christus, dass »wider die Verführung ... die Weisheit und wider die Gewalt ... die Geduld und die Treue bis in den Tod die bewährte Rüstung sei«.[271]

Es wird ferner mehrfach überliefert, wie Menschen den kirchlichen Amtsträger Bengel wahrgenommen hatten. So soll er einst auf einer Kutschfahrt mit jungen Leuten zusammengetroffen sein, die ihn zum Mitmachen und Mitsingen in ihrer lustigen Gesellschaft aufgefordert hatten. Er lehnte dies ab und begründete sein Verhalten damit, dass er ihnen sonst eine lange Predigt halten müsse, worauf die bisher ausgelassenen Fröhlichen still und ordentlich geworden seien.[272]

Ein von fast allen Biografen Bengels wiedergegebenes Zeugnis soll auch jetzt nicht fehlen.

Der schwäbische Pfarrer Härling (1742–1818) berichtete, wie er als siebenjähriger Schüler bei einer unbeschreiblich prunkvollen Festtafel des Herzogs Carl Eugen zugegen gewesen war. »Ich gaffte alles um mich herum mit offenem Munde an, bis der selige Prälat Bengel mir unter die Augen kam ... Dass es Bengel war, wusste ich nicht, ich hatte damals diesen Namen noch nicht nennen hören. Von dem Augenblick an, wo sich unsere Augen wechselseitig begegneten, verschwand vor mir alle Herrlichkeit rings umher. Ich war wie von einem Magneten durch die Augen, die voll Licht und Leben waren, und durch die Stirn, auf der ich das Wort Ewigkeit zu lesen meinte, in eine andere Welt hineingezogen. Ich bat Gott, er möchte mich in der Welt auch zu

270 Gottfried Mälzer, Johann Albrecht Bengel, Leben und Werk, Stuttgart 1970, S. 393
271 Werner Hehl, Johann Albrecht Bengel, Leben und Werk, Stuttgart 1987, S. 122
272 Gottfried Mälzer, Johann Albrecht Bengel, Leben und Werk, Stuttgart 1970, S. 393

einem Mann machen, der so ein schwarzes Kleid und Kräglein trage, weil ich meinte, solche Männer allein dürften wohl vor Gott treten. Bengel wurde jetzt, wo ich ihn von fern wandeln sah, ein Trost meiner Augen, und ohne eine Not von außen oder innen zu haben, betete ich die verborgene Majestät Gottes in meinem Geist an.«[273]

Hierzu passt Bengels Äußerung: »Wenn ein Mensch die Sonne ansieht, die ihm ins Gesicht scheint auf die Stirn, so wird das ganze Angesicht licht. So ist denn der Name des Vaters auf die Stirnen dieser Schar (der Gläubigen) geschrieben mit lauter Lichtstrahlen, da der Vater sie für seine Kinder erkennt. Ihre Augen sind auf Gott gewandt und er schüttet auf sie den Glanz seines Angesichts und damit wird sein Name auf ihre Stirnen geprägt.«[274]

Von den späteren Generationen sei der Dichterpfarrer Albert Knapp genannt, der 1852 zum hundertjährigen Todestag Bengels sich in Poesie und Prosa wie folgt geäußert hatte: »Der Tod seiner Heiligen ist wert geachtet vor dem Herrn und ihr Gedächtnis soll daher auch allen denjenigen heilig bleiben, die ein Herz für das Reich unseres Gottes und Heilandes in sich tragen. Wer es auch nur einigermaßen erkennt, welch ein unvergänglicher Segen von diesem edelsten Theologen Württembergs sowohl durch das seltene Licht seines Charakters und Wandels als auch seine tiefen gediegenen Forschungen im Worte der Propheten und Apostel wie durch die Heranbildung einer gesalbten Schar von Theologen, Geistlichen und Seelsorgern nicht nur auf unser engeres Vaterland bis in die einzelnsten Kreise und Herzen, sondern auch auf das Gebiet der ganzen evangelischen Kirche ausgeströmt ist und heute noch ausströmt, den wird (der Todestag) tief bewegen und zu stiller Anbetung vor dem Herrn einladen.«[275]

»Dem Vollendeten« widmete Albert Knapp ferner diese Zeilen: »Du hattest in dem Schiffe / den rechten Steuermann / der uns durch alle Riffe / und Strudel führen kann. Der schirmte deine Segel / dass keines dir zerriss / und hielt nach ew'ger Regel / des Ruders Gang gewiss. / Der Glaube war dein Segel / die Hoffnung dein Magnet / die Liebe deine Regel / dein Anker das Gebet, und in des Schiffleins Mitte

---

273 Adolf Neeff, Weg und Wort der beiden Schwabenväter Bengel und Ötinger, Stuttgart 1933, S. 62 f.
274 Vgl. Du Wort des Vaters, rede du, in: Julius Rössle, Hg., Zeugnisse der Schwabenväter, Bd. VI, Metzingen 1962, S. 8
275 Vgl. Werner Hehl, Johann Albrecht Bengel, Leben und Werk, Stuttgart 1987, S. 110

/ stand Christi Kreuz als Mast / das du mit Lob und Bitte in jedem Sturm umfasst.«[276]

Bengel nahm indirekt Einfluss auf die deutsche Literatur und Philosophie wie bereits am Anfang des Buches an einigen Beispielen gezeigt wurde.

Nachdem bereits der Vater des großen klassischen Dichters Friedrich Schiller (1759–1806) während seiner dreijährigen Lehrzeit beim Klosterbader in Denkendorf die Gelegenheit hatte, Johann Albrecht Bengel predigen zu hören, zeigt sich dessen Einfluss beim Sohn in der Betonung des göttlichen Gerichts und des Gewissens (etwa in den »Räubern«) sowie in seinen Gedanken der allmählich fortschreitenden Ankunft des Reiches Gottes in der Geschichte.

Schiller war einst durch seinen ersten Lehrer Pfarrer Ulrich Moser in Lorch im Remstal unterrichtet worden, welcher seinerseits ein Schüler Bengels gewesen war. In seinem Schauspiel »Die Räuber« setzte ihm der Dichter das literarische Denkmal eines mutigen Ansagers des göttlichen Gerichts gegen fürstliche Willkür. Bei Moser sollte später Philipp Matthäus Hahn einige Monate zur Aushilfe im pfarramtlichen Dienst eingesetzt werden.

Auch der Leonberger Pfarrersohn aus pietistischem Hause, Friedrich Wilhelm Schelling (1775–1854) und sein Studienfreund und Kollege im Amt eines Professors der Philosophie, Georg Friedrich Wilhelm Hegel (1770–1831), betrachteten die Weltgeschichte als steten Entwicklungsprozess, letzterer dialektisch zwischen Gut und Böse. Beide sahen als oberstes Ziel die Vollendung des Menschen in Freiheit. Indem die beiden Sozialrevolutionäre Karl Marx (1818–1883) und Friedrich Engels (1820–1895) deren Gedankengebäude aufgriffen und mit ihrer Lehre einer erstrebten klassenlosen, zwangfreien Gesellschaft sozusagen auf den Kopf stellten, hatten sie damit in ihrer Weise auch das Bengelsche Tausendjährige Reich anvisiert, sodass sich hieraus sogar ein gewisser Einfluss Bengels auf die weitere politische Entwicklung der Welt ableiten lassen könnte.

Bengel wirkte grenzüberschreitend durch Werke des Württembergers Magnus Friedrich Roos und des Ostpreußen Johann Georg Hamann (1730–1788), dem Magnus des Nordens, auf die skandinavische Frömmigkeit ein. Im englischsprachigen Raum vermittelte Bengels Gedanken als »großem Licht der christlichen Welt« vor allem der

---

[276] Du Wort des Vaters, rede du, in: Julius Rössle, Hg., Zeugnisse der Schwabenväter, Bd. VI, Metzingen 1959, S. 15.

bereits zitierte Begründer des Methodismus John Wesley (1703–1771) durch seine Übersetzung oder Nachahmung des Gnomon (Exemplary notes upon the New Testament). In Nordamerika sollten sich dann der bedeutende Pietist Cotton Mather, der die dortigen Puritaner als Pietisten, die Pietisten als Puritaner Deutschlands charakterisiert hatte, sowie der Vater der amerikanischen Erweckungsbewegung, Jonathan Edwards, als geistliche Nachfahren Bengels erweisen.

Bengels Erbe in Theologie, Kirche und Pietismus

Bengels Werke der Textkritik mit dem Hauptziel einer möglichst reinen biblischen Überlieferung, ihrer wortgebundenen Auslegung der Heiligen Schrift sowie ihrer weit gespannten Deutung der Heilsgeschichte zeigen eine verschiedenartige Resonanz. Je nachdem wurden und werden sie als wissenschaftliche Meisterleistung und bahnbrechende Forschungsarbeit allgemein anerkannt, als beachtliche, aber zeitgebundene Vermittlung biblischer Botschaft beurteilt oder als nicht übernehmbare Berechnungen der Zukunft abgelehnt. Wir sehen dazu auf die Folgen in Theologie, Kirche und Pietismus.

Seine T h e o l o g i e verband Bengel aufs Engste mit seiner pietistischen Frömmigkeit, seine Gelehrsamkeit mit seinem Glaubenszeugnis, seine eigene Zurückhaltung mit der Pflege der Gemeinschaft, seine Kritik an der Kirche mit einer unerschütterlichen Treue zu ihr, seine Gegenwartsbezogenheit mit der Sehnsucht nach Ruhe im kommenden Gottesreich. Seine Haltung kann deshalb mit einer Ellipse verglichen werden, welche bekanntlich zwei Brennpunkte besitzt, nämlich die biblische Überlieferung einerseits und die Erwartung der verheißenen Zukunft andererseits. Er sah Gottes Reich als schon gegenwärtig und zugleich als das Kommende, uns Menschen immer voraus, nie einholbar und doch uns umfassend und durch Gott einholend. So bewegt er sich in seinen verschiedenen Äußerungen ständig zwischen beiden Polen des Schon-jetzt und Noch-nicht hin und her, bleibt immer in Bewegung und Betätigung als Christ, dem sich das flüchtige Heute zugleich als Durchgangsstation zum Morgen, des ewigen Zieles bei Gott anbietet. Unverändert bleibt dabei nur Jesus Christus, »gestern und heute und derselbe auch in Ewigkeit« (Hebr. 13,7).

Zu Bengels Lebzeiten blieb seine Theologie hauptsächlich innerhalb seiner württembergischen Heimat, ihrer Kirche und Tübinger Universität lebendig, wobei seine Schüler auf ihre Weise auch nach seinem Tode das Ihrige beigetragen haben. In Bengels Schriftverbundenheit erblickte später Prof. Emmanuel Hirsch »den Gipfel der Schriftauslegung des Pietismus«.[277] Prof. Brecht anerkennt ausdrücklich, dass »bei Bengel zwischen seiner textkritischen und zukunftsberechnenden Bibelarbeit kein methodischer oder theologischer Bruch eingetreten war«[278] der »die zentrale Rechtfertigungslehre des Apostels Paulus nicht vernachlässigt, sondern sogar sehr genau wiedergegeben (hat) und »die Stärke seiner Theologie nicht zuletzt darin (liegt), dass sie ihn in den intensivsten Kontakt mit der Schrift gebracht hat! Das hat ihm, wie nur wenigen, die Ohren geschärft, die Töne und Nuancen des Schriftworts zu vernehmen, sodass wir noch heute mit Respekt vor seinen Wahrnehmungen stehen«.[279]

Dabei sei nochmals hervorgehoben, dass sich Bengel nie auf sich selbst, sondern stets auf Gottes Wort bezieht, das bei allem Lesen, Lehren und Erklären allezeit »die Oberhand gewinnen und behalten soll. Der Bibelleser tue dabei sein Herz auf, vertraue dem Herrn dieser Botschaft in uneingeschränkter Hingabe und befolge willig seinen darin geoffenbarten Willen, ohne dies mit einer starren Buchstabenfrömmigkeit gleichzusetzen.« Über alledem steht für Bengel dieser beständige Lobpreis und Dank gegen Gott und seinen Sohn Jesus Christus, welchen er sein gesamtes Streben und Schaffen gewidmet und geweiht hat.

Bengel wird als bahnbrechendem und richtungweisendem Textforscher des Neuen Testaments uneingeschränkt internationale w i s s e n s c h a f t l i c h e Anerkennung zuteil. Mit seinen verschiedenen griechischen Urtextausgaben und ihrer kritischen Beurteilung der Originalität ihrer Handschriften schuf er überhaupt die Fundamente einer neutestamentlichen Theologie. Dabei blieb er für Anregungen und Verbesserungen seiner Arbeit immer aufgeschlossen, zumal er wusste, dass diese nie abgeschlossen sei. In einer jahrzehntelangen überaus fleißigen, gründlichen und gewissenhaften Beschäftigung mit den biblischen Texten konnte er mit der Herausgabe seines Gnomon den Gipfel seines Tuns erreichen. Auf diese Weise verhalf er hervorragend

---

[277] Martin Brecht, Ausgewählte Aufsätze, Band II Pietismus, Stuttgart 1997, S. 293
[278] a. a. O., S. 294
[279] a. a. O., S. 302

zahllosen Bibellesern zu einem eigenen regen und gesegneten Gebrauch der Heiligen Schrift, was Kirche und Pietismus wie auch den jeweiligen theologischen und sprachwissenschaftlichen Studien bis heute sehr zu Gute kommt. Dabei sah Bengel zwischen Wissenschaft und Frömmigkeit, Forschung und Glaube keine Gegensätze, vielmehr wollte er sie in einer höheren Einheit vereinigen, ja sogar seine wissenschaftliche Betätigung als Gottesdiener würdigen. Bengels Zielbestimmung im Leben, gewissermaßen sein geistliches Vermächtnis, kann mit seinen Worten wiedergegeben werden: »Die wichtigste, beste und größte Sache, die ein Mensch erleben kann, sind nicht Wissenschaft, Reichtum und Macht, Vergnügungen und Begier, sondern sich während dieser Erdenzeit in den heiligen Willen Gottes hineinzufinden, um das ewige Leben zu erlangen. Alle anderen menschlichen Ziele greifen zu kurz.« In Anlehnung an Hebräer 11,13 konnte Bengel schreiben und bekennen: »Wir Christen sind Wandernde; wir haben eine Heimat, wo wir noch nie gewesen sind und sie noch nie gesehen haben. Dagegen ist das Bleiben in dieser Welt und im Leibe nur eine Fremdlingschaft.«

Die unzählbare Schar der Leser und Leserinnen seiner Werke sei keinesfalls übersehen, welche auch aus dem so genannten Laienstand kamen und kommen. Dies bedeutet nicht nur eine gründliche Beschäftigung mit der Bibel, ihrer Auslegung und Betrachtung ihrer Gesamtzusammenhänge, sondern die zentrale Verkündigung der Botschaft von Jesus Christus als Mittelpunkt von Lehre und Leben, gleichermaßen eine lebendige Bereicherung von Wissenschaft, Kirche, Gemeinde und Pietismus, von Württemberg ausgehend in weitere Kirchen und Gebiete ausstrahlend. Bei alledem blieben Spannungen und gegensätzliche Schriften zwischen den verschiedenen Kreisen und Gruppierungen nicht aus, was die jeweiligen Positionen nicht nur belastete, sondern in ihrem eigenen Standort positiv in Frage stellte und somit bereicherte. Seit Bengels eigener Wirksamkeit mit ihrer Deutung der Bibel wird die gesamte christliche Kirche herausgefordert, wie sie sich innerhalb der menschlichen Geschichte als wanderndes Gottesvolk zum ewigen gottgewollten Ziel versteht, wie ihr Zeugnis über Jesus Christus, seine Bedeutung, Botschaft und Wiederkunft recht weitervermittelt wird, worin ihre Beantwortung von Lebensfragen und Lebensrätseln besteht und jenen Sinn aufzeigt, der sich dem menschlichen, Geist als solchem trotz aller entsprechenden Bemühungen entzieht. Die Frohe Botschaft der Bibel mit Jesus Christus als Erlöser und Vollender der Geschichte, der Tilgung aller Sünde und Schuld, der Schaffung des ewigen, endgültigen Friedens und einer unaussprechlichen unübertrefflichen Freude wird dann nicht verstummen, vielmehr wird ihr Zeugnis glaubwürdig vermittelt werden.

Bei aller geschilderten Zustimmung erntete Bengel auch Kritik an seiner Person und Position, wie Prof. Köberle bedauerte: »Den einen war er zu fromm, den andern zu frei.«[280] Manche Kreise lehnten (und lehnen heute noch) Bengels Urtextforschungen ab, andere tadelten (und tadeln) – wie bereits erörtert – seine ausgesprochenermaßen hervorgehobene Lehre vom Tausendjährigen Reich, was er mit dem Hinweis zu entkräften suchte, »in der Schrift laufe alles notwendigerweise darauf hinaus. Es kann nicht anders seyn.«[281]

Ernsthaft zu erwägen sind ferner jene Bedenken von Prof. Brecht, dass Bengel »nicht immer der Gefahr entgangen« war, »statt der Vermittlung von Glauben die des Wissens erzielt zu haben«. Bengel habe den Fehler begangen, »nicht mehr ernst genommen« zu haben, dass es das Gotteswort nur im Menschenwort gibt. Brecht zieht für sich die Schlussfolgerung, dass sich »die Theologie und Kirche heute nicht direkt auf (Bengel) berufen können«, was er mit dem Satz begründet und womit er diese Feststellung beendet: »Man kann das Rad der Geschichte nicht anhalten oder zurückdrehen.« Dabei stand Bengel eindeutig »mitten im Übergang der Zeiten. Schon regte sich das moderne wissenschaftliche Denken und (seine) Leistung besteht darin, dass er ihm zum Teil entsprochen hat.«*

Die Wiedergabe der Heilsgeschichte bei Bengel kann gegen Kritik so lange behauptet und gegen Einwände verteidigt werden, solange sie nicht von mathematischen Zukunftsberechnungen unbiblisch ausgeweitet worden war. Zugleich enthalten diese aber jene unabweisbare Mahnung des Wortes Gottes an die christlichen Kirchen, Gemeinden, Gemeinschaften und einzelnen Gläubigen, die Zeichen der näher rückenden Wiederkunft des Herrn Jesus Christus keineswegs unbeachtet zu lassen, sondern hierfür wachsam und bereit zu sein, umso mehr, da niemand weiß, wann der Herr wiederkommen wird.

Dabei darf diese Botschaft weder rein geistig noch ausschließlich

---

280 Adolf Köberle, Das Glaubensvermächtnis der Schwäbischen Väter, Hamburg 1959, S. 7
281 Martin Brecht, Ausgewählte Aufsätze, Band II, Stuttgart 1997, S. 293
*   a. a. O., S. 303

auf die irdische Geschichte bezogen, die Ankündigung des göttlichen Gerichts weder überbetont noch unterschlagen werden. Heilsansage und Drohbotschaft sollen verheißungsvoll weissagend, nicht aber fürwitzig wahrsagend für die gegenwärtige Weltepoche vermittelt und verkündigt werden. Mögen jene Stimmen weiterhin, ja ganz neu hörbar sein, die wie ein Schlatter, Heim und Hartenstein die Lehre der Wissenschaft und ein bewusst christliches Leben überzeugend miteinander zu vereinigen suchten und bei aller vorhandenen Unzulänglichkeit wirken wie einst der Klosterpräzeptor und Prälat, von dem glaubhaft bezeugt wurde, dass er »ein lauterer Charakter von demütiger Größe (war), auf seiner Stirn stand Ewigkeit«.[282]

Die kirchengeschichtlich bedeutsamste Leistung Johann Albrecht Bengels liegt zweifellos darin, dass der württembergische Pietismus innerhalb der Kirche bleiben und zur gegenseitigen Bereicherung segensreich wirken konnte und kann. Sich dabei widerstrebende Unterschiede und auftretende Schwierigkeiten verstand der spätere Konsistorialrat in vorbildlicher Weise in der geistlichen Einheit der Kirche beieinander zu halten. Für Professor Köberle lag dies nicht in seinem schwäbischen Ausgleichsbedürfnis, sondern in einem biblisch begründeten Einigungsstreben begründet. Laut Feststellung von Professor Schlatter bewahrte dabei Bengels nüchterner Sinn den heimischen Pietismus vor »aller seelisch erhitzten Frömmigkeit«, wie wenn man das ganze Jahr über von lauter Marksuppen leben wolle. Damit habe Bengel sowohl die Kirche als auch den Pietismus vor einer bleibenden Trennung bzw. Spaltung bewahrt, ein Vermächtnis, das auch allen folgenden Generationen wegweisende Verpflichtung sei.[283]

Obwohl sich die Pietisten, als »Stille im Land« bezeichnet, im staatlich öffentlichen Leben in keiner Weise hervortaten, wirken sie für die gesamte Kirche als »Salz« im Sinne der Bergpredigt (Matthäus 5,13) und der Abschiedsreden Jesu (Joh. 15,16: »Ich habe euch gesetzt, dass ihr hingeht und Frucht bringt und eure Frucht bleibt.«).

Professor Beyreuthers Fragen könnten uneingeschränkt auch auf Leben und Werk Bengels bezogen werden, nämlich wie wir heuti-

---

282 Gottfried Mälzer, Johann Albrecht Bengel, Leben und Werk, Stuttgart 1970, S. 390; vgl. Adolf Neeff, Weg und Wort der beiden Schwabenväter Bengel und Ötinger, Stuttgart 1933, S. 63
283 S. u. vgl. Adolf Köberle, Das Glaubensvermächtnis der Schwäbischen Väter, Hamburg 1959, S. 9 ff.

gen Christen mit der Bibel umgehen, ob unsere Kirche eine echte Laienbewegung ist, wie gelebter Glaube aussieht und wie sich die Kirche in Zukunft gestalten und gegen andere Gemeinschaften verhalten soll.

Der Pietismus stellt an die Kirche immer wieder dieselbe Frage: »ob sie eine lebendige Gemeinde Jesu ist«.[284] Laut Trautwein kam es wegen des Pietismus zu keiner Proletarisierung der einzelnen Schichten und Stände der Bevölkerung.[285]

Hinzu kommt ein Weiteres: Bengels schon genanntes vielseitiges Wirken über seine engen Heimat- und Konfessionsgrenzen hinaus in die weite Welt hinein belebte die christliche Mission und bewertete die Völker der Erde, darunter besonders Israel, im ungebrochenen Licht der Bibel. Gleichzeitig bereitete seine segensreiche Tätigkeit den Nährboden und das Wurzelwerk für die folgende Erweckungsbewegung mit ihren hilfreichen Früchten der Bekämpfung von Armut, Elend und Krankheitsnot in der menschlichen Gesellschaft, sodass solche Werke und Einrichtungen »ohne Zweifel zur Reife gebracht haben, was den (Absichten) des Pietismus als Gesamterscheinung entsprach. Ihre Wirkung erstreckt sich bis in die Gegenwart«.[286]

Nicht übersehen werde bei allem Für und Wider die mahnende Stimme von Professor Karl Barth aus Basel vor einer übersteigerten Verehrung Bengels. Denn es tue der Kirche nie gut, sich lehrmäßig eigenwillig und einseitig auf einen Mann zu stützen, ob er nun Thomas von Aquin, Martin Luther oder Johannes Calvin hieß'. Auch solle man Konfessionsgrenzen immer wieder überschreiten und sich nicht in solchen häuslich und an sie gebunden niederlassen.

Bengels Lebenswerk können wir zusammenfassen:

Er verband aufs Engste
persönlichen Glauben und wissenschaftliche Kritik,
ernsthaftes Gebet und entschlossenes Tun,
erbauliche Predigt und einfühlsame Seelsorge,
gründliche Lehre und gewissenhaftes Leben.

---

[284] Richard Haug, Reich Gottes im Schwabenland, Metzingen 1981, S. 244
[285] a. a. O., S. 251 ff.
[286] Ernst Beyreuther, Geschichte des Pietismus, Stuttgart 1978, S. 286

Er vermittelte zwischen einem
tief gegründeten Glauben und dem klaren Gebrauch der Vernunft,
dem freien Gebet des Herzens und liturgisch fixiertem Beten,
göttlicher Bibeloffenbarung und menschlicher Bibelüberlieferung,
der Landeskirche und dem Pietismus in Württemberg.

Er verkündigte
eine biblisch begründete Botschaft auf wissenschaftlichem
Niveau und versuchte, beides miteinander verbunden zu halten.

Er verpflichtete
die Kirche zeitlos, ihre geistliche Überlieferung mit einer
gewissenhaften theologischen Gründlichkeit, ihre Gemeinde-
frömmigkeit mit der Theologie in Leben und Lehre eng zusammen
zu führen und beidseitig fruchtbar zusammen zu halten,
sowie die biblische Hoffnung auf Jesu Wiederkunft und Gottes
ewiges Reich in Lehre und Verkündigung nie preiszugeben.

Er verband
die biblischen Disziplinen des Alten und Neuen Testaments
wie auch der Kirchengeschichte im Mittelpunkt aller Theologie.
Bengel maß alles an der Bibel, ob die kirchliche Lehre mit ihr übereinstimmte.

Er verhinderte
durch ein Potenzial an strebsamen und selbstbewussten Bürgern,
also einem Mittelstand, dass sich im Schwäbischen Raum keine
»Proletarisierung der Facharbeiter und Bauern« bilden konnte.

Er verhalf
durch sein Werk des Gnomon sowohl pietistischen als auch
nichtpietistischen Lesern zu einer besonders hilfreichen
Einführung und Weiterführung im Neuen Testament.

Er verdankt
besonders dem Altpietismus die Wahrung und Weitergabe seines
geistlichen Vermächtnisses, (darüber hinaus ebenso der württembergischen evangelischen Landeskirche). Aus dem Neupietismus
bemühte sich der Bremer Pfarrer Gottfried Menken (1768–1831),
Vater genannt, um eine treue, unverfälschte Wiedergabe der
biblischen Botschaft im Sinne Bengels.

10

Bengel als Theologe
in Frage und Antwort

THEOLOGE

> *»Die Theologie ist die Lehre von der Verherrlichung*
> *Gottes durch des Menschen Seligkeit.«*[*]

a) Bengels Aussage zu Fragen
des christlichen Glaubens
(»dogmatischer Teil«)

Da Bengel nie ein Lehrbuch über den christlichen Glauben verfasst hatte, seien nachstehend entsprechende Äußerungen aus seinen Werken in einer Art Frage- und Antwortspiel einigermaßen systematisch möglichst wortgetreu wiedergegeben (meist aus dem Buch »Heimweh«, mit Seitenzahl, soweit nicht anders vermerkt). Zu beachten ist hierbei die Nähe der verschiedenen Äußerungen Bengels zur Bibel, denn er fand »theologische Wahrheiten nirgends besser als in der heiligen Schrift selbst und sie wird durch nichts sicherer als durch sich selbst erklärt«.[287]

Wer ist Jesus Christus?

Er ist Mittler zwischen Gott und den Menschen, durch ihn haben wir Glauben und Hoffnung zu Gott (130).

---

[*] Richard Haug, Reich Gottes im Schwabenland, Metzingen 1991, S. 80
[287] Aus einem Brief vom 13. Mai 1774, zitiert nach: Karl Hermann, Der Klosterpräzeptor von Denkendorf, Stuttgart 1987, S. 392

Er ist der Erste und Letzte. Vor ihm sollen wir nichts wissen und nach ihm können wir nichts begehren. An ihm haben wir alles.[288] Weil Christus uns kennt, wer wollte da nicht gerne ein Christ sein? Lasst uns Christus folgen, so mangelt es uns an nichts.[289] Er hat sich unter das menschliche Geschlecht begeben, ist mitten in den Schlamm ihres Elends hineingegangen, hat allen Jammer flutenweise über sich ergehen lassen. Er hat sich aber durchgeschlagen, ist mit einem vollkommenen Sieg der Gerechtigkeit wieder zu seinem Vater gegangen, hat uns den Zutritt bereitet, dass wir um seinetwillen uns dürfen vor Gott sehen lassen (15). Jesus, der große Vorgänger aus der Welt zum Vater sei unsere Stärke und unser Licht ... Für Jesus selbst war es sehr erwünscht um seinen Hingang zum Vater, wie ein Kind aus der Fremde gern zu seinen Eltern geht. Die Liebe zum Vater schlug vor, dass er nicht auf den herben Schritt durch Leiden und Tod, sondern nur auf das selige Ziel sah ... hält dafür, es sollte seinen Jüngern eine Freude sein. (35)

Dass es Christo fehlschlagen sollte, ist schlechterdings unmöglich. (100)

Wer ist ein Christ?

Er ist ein Mensch, dem der gnädige Gott durch Jesus Christus das Herz abgewonnen hat. Kannst du recht sagen: Mein Gott, so hat Glaube, Liebe und Hoffnung, ja dein ganzes Christentum seine Richtigkeit (173).

Er ist »ein Mitgenosse Jesu Christi, einer, der im Glauben und Bekenntnis des Namens Christi die Gerechtigkeit und Seligkeit hat, in seinen Fußstapfen einhergeht und in jener Welt mit ihm herrschen wird. Der ganze Christenstand ist ein Bekenntnis. Ein Christ ist ein Bekenner Christi (56). Dabei ist zu beachten, dass das Reich Christi sehr bescheiden ›mit einer Hand voll Leute‹ begann, die an ihm irre geworden waren, sich an seiner niedrigen Gestalt geärgert hatten, ihn für tot hielten und die Nachricht von seinem neuen Leben gering achteten. Die Hauptsumma ist, dass wir in der Erkenntnis unseres

[288] Gerhard Schäfer, Wilhelm Horkel, Hg., Gott hat mein Herz angerührt, Metzingen 1987, S. 39 ff.
[289] Gerhard Schäfer, Wilhelm Horkel, Hg., Gott hat mein Herz angerührt, Metzingen 1987, S. 77

Erlösers, welcher Herr über Herren und König über Könige ist, und in seiner Nachfolge bestehen (52).

Aus dem Gedächtnis des Leidens und Sterbens Christi soll folgen eine herzliche Gegenliebe gegen ihn und ein Hass gegen die Sünde, eine Liebe gegen alle Menschen, insonderheit gegen die Glaubensgenossen, dass man ihrer Seele Heil befördere und sanftmütig gegen sie sei, bereitwillig Christo das Kreuz auch jetzt und ins Künftige nachzutragen. Solches ist das rechte, lebendige Gedächtnis der Leiden Christi und die rechte Verkündigung seines Todes, wenn man mit fröhlichem Munde und heiligem Leben bezeugt, man glaube an Christus. (59) Wer dem Herrn Christo recht dient, der tut auch in äußerlichen und weltlichen Dingen nichts nach eigenem Willen, sondern in rechtem Gehorsam, mit reinem Gewissen. Es mag das Tun und Lassen dem Namen nach noch so natürlich und bürgerlich oder häuslich sein, so tut man es in der Liebe zu Gott und in der Gemeinschaft mit Jesu Christo, so ist es lauter angenehmer Gottesdienst. (112) Lasst uns wachsen in der Erkenntnis Christi. Ein einziger Strahl von seinem Angesicht ist mehr wert, als wenn man den Antichrist vom Scheitel bis auf die Fußsohle beschaut. (157)

Was ist Glaube?

Er ist »Leben des Herzens aus dem Wort der Gnade« (173), eine Gabe, Werk, Kraft und Licht Gottes, wodurch der Mensch erleuchtet, belebt und bewogen wird, in tiefster Erkenntnis des eigenen Verderbens, Armut und Ohnmacht in demütiger Verleugnung eigener Tüchtigkeit und Würdigkeit, in dem ... vom Vater selbst vorgestellten, durchs Wort dem zagenden Herzen angepriesenen Mittler aller Gerechtigkeit, Kraft und Seligkeit zu suchen (70), immer ein verborgenes, zuweilen starkes und schmerzliches Heimweh nach dem Vaterland, das droben ist. (189) Glaube ist kein Dunst, der in der Luft herumschwebt, sondern eine Seelenkraft, keine Einbildung, sondern eine lebendige, lichte Erkenntnis, Erfahrung, Empfindung, ein Licht, von dem heiligen Gott angezündet. Es verbirgt sich nicht, wie man nachts von außen und von innen sieht, wenn ein Licht im Hause ist. Genau so verhält es sich mit einem gläubigen Herzen. (79)

Ein solcher Glaube weiß sich recht zu fügen in Trübsale, geistliche Prüfungen und göttliche Gnadenbezeugungen. (140)

Er gleicht einer Fackel, die bald glostet, bald voll Flamme ist. (176)

Wie kommt der Glaube zu Stande?

Das geschieht durch Hören, Beten, Glauben, Forschen, wobei das Gebet mit dem Glauben in Wechselwirkung steht, kann mit Reden, Gehen, Schreiben verglichen werden, das man durch Tun lernt. Dabei muss im Unterschied zu den genannten menschlichen Fähigkeiten Gottes Geist ohne solche Bemühungen wirksam sein (vgl. 173). Der Unglaube hat zwei Töchter, die eine fragt »Wie?«, die andere »Warum?« Aber Gottes Rat ist wunderbar. Der Glaube folgt durch ebene und raue Wege. Gott prüft den Menschen zeitlich nur, ob er getreu ist und wer über wenigem getreu ist, den wird er über viel setzen. (180) Glaube und Gebet verhalten sich wie das Feuer und die Flamme.[290]

Wie hat Gott dem Glauben geholfen?

Er hat sein Wort schriftlich aufzeichnen lassen ... zündet in ihm den Glauben an, bevor der Mensch daran denkt, was der Glaube sei, warum er glauben solle und wolle. (146) Wir sollen uns auch durch Trübsal zum Glauben bringen lassen, was Gottes Absicht damit sei (vgl. 140). Christus will uns durch den Glauben in seine Gemeinschaft eingliedern. Am Ende steht die Vortrefflichkeit der himmlischen Freude. Dabei kann kein größeres Heil erfolgen, als durch den Glauben in den Frieden Gottes eingegliedert zu sein (vgl. 35).

Wohin führt ein solches Bekenntnis?

Wer Christus bekennt, der ist von Gott. (28) Ich halte mich zu Jesus Christus, er ist mein Herr, sein Wort ist meine Weisheit. Sein Kreuz ist mein Ruhm. Sein Leben ist meine Hoffnung und Seligkeit. Sein Name ist ein Name für alle Namen, von dessen Bekenntnis mich nichts auf der Welt abhalten soll.[291]

---

[290] a. a. O., S. 77
[291] Du Wort des Vaters, rede du, in: Julius Rössle, Hg., Zeugnisse der Schwabenväter, Band VI, Metzingen 1962, S. 24

In welchem Verhältnis steht der Glaube zum Unglauben?

Beide stehen im Gegensatz zueinander, wobei es nie darauf ankommt, die Vollkommenheit der Erkenntnis anzustreben, sondern um Gottes willen (zu) arbeiten und dann mit Gelassenheit (zu) warten, was Gott zeigen und offenbaren will. Er will lieber durch den Glauben als durch Wissen als Schöpfer aller Dinge erkannt werden.[292]

Wie steht die Vernunft zum Glauben?

Sie ist dem Menschen von Gott geschenkt und wird ihm auch nicht mehr genommen, wenn er Christ wird. Dazu soll er die Offenbarung als Gabe Gottes gebrauchen. Es wird zwar ein Geschlecht kommen, das vor vielem Wissenwollen nicht mehr weiß, was Glaube sei. Dem Forschen nach natürlicher Wahrheit mag seine gebührende Anerkennung zukommen, am meisten jedoch dem göttlichen Zeugnis. Auf solche Weise behält uns die Gnade in ihrer Gewalt, ohne dabei den menschlichen Verstand zu ersticken. (125)

»Der höchste Nutzen, den man aus der Vernunft schöpfen kann, ist die Erkenntnis vom Schöpfer aller Dinge und von seiner Vorsehung. In übernatürlichen Dingen kann die Vernunft nicht entscheiden. Man vergleiche den Glauben an Jesus Christus mit hellem Sonnenschein, die menschliche Vernunft mit einer Laterne. Bei hellem Sonnenschein lässt sich nicht ermessen, wie weit eine Laterne leuchtet.«

Wer alles Höhere verlacht (wie die Aufklärung mit ihrer Verstandesherrschaft und ausschließlichen Anerkennung von Moral und Ehrbarkeit), ist auf dem Abweg, weil er die Vernunft, die eigentlich nur Werkzeug sein kann, zum Grund und zur alleinigen Richtschnur macht. Doch ist die Vernunft eine vortreffliche Seelenkraft. Dabei beginne die Vernunft mit dem Schwersten und wolle alles entdecken, während der Glaube mit dem Leichten beginne und mit dem Einfältigen durchs Schwere durchkomme (89).

---

[292] Adolf Neeff, Weg und Wort der beiden Schwabenväter Bengel und Ötinger, Stuttgart 1933, S. 30; vgl. Du Wort des Vaters, rede du, in: Julius Rösssle, Hg., Zeugnisse der Schwabenväter, Bd. VI. Metzingen 1962, S. 24

Was ist Wahrheit?

Sie ist zu vergleichen mit ihren würdigsten Vertretern, die dafür sogar bereit sind, ihr Leben zu opfern wie ein Strom, der sich nicht länger aufhalten lässt. (75) Man halte sich dabei allerdings nicht bei den eigenen Gedanken und Bemühungen auf, weil das menschliche Herz nie mit sich selbst fertig wird, sondern allein durch die Gnade Gottes ..., die die vielen durcheinanderjagenden Gedanken verjagt.[293]

Ob schon Pfützen den Schnee lang nicht annehmen und manche Flocken schmelzen, so werden sie doch endlich davon überdeckt. Streue (die Wahrheit) aus, wie du kannst. (174)

Was ist Gnade?

Es ist ein fröhliches Wort, ja das fröhlichste unter allen. Zwar der Vernunft unbekannt, schenkt sie dem Glauben echten Trost. Sie macht ein gut, munter, freudig Herz und unser Leben ist durch sie ein Meer des Erbarmens. (29)

Sie zeigt sich im Gottvertrauen, mit geschlossenen Augen, er werde alles wohl machen. An (den) Tauben, die vors Fenster kommen und Speise abholen, sieht man, dass man einem auch durch Vertrauen einen Gefallen tun kann. So wird Gott geehrt. Er gibt das Brot dazu (72). Je mehr Gnade, desto mehr Sieg ist da. (167)

Was heißt Bekehrung?

Ein bisher in blinder Eigenliebe von Gott getrennt lebender Mensch wendet sich Gott und seinem guten heiligen Willen zu dessen Ehre und dem eigenen Heil zu. Der Mensch kann dazu nichts beitragen, höchstens zerstören. Bekehrung ist ein Werk, das Gott allein wirkt. Sie vollzieht sich in großer Mannigfaltigkeit (87 u. 162).

---

[293] Adolf Neeff, Hg., Weg und Wort der beiden Schwabenväter Bengel und Ötinger, Stuttgart 1993, S. 36

Was bedeutet in dem genannten Zusammenhang Buße?

Es ist die Umkehr vom seitherigen Wege, nichts Fürchterliches, sondern etwas fein Liebliches, keine Strafe, sondern Besserung, wie wenn jemand, der krank, verirrt oder gefallen ist, wieder gesund, zurechtgewiesen und aufgerichtet wird (11), wobei das von Natur kalte Herz des Menschen durch das himmlische Feuer erwärmt wird. (154)

Unerlässlich ist, das Glückselige nun nicht zu versäumen, nicht Spiel und Kurzweil mit der Sünde zu treiben. Man muss lernen, sich von Jesus treiben zu lassen, wobei alle vorige Sicherheit und das Vertrauen auf sich selbst zu Boden schlagen. So wird dem Menschen geholfen, alle Sünden geschenkt, welchen Namen sie haben mögen. Fallen die Menschen zu tief, ist es ein Werk der Barmherzigkeit, damit noch etwas gerettet werde. Entscheidend sind also die Beugung wegen der Sünde, die Bitte um Vergebung und die Hingabe des Lebens an den Herrn.

Was bewirkt solche Buße?

Wo Gottes Licht so den Menschen erreicht, sieht sich dieser wie in einem Spiegel, werden alle Abweichungen von Jugend auf durch das Licht von oben auf einmal aufgedeckt. Die Sonne ist zwar immer einerlei, aber auf Erden ist so vieles, das Schatten wirft. Da gibt es immer noch so manche Dunkelheit, finstere Löcher und Örter. Dagegen bringt Gottes Wort jegliche Heilung, was wir stets in gutem Vorrat zu Herzen nehmen und unseres Heilandes Licht, Kraft, Wahrheit und Klarheit in uns spiegeln lassen, so wird sich das, was düster, finster, unartig, höllenschweflig und tödlich ist, verkriechen und verlieren müssen. Habe daher Mut, ohne Angst zu leben wie ein Kind, welches gehen lernt und anfangs keinen Schritt ohne Fall und Wanken tut, sich aber doch fasset. Freuet euch, ihr Kinder Gottes. Was ist größer als Gott? Was ist näher als ein Kind? Es ist die Summe unserer Gemeinschaft mit Gott. Deshalb bleibt dem Menschen nur ein einziger Grund zur Betrübnis, die Sünde. Über was man sich sonst betrübt, ist nicht der Mühe wert. (151)

Wie steht es um die Wiedergeburt?

Davon darf man nicht gering denken. Zwei sicherste Merkmale sind eine kindliche Ansprache an Gott und eine herzliche Liebe zu den Brüdern. Findet Gott an jemand etwas Gutes und will er ihn zu etwas brauchen, so läutert er ihn auf mancherlei Weise, dass er bald zu seiner Vollendung komme. Je öfter ein Wachs zwischen unseren Fingern bald in die eine, bald in die andere Form gedrückt wird, desto weicher wird es. Wenn ein Lichtlein schon ein wenig brennt, so bekommt es doch nach und nach einen Butzen, welcher abgenommen wird. (157) So vollzieht sich die Geburt des neuen Menschen im Schmerz des verborgenen Kreuzes: Die Herrlichkeit und Pracht des Gläubigen bleibt daher noch verborgen und wird erst in Ewigkeit geoffenbart. Die neue Geburt ist Gottes Werk. (78)

Was beinhaltet die Anbetung Gottes?

Die ewige Kraft und Göttlichkeit des Schöpfers wird aus seinen Werken unstreitig ersehen und doch will er lieber durch den Glauben als durch das Wissen erkannt sein. Diese Erkenntnis der Wahrheit Gottes ist ein beständiges Lob Gottes, wie es ein Maler gern hat, wenn man sein Gemälde, ein Dichter, wenn man seine Verse, ein jeder Künstler, wenn man sein Werk fleißig betrachtet. Das ist ein fortwährendes Bekennen und Preisen Gottes. (13) Wer in Gottes Herrlichkeit auch nur einen Blick werfen könnte, würde dieses gegenwärtige Leben nicht mehr ertragen.[294]

Was zeigt Gottes Allmacht?

Welch ein Gebäude ist Himmel und Erde! Da sollen wir lernen, unseren Gott allein groß (zu) achten und durch die Erkenntnis seiner Größe unser Herz erweitern lassen, dass es nicht so finster und enge bleibt und sich nicht mit nichtigen Dingen schleppe und sich darüber verwundert und dadurch verliere.

---

[294] Vgl. Adolf Neeff, Weg und Wort der beiden Schwabenväter Bengel und Ötinger, Stuttgart 1933, S. 61

Worin besteht die Heiligkeit Gottes?

Sie ist gleichbedeutend mit der Majestät Gottes. Wenn Heiligkeit und Herrlichkeit beieinander stehen, so ist Heiligkeit die verborgene Herrlichkeit und die Herrlichkeit die aufgedeckte Heiligkeit[295]. Wer Gott fürchtet, darf sich sonst vor nichts fürchten. (153)

Was bedeutet und worin besteht Bengels Lehre vom Blut Christi?

Sie ist eigenständig und bildet neben seinem Verständnis der Bibel und ihrer Deutung der Heilsgeschichte einen dritten wesentlichen Beitrag zur pietistischen Theologie und sollte, »zu ihrem Gesamtverständnis unbedingt beachtet werden« als »eigenwilliger Beitrag zur Lehre von der Rechtfertigung oder Versöhnung«, um diese vor einer Verflüchtigung durch die Aufklärung zu bewahren.[296]

»Der Bluttheologie bin ich von Herzen ergeben, wie sie denn die Sache aller rechtschaffenen Seelen von Luther an war. Aber wenn man etwas Neues und Einziges daraus machen will, so gibt man seinen eigenen Gedanken zu viel nach und es ist, wie man an einer Uhr nichts als den Zeiger gelten lassen wollte, da doch die Räder alle zusammengehören oder wie wenn man bei einem Menschen nur das Herz im Leib allein ohne die anderen Glieder in Betracht ziehen wollte. Der ganze Weg Gottes, das ganze Zeugnis von Christo gehört zusammen. Wer nur das Herzblatt nimmt, bei dem wird dasselbe bald verwelken und alle anderen teuren Wahrheiten gleichgültig werden. O wie sehr gering geachtet ist das Wort Gottes nicht nur bei Weltleuten, sondern auch so genannten Frommen.«[297]

Wie wirkt bei alledem der Heilige Geist?

Er äußert sich an den Kennzeichen der Freude und Hoffnung, der Freiheit von ... Furcht und anderen Früchten. Woher weiß ich, dass ich

---

[295] Gerhard Schäfer, Wilhelm Horkel, Hg., Gott hat mein Herz angerührt, Metzingen 1987, S. 32 f.

[296] so: Martin Brecht, in: Gestalten der Kirchengeschichte, Bd. 7, Stuttgart 1982, S. 308, S. 312

[297] Karl Hermann, Vom heiligen Heimweh, 2. Auflage, Stuttgart 1979, S. 27

ein Erbe des Himmels bin? Woher weiß ich, dass Gott in mir ist? Von dem Pfande, wenn der Geist mich treibet, wenn ich Liebe habe, wenn ich das Rufen: Abba! höre und das Seufzen des Geistes vernehme. Wir wollen nun den Geist ungeirrt lassen und gerade zugewandt bleiben, wo wir uns jeweils befinden.[298]

b) Wie soll sich der Mensch gegen Gott verhalten?

Lasst uns preisen den lebendigen Gott, außer dem kein anderer Gott ist. Wohl dem, der teilhat an dem Lobe Gottes in dieser und viel mehr in jener Welt. Gottes Lob geht über alles; die ihn loben, sind eben damit selig. Wären wir emsiger in dem Lobe Gottes, wir würden in allem besser zurechtkommen. »[299] ... Die Furcht Gottes ist nichts Peinliches, sondern ein tiefer Respekt vor der göttlichen Herrlichkeit. Mit tiefer Ehrerbietung erkennen (wir) die Heiligkeit des Herrn und den unendlichen Unterschied zwischen ihm als dem Schöpfer und aller anderen Kreatur. Dieser Respekt wächst in Ewigkeit. Wo keine Furcht vor Gott im Herzen ist, da steht es nicht gut; wer aber eine wahre und vom Bösen abhaltende Furcht Gottes in sich hat, der darf es mit dem seligen Lob Gottes halten, ob es auch ein Kind wäre.«

Es ist eine unvergängliche Pflicht, Gottes Ehre auf allerlei Weise zu fördern. Die Ehre, die Gott einem Geschöpf erweist, ist ganz unvergleichlich. Die Ehre, die ein Geschöpf seinem Schöpfer erweist, ist (demgegenüber) etwas ganz Geringes.[300]

Wie verhält sich die Freiheit des Menschen zum Willen Gottes?

Wer Gott seinen eigenen Willen schenkt, erhält von diesem einen freien Willen und wahre geistliche Freiheit, weil Gott seine Menschenkinder niemals zum Gehorsam zwingt. Seinen Willen lässt er durch sein Wort erkennen, so dann man sich entweder diesem ergibt

---

[298] Adolf Neeff, Weg und Wort der beiden Schwabenväter Bengel und Ötinger, Stuttgart 1933, S. 61
[299] a. a. O., S. 61
[300] Gerhard Schäfer, Wilhelm Horkel, Hg., Gott hat mein Herz angerührt, Metzingen 1987, S. 61

oder verschließt. Gott will durch willigen Gehorsam so geehrt werden, wie man bei einer Einladung nicht den Gedanken des Wirts lobt, sondern einfach kommt, denn mit dem Hören ist es gar nicht ausgemacht. Es gehört ein rechtschaffenes Herz dazu. (21)

Wie gelangt der Christ zu einer solchen geistlichen Freiheit?

Indem man Gott den eigenen Willen unterordne, was nicht zu einer gefährlichen Ungebundenheit führt. Vielmehr gilt dann: Iss dein Brot mit gutem Mut, dein Tun gefällt dann Gott wohl. Jedoch darf der Bissen im Mund einem nicht zu lieb sein, dass man ihn nicht wieder herausgebe, falls Gott dies wolle. Dazu ist Geduld erforderlich, Gott keine Vorschriften machen zu wollen, sondern sein freies Tun anzuerkennen[301]. Erst Gottes Gnade bringt wahre Freiheit. Wenn man aber immer auf sich selbst sehe, habe Gott keine Ehre davon, vielmehr leben wir auf Gottes Erbarmen. (Zu Studenten in Tübingen 1748: Damit hat der Philosoph Baruch Spinoza Unrecht, der dem Menschen den freien Willen abspricht und ihn lediglich wie ein funktionierendes Uhrwerk betrachtet.)

Der Mensch möge sich der Freiheit bedienen wie ein Pferd, das sich am Zaume lenken und leiten lasse und seinen Gang ohne Plage fortsetze. Wer sich aber Gott widersetzt, lebt stets im Unfrieden, ist sich selbst eine Last wie ein Pferd, das nicht recht geht, Sporn und Peitsche spüren muss. Dies ist ein kläglicher Zustand, los von Gott und seinem Heil zu handeln. Sklaverei. Siehe auf das, was recht ist, nicht auf das, was der Brauch ist. Kein Mensch und keine Gesellschaft hat das Recht, in Sachen, welche Gott frei lässt, jemand einen Strick umzuwerfen. (52) Wo man so frei ist, darf man auch seine Freiheit zur Wahl gebrauchen, und dabei nicht immer sagen: Ich sündige. (165)

Worin besteht nun ein echter Dienst für Gott und Jesus?

Mitten unter den Geschäften lässt sich ein gutes Zeugnis vom Unsichtbaren und Ewigen im Werk selbst ablegen. (175) Wir mögen tun, was

---

[301] Adolf Neeff, Weg und Wort der beiden Schwabenväter Bengel und Ötinger, Stuttgart 1933, S. 54

wir wollen, in Geschäften äußerlicher Art, so soll es um das Herz immer neu, frei, wacker und fröhlich stehen. (177)

»Gott will weder Tat ohne Herz noch Herz ohne Tat.«[302]

So konnte Bengel von seinen eigenen Einstellungen bezeugen:

»Ich war nie auf gute Tage bedacht, mein Fleiß ist nur, was mir vor die Hand kommt.«

Jesus ist für Bengel »lauter Heil und Segen«. Wir müssen uns nicht nur den Heiland vor Augen malen lassen in seiner aufopfernden Liebe, sondern müssen auch wirkliche Liebe zu ihm bezeugen. (177)

Das Evangelium des Friedens kann nicht anders als im Geist der Liebe getrieben werden. Es macht den Menschen kindlich und liebevoll gegen alle Menschen (9).

Wie du mit deinem Mitmenschen verfährst, so wird Gott wieder mit dir verfahren. Wer aber erfährt, wie Gott so gnädig ist, macht es auch seinem Bruder und Nebenmenschen kund (84).

c) Vom praktischen Vollzug
des Christenlebens
(»ethischer Teil«)

Zum Stand eines Christenmenschen empfahl Bengel und gab zu bedenken: »Die rechte Mittelstraße zwischen Tätigkeiten und Stillesein zu treffen ist eine der Hauptpflichten des Christen.«[303]

»Wenn man einen Menschen nur merken lässt, dass man ihn für seinen Nebenmenschen halte, so kann man ihm schon sein Herz abgewinnen.« (73)

Wie steht es um Vergeltung und Vergebung?

Vergebung ist das eigentliche Hauptwerk der göttlichen Barmherzigkeit am menschlichen Geschlecht! Daran ist erschienen die Liebe Gottes (168), auf Seiten Gottes ist alles hergestellt. Nun ist nichts übrig, als dass man diese große Versöhnung annehme und sich zu Gott wende.

---

302 Richard Haug, Reich Gottes im Schwabenland, Metzingen, 1981, S. 245
303 Adolf Neeff, Weg und Wort der beiden Schwabenväter Bengel und Ötinger, Stuttgart 1933, S. 71

Was eine Seele vor Zeiten gesündigt, das wird alles vertilgt wie einem Volke ein Nebel. Es ist alles ins Meer versunken.[304] Da nichts ungerichtet bleibt, ist dieses Wissen ein wesentlicher Beweggrund zur Geduld gegen die Feinde. Da haben diejenigen, die Schuld auf sich laden, nur zwei Möglichkeiten, entweder kommen sie zu echter Buße und wahrer Abbitte, indem sie ihr Fehlverhalten einsehen und eingestehen, oder sie verfallen ihrerseits der Rache, nicht der menschlichen. Wer sich selbst rächt, vergreift sich an den göttlichen Majestätsrechten. (17) Wie du mit deinem Nebenmenschen verfährst, so wird Gott wieder mit dir verfahren. Wer erfährt, wie Gott so gnädig ist, der mache dies auch seinem Bruder und Nebenmenschen kund. Schwindet und verschwindet hingegen im Menschen das geistliche Feuer, so verhält sich dies wie beim Feuer, das zuerst seine Flamme, dann allmählich seine Glut verliert, mit Asche bedeckt wird. Doch das, was noch übrig ist, so gering es auch sei, lässt sich erwecken, so dass alles erneut lebendig und rege wird. (84)

Welches Verhalten empfahl Bengel im Umgang
mit unsympathischen Leuten?

Einem andern Menschen kann man das »Herz abgewinnen«, wenn man ihm spürbare Menschlichkeit erweist. Man darf selbst solche Leute nicht meiden, die noch in Verbindung zu jenen stehen, welche sich oft »ekelhaft« gegenüber ihren Mitmenschen verhalten. Man soll sich dabei dessen bewusst sein, dass sich auch Gottes Sohn »unseres unsauberen Geschlechts nicht geschämt hat«.[305]

Was dachte Bengel über das Reden?

Wer für klug gehalten werden will, soll sich (dabei) zurückhalten, maßvoll urteilen und nichts übereilen. »Ich halte viel auf das Sprüchlein: Ein jeglicher Mensch sei schnell zu hören, langsam aber zu reden.« Es ist besser, Gediegenes und weniger zu reden »als einen Haufen vermischten Zeugs«.[306] Man lasse zuerst andere sprechen und trage

---

[304] Adolf Neeff, Weg und Wort der beiden Schwabenväter Bengel und Ötinger, Stuttgart 1933, S. 55
[305] a. a. O., S. 17
[306] a. a. O., S. 57

anschließend seine eigene Meinung vor, ohne sich an bösen Äußerungen zu beteiligen. Wer allzu offen redet und sich nicht beherrschen kann, der verliert dadurch seine Glaubwürdigkeit.[307]

Wie verhielt sich in diesem Sinne Bengel bei Tischgesprächen?

Er tadelte nie, wenn sich die Gäste lediglich über gutes Essen und mit Witzen unterhielten, schwieg vielmehr in solcher Lage, um die Teilnehmenden zur Besinnung zu veranlassen. Wenn er selbst als guter Gastgeber seine Gäste unterhalte, handle er ebenso wie eine Hausfrau einem unerwarteten Gast gegenüber, dem sie das vorsetzt, »was sie gerade am Feuer hat. Genau so lege er einem guten Freund eben das vor, was er jederzeit in Händen habe. Dabei dränge man sich niemand auf.«[308]

Wie soll man mit der Wahrheit umgehen?

Man soll »sie niemand aufdrängen und sich hüten, allzu mitteilsam« zu sein. Man verspielt nichts dabei, wenn man ein wenig an sich hält (75), allerdings gilt ebenso: »Ist unser Herz davon überzeugt, so geht auch der Mund über durch ein standhaftes Zeugnis und lässt sich nicht stopfen, ob es auch das Leben kostete. Daher kommt es, dass die Wahrheit bei denen, deren sie mächtig geworden ist, sich einem Strom vergleicht, der sich nicht länger aufhalten lässt.«[309]

Lasst uns, solange wir können, das Wort der Wahrheit lernen. Wo wir ein gutes evangelisches Sprüchlein antreffen, sollen wir es in unser Herz hineinschmelzen lassen, zum Beweis seiner Kraft (179).

Wie sah Bengel das Verhältnis von Aufrichtigkeit und Zurückhaltung?

»Wie ich gegen jemand gesinnt sei, soll man nicht aus dem schließen, wie ich mich ins Gesicht gegen ihn bezeuge, sondern aus dem, wie ich

---

[307] a. a. O., S. 19
[308] a. a. O., S. 57
[309] zum Abschn. Adolf Neeff, Weg und Wort der beiden Schwabenväter Bengel und Ötinger, Stuttgart 1933, S. 23 f.

von ihm rede, wenn er abwesend ist und ich nicht vermuten darf, dass man es ihm wieder sage.« Lügen soll man nicht, aber es ist auch nicht nötig, dass man alle Male die ganze Wahrheit sage. »Es ist Weisheit«, dass einem zur rechten Zeit das einfällt, was zur Sache gehört[310]. »Die Hauptsache ist, dass wir jeden gegenwärtigen Augenblick in guter Fassung vor Gott stehen.«[311] Entscheidend ist dabei die Erkenntnis des Einzelnen, »wie weit sein Maß gehe, wo Licht und Schatten ist«.

Wie lautete ein hilfreicher Zuspruch Bengels an Vielbeschäftigte?

»Über der vielen Arbeit ist die Bewahrung des Herzens nötig und auch möglich. Unter dem Gedränge von außen kann man sich mit einem geschwinden Atemzug himmlischer Luft erholen.« Zur Zielgewissheit meinte Bengel: »Wenn ich nach Stuttgart reite (was drei Stunden in Anspruch nahm) komme ich fort (voran), ob ich schon nicht bei jedem Schritt daran denke, dass ich nach Stuttgart wolle ... So kommt es auch nicht darauf an, ob ich bei jedem Handeln wirklich die Absicht gegen Gott habe, wenn überhaupt mein Herz gegen Gott gerichtet ist, so wird alles, was ich in der Ordnung Gottes tue, dennoch als Gottes Werk angesehen.«[312]

»Wir mögen tun, was wir wollen in Geschäften äußerlicher Art, so soll es um das Herz immer neu, frei, wacker und fröhlich stehen.« (177)

Wie beschrieb Bengel wahre Pietisten?

Es sind heilige Leute, die ohne Heuchelei mit wahrhaftigem, redlichen Herzen, in der Kraft des Glaubens, ohne Verachtung des Nächsten in heiliger Ordnung Gott zu gefallen trachten, die auf dem engen Pfad des Lebens auf richtiger Straße wallen und wandeln (53).

Wie stand Bengel zur Ausübung von Pflichten? Er war keineswegs von erlittenen Zurücksetzungen in seiner Laufbahn belastet.

---

[310] Adolf Neeff, Weg und Wort der beiden Schwabenväter Bengel und Ötinger, Stuttgart 1933, S. 57
[311] Adolf Neeff, Weg und Wort der beiden Schwabenväter Bengel und Ötinger, Stuttgart 1933, S. 48
[312] Adolf Neeff, Weg und Wort der beiden Schwabenväter Bengel und Ötinger, Stuttgart 1933, S. 24

Statt sich von erwarteter Anerkennung und sichtbarem Erfolg leiten zu lassen, galt für ihn: »Ein jeder tue, was er kann, eben wie ein Gärtner seine Samenkörner sät, Setzlinge setzt, ohne noch zu wissen, ob etwas aufgehen oder geraten werde. Endlich kommt doch etwas hervor, so auch aus den Arbeiten der Menschen. (37) Ein jeder tue nur, was ihm vor die Hand kommt ... treu, munter und ruhig, wie eine Arbeit des Menschen nicht schädlich noch hinderlich sei in dem Geschäft seiner Seligkeit, das sieht man erst an den Leuten recht, die nichts zu arbeiten haben, desto weniger zu (et)was Rechtschaffenem kommen. Ich schreibe oft etwas, das nicht in das Licht tritt und ich achte die daran gewandte Zeit doch wegen meiner guten Beschäftigung wohl angelegt. »Gibt's Gelegenheit, öffentlich und privatim zu erbauen, so geht solches alle Mal vor.«[313]

Wie beurteilte Bengel das Staatswesen?

»Wenn die Obrigkeit nicht wäre, ginge es rechtschaffenen Christen mitten unter so genannten Christen nicht viel besser als es den ersten Christen mitten unter den Heiden ergangen ist. Wenn der zurückgehaltene und (ein)gedämmte Grimm einmal losbricht, würde man sehen, was daraus werden wird.«[314] Der Staat ist also im biblischen Sinne als Ordnungsmacht anzuerkennen.

Was bedeutete für Bengel Gottes Regierung der Welt?

»Alles ist in der Hand Gottes und es mag in der Welt noch so toll, gräulich und jämmerlich durcheinander gehen, so soll doch niemand denken, Gott habe sich seiner Regierung begeben (auf sie verzichtet). Es hat alles seine Zeit. Das Böse steigt sehr hoch und danach muss es selbst zu seiner eigenen Vertilgung dienen. Jetzt können die Menschen sich in Gottes Wege nicht finden, aber das Gericht wird zu seiner Zeit gehalten und Gottes Gerechtigkeit vollkommen erweisen.« »Torheit ist es, dass die Menschen sich brüsten und sich gegen den allmächtigen Gott auflehnen ... (34) Es nimmt die Bosheit der Menschen nach und nach zu, bis Gott mit seinen Gerichten eingreift ... Die Führung Got-

---

[313] a. a. O., S. 59 f.
[314] a. a. O., S. 60

160

tes geht durch beständiges Warten des Zukünftigen. Gott gibt eine Verheißung, daran muss sich der Glaube halten und durch alle Schwierigkeiten durchschlagen bis zur Erfüllung.«[315]

Wie soll der Mensch mit der Schöpfung umgehen?

Auch unsere Erde gehört zum Königreich unseres Gottes und Christi. Wer diese Erde verdirbt, vergreift sich am Recht Gottes und das geschieht durch Verfolgung und Gewissenszwang, durch unnötige Kriege und daraus folgende Zerrüttungen, Verwüstungen, durch verkehrtes Leben und Anschläge, durch schädliche Bücher, durch Missbrauch der Gewalt in geistlichen und weltlichen Bereichen, durch Gesetze und Einrichtungen, die aller Üppigkeit und Ungesetzlichkeit Tür und Tor öffnen und viel Gutes verhindern durch himmelschreiende Sünden.[316]

Es geschieht in freiwilligem Gehorsam, stets dem Willen Gottes entsprechend. Man mache zuvor alles mit ihm aus, nicht mit sich selbst. Dabei kann es geschehen, dass man es rechts und links versucht und statt einer offenen Tür eine dicke Mauer vor sich findet. Es gilt dabei, nichts eigenwillig erzwingen zu wollen noch mit dem Kopf gegen die Wand zu laufen. Es gibt doch eine geöffnete Tür. Gott, vor dem ein Tag unseres schwachen Tuns wie tausend Jahre sind, kann in reichem Maße alles bringen, wenn wir ihm allein die Ehre geben. Ewige Treue ist ewiger Treue wert. Die Hauptsache sind nicht Worte, es muss Wesen und Wahrheit dabei sein, sonst sind wir keine Christen ... Freunde, ich habe den Tag verloren, wenn wir darin nichts Gutes getan haben (42).

Eine allzu große Ängstlichkeit wäre fehl am Platz, weil sie Schwäche hervorruft, wogegen die Freude an Gott eine große Seligkeit empfängt, die höher gilt als alle Furcht. Nur wer sich selbst aufgibt, ist verloren, sonst nicht. (59)

[315] Adolf Neeff, Weg und Wort der beiden Schwabenväter Bengel und Ötinger, Stuttgart 1933, S. 60
[316] Gerhard Schäfer, Wilhelm Horkel, Hg., Gott hat mein Herz angerührt, Metzingen 1987, S. 34

Wie wirkt sich Gehorsam gegen den Herrn Jesus aus?

Man tue alles, ihm zu gefallen und lese ihm sozusagen von den Augen ab, was seinem Wort entspricht, wobei nichts Saures und Hartes von uns verlangt wird. Dabei kommt es nicht auf große, vor der Welt geachtete Taten an. Sie geraten nicht in Vergessenheit, sofern alles zur Ehre des Herrn Jesus und in seiner Liebe geschieht, selbst wenn die Werke dabei noch so geringfügiger Art wären und nur scherfleinweise einhergingen.

Wenn mal jemand Jesus zur köstlichsten himmlischen Freude geworden ist, können und sollen auch wir ihm Freude bereiten, und nicht nur aus Pflicht und Schuldigkeit heraus handeln. (185) Dieses bleibt nicht länger davon abhängig, ob andere Leute auch einen Geschmack daran finden. (63)

Wie verhält sich das Evangelium zum Gesetz?

Das Gesetz fordert, das Evangelium schenkt. Diesen Unterschied kann sogar ein Kind bemerken. Das Gesetz treibt einen Menschen so lange um und lässt ihm keine Ruhe, bis er seine Zuflucht zu Christo nimmt. Da spricht er: Das lass dir gut sein. Jesu, sei unsere Stärke und unser Licht (44).

Welche Rolle spielt die Barmherzigkeit im Christenleben?

Dazu gibt es täglich Gelegenheit. Sie teilt sich ohne Unterschied dort mit, wo sie Elend, Jammer und Not vor sich findet, wobei die göttliche Barmherzigkeit das Handlungsmuster dazu bietet. Ist doch Gottes Barmherzigkeit selbst unparteiisch, gilt auch, wo es dem menschlichen Verstand nicht einleuchtet und dieser den Einwand erhebt, durch solches Verhalten würde der Mensch nur noch schlechter. Indessen kommt die Barmherzigkeit weiter als die Vernunft mit all ihrer versteckten Freundlichkeit und Nachgiebigkeit. Es ist ein schönes Band, das der weise und gütige Gott gestiftet hat, dass ein jeder Mensch der Barmherzigkeit des andern bedarf und jeder dem andern Barmherzigkeit erweisen kann. (49) Ein Christ ist auch durch den ausdrücklichen Befehl Christi verbunden, das zu tun (121). Dabei gilt immer wieder, sich nie auf die eigene Erfahrung zu verlassen. Zu warnen ist vor jener Heuchelei, die ohne ein liebreiches, williges, fröhliches Herz handelt (52).

Wir sollen nicht große Pläne machen, dass wir hernach nachlassen müssen, sondern im Niedrigen anfangen (30).

Wie ist Frieden zu beschreiben?

Er ist das größte Gut, ja die Summe alles Guten, was uns der Heiland gebracht hat. Gottes Frieden ist wie ein stilles Meer und lehrt, wie man mit Gott in Zeit und Ewigkeit dran ist. Er heilt das Herz von Grund auf, wogegen die Welt den Unfrieden im Herzen übertäubt. In einem elenden, nur äußerlichen Frieden lebt, der in der Sünde wurzelt, von innen Furcht, Gefahr, Argwohn, Misstrauen immerfort in sich birgt.

Über alle Vernunft tritt ein Friede und eine Freude ein, welche über die Natur ist. Davon ist ein Tröpflein mehr als eine ganze Pfütze von Weltfreuden (170).

c) Wie sieht die Zukunft des Christen in der Sicht Bengels aus? (»biblisch-eschatologischer Teil«)

Die lebendige Hoffnung, die Christen zu Gott haben, ihre Zuversicht gründet sich auf das Sterben und die Auferstehung Christi. Sie ist eine selige Hoffnung. Wohl dem, der seinen Teil an derselben nicht auf den Sand einer leeren Einbildung, sondern auf Christum, den Felsen selber baut und sein Herz nicht gehen lässt, bis er dieselbe erreicht. (63)

Wenn jemand Christi Wort hält, so wird er den Tod nicht sehen ewiglich (Offb. 17,8).[317] Die Ewigkeit ist ein lauterer, ununterbrochener Tag, liebliche Vorbilder ewig glänzender Herrlichkeit! Vortreffliche Belohnung derer, welche die Werke der Finsternis und den Nachtschatten der Welt fliehen (45).

Wir alle, die wir zur Zeit leben, sind wie so viele andere vor und nach uns auf dem Wege zur Ewigkeit, sollen einander die Reise zum vorgesteckten Ziel erleichtern oder doch keiner dem andern hinderlich sein noch sich durch andere (be)irren oder aufhalten lassen, festhalten

---

[317] Gerhard Schäfer, Wilhelm Horkel, Gott hat mein Herz angerührt, Metzingen 1987, S. 103

an der Hoffnung. Gottes unendliche selige Ewigkeit reicht über alles Zeitmaß wunderbarlich hinaus. An einem einzigen Tag kann Gott das Werk eines Jahrtausends zu Stande bringen. Er ist nicht langsam, es steht ihm zu, seine Verheißung zu erfüllen, und kein Verzug macht Gott die Zeit lang; wie einem großen Kapitalisten tausend Gulden nur wie ein Heller sind, also sind dem ewigen Gott tausend Jahre nur wie ein Tag. Gottes Äonenuhr ist von der Stundenuhr der Sterblichen verschieden. Sein Zeiger weist alle Stunden zugleich in der höchsten Tätigkeit und in der höchsten Ruhe. Ihm streichen die Zeiten weder langsamer noch schneller dahin als es ihm selbst (recht ist, 111).

Im Gericht Gottes wird alles wieder hervorkommen. Was bilden sich die kleinen Sünder ein? Sie werden ihm nicht entlaufen, sie mögen sich in ihren Gedanken dieses oder jenes weismachen (101). Alles ist in der Hand Gottes. Es mag in der Welt noch so toll, grausam und jämmerlich durcheinander gehen, so soll doch niemand denken, Gott habe seine Regierung (aufgegeben). Es hat alles seine Zeit ... Gericht wird Gottes Gerechtigkeit vollkommen erweisen (115). Will uns die abscheuliche Bosheit der Menschen (verw)irren, so sollen wir denken, es komme immer näher dazu, dass Gott der Allmächtige aufräumen wird. Wie wird den Menschen ihre Frechheit und Sicherheit vergehen (132).

Christen, die sich zu sehr vor Gottes Gericht gefürchtet haben, werden sich schämen, dass sie Gott so wenig Gnade zugetraut haben. (177)

Wie soll sich der Christ auf diese Zeit vorbereiten?

Je näher mich das einbrechende Alter an das Tor der Ewigkeit bringt, desto mehr schreite ich von den Nebensachen zur Hauptsache, von den Hilfsmitteln und Schmuckwerk zu den Dingen selbst. Je weiter ich mich von dem Lärm der Welt entferne, desto süßer ist es in meinem Gewissen, Gott allein zu genießen, der größer ist als die ganze Welt, auch die gelehrte (188).

Wir gehen von einer Stunde zur andern, von einem Tag und Jahr zum andern hin und was einmal vorbeigegangen ist in unserem Tun und Lassen und Leiden, das achten wir fast nicht wie ein Wasser, das dahingeflossen ist. Aber in der Allwissenheit Christi ist alles aufgehoben. Wir seien gesund oder krank, so tragen uns die Tage und Nächte selbst dem großen Ziel entgegen. Lasst uns ergreifen das ewige Leben, wie es uns angeboten wird in Christo Jesu. (189)

Es gibt eine Krankheit, die natürlichen Menschen durchaus unbekannt und auch bei den Frommen fast rar ist, nämlich das heilige Heimweh. Freut sich ein Kind, das nur etliche Monate in der Fremde gewesen ist, nicht weit heim hat und nur etliche Tage daheim sein darf, dennoch auf einen Besuch bei seinen Eltern, wie muss sich dann ein Mitgenoss Christi freuen, wenn er nun bald die Reise antreten soll in das himmlische Heimwesen, und zwar auf ewig. (7) Wo Gott ist, da ist das Land der Lebendigen, es sei dieses oder jenes Leben.

Worin gründet und was bedeutet Erlösung?

Wer vom Tode Christi ohne seine Auferstehung redet, der redet nicht recht. Aus der Auferstehung und Herrlichkeit haben wir Glauben und Hoffnung zu Gott, Versicherung, Zuneigung und Trost. Der Glaube geht voran, das Schauen folgt nach. (62) Der Tod ist eine Zerstörung des Menschen und der höchste Jammer. Wo nun dieser Schritt überstanden ist, da geht die Seligkeit an. Selig sind in Gott, die in Christo den Tod überstanden und hinfort nichts als Leben vor sich haben, weil bei ihnen der Tod auf ewig verschlungen ist. (24) In dieser Welt verlassen sie den größten Jammer und in jener Welt treten sie einen köstlichen Stand an. Warum sollten wir es denn für etwas Schweres achten? Größer als des Todes Macht ist Christi Macht, Gegenwart, Trost und Hilfe. Oft spürt eine gläubige Seele, dass der Herr Jesus Christus sehr nahe ist. Doch ist die Wand und der Vorhang noch dazwischen. In der Ferne bleibt der Pilgrim, solange es sein soll, aus Gehorsam. Wird er aber nach Hause gerufen, so ist es ihm eine Gnade. Da kommt er heim zu dem Herrn, den er alsbald zu schauen kriegt. (24) Gott unseren Geist in die Hände zu empfehlen. Es braucht nicht einmal einiger Sterbekunst. Ein Kind, das sich schlafen legt, hat keine Kunst dazu nötig (12).
Die Traurigkeit ist ein Kleines, aber die Freude ist ewig (13).

Worin besteht der Verdienst des Erlösers?

Vater sagen dürfen und Vater sagen können ist etwas Köstliches. Der Augenblick, da eine Seele Gott zum ersten Mal als Vater kennen lernt, ist köstlicher als sonst ein ganzes Mannesalter. Niemand als der Sohn hat den Menschen können diese Macht geben. O dass wir möchten zu Herzen nehmen, was das für eine große Wohltat sei. (8)

Wie zeigt sich das Verhalten des Erlösten?

Das Evangelium des Friedens kann nicht anders als im Geist der Liebe getrieben werden. Es macht den Menschen kindlich und liebevoll gegen alle Menschen. »Das Licht, welches der Herr Jesus Christus mit sich führt (soll) in unser Herz hineinleuchten, dass wir in der Erkenntnis von ihm und von uns selbst immer lauterer und völliger werden, uns von dem Bösen immer weiter entfernen und in dem Guten uns stärken.« Je mehr sich die Erfüllung häuft, desto mehr wächst bei den Gläubigen der Glaube (129).

Weitere Äußerungen Bengels unter »Apokalyptik«.

11

Abschließende Würdigungen zu Bengels Leben und Werk

WÜRDIGUNGEN

Bereits die Einleitung zu vorliegendem Buch enthielt einige ausgewählte zustimmende Äußerungen zu Johann Albrecht Bengels Leben und Werk, mit denen seine Bedeutung unterstrichen und Motive zur Beschäftigung mit der Persönlichkeit dieses Klosterpräzeptors und späteren Konsistorialrats und Prälaten geliefert werden sollten. Nunmehr wird sich dieser Kreis von Kommentatoren schließen, indem weitere der bedeutendsten Biografen, kirchlichen und wissenschaftlichen Zeugen sinnentsprechend und in einigermaßen chronologischer Reihenfolge zu Wort kommen sollen.

So knüpfte Köberle an die Herkunft, den Charakter und die Wirkung Bengels an, wenn er schrieb: »Als einer der so genannten Schwäbischen Väter verkörperte Bengel das schlichte, anspruchslose, gediegene und tüchtige Wesen seines (schwäbischen) Stammes, blieb eines seiner Leitbilder und reichte es an die nachkommenden Geschlechter weiter, indem er nicht nur als Christ lebte, sondern dachte.«[318]

Bengels wohl gründlichster Biograf zur Denkendorfer Zeit, Karl Hermann, ging ebenfalls von dessen heimatlicher Prägung aus und kennzeichnete Wurzel und Ziel seines Handelns: »Hier, wo schwäbische Schlichtheit und Geradheit aus der Ergriffenheit des Glaubens heraus (Kirche) gebaut hatte, sollte ... (er) aus der Ergriffenheit des Glaubens heraus weiterbauen an dem Bau, der nicht mit Menschenhänden gemacht ist, und das nicht mit Stroh und Stoppeln menschlicher Fündlein und Zutaten, sondern mit dem echten Feingold und Edelstein des Wortes Gottes als einer unaussprechlichen Gabe. Noch

---

[318] Adolf Köberle, Das Glaubensvermächtnis der Schwäbischen Väter, Hamburg 1959, S. 7

heute redet das Geschlecht, das unter Bengels Einfluss durch dieses Wort zum frohen Leben des Glaubens erwacht ist, zur schwäbischen Christengemeinde in den Liedern eines Philipp Friedrich Hiller wie in den tiefgründigen Schriften eines Ötinger, Steinhofer, Rieger, Hahn, Roos und all der anderen Väter im Glauben. Hier ging einer, dem alle Nebel zerrissen waren, betend an sein Werk.«[319]

Bei der Beurteilung Bengels hielt es Biograf Mälzer für unerlässlich, dabei dessen Persönlichkeit einzubeziehen, indem er Bengel wörtlich zitierte: »Ich habe mir zwar angelegen sein lassen, was mir unter die Hände kam, anders auf getreulichste mitzuteilen; für mich selbst aber suchte ich beständig, wie meine Bekannten wissen, meine Seelennahrung in den (all)gemeinsten catechetischen Grundwahrheiten mit aller Einfalt und ohne Grübelei. Glaube, Hoffnung, Liebe Sanftmut, Demut war die Hauptsache.« Mälzer, der Bengel zugleich nicht »von allem Fürwitz« entbinden konnte, würdigte seine theologische »Arbeit in der Kirche und für die Kirche ... als Gottesdienst betrieben ... Das hat er uns als fehlbarer, dem Irrtum ausgesetzter Mensch, aber nicht weniger als treu glaubender Christ nach besten Kräften vorgelebt. Darum bleibt uns sein Andenken wichtig und wertvoll, dürfen wir ihn ›zur großen Wolke von Zeugen‹ (Hebr. 12,1) rechnen‹.[320]

In seiner »Geschichte der Evangelischen Landeskirche in Württemberg« unter dem Titel »Zu erbauen und zu erhalten das rechte Heil der Kirche« zeigt der langjährige Direktor des dortigen Archivs Gerhard Schäfer[321], wie Bengels Werk zukunftsweisend geblieben ist, zur künftigen Wachsamkeit mahnt und wie dieser mit seiner Frömmigkeit und Erwartungshaltung das kommende Gottesreich bezeugt. Bengel »ist einer der großen Lehrer der Kirche, er hat den Separatismus kennen gelernt und wollte deshalb innerhalb der Kirche bleiben. Er hat dieser Kirche die Auslegung des Wortes zur ersten und zur heiligen Aufgabe gemacht; er verpflichtet sie, so treu wie er an seiner Aufgabe zu bleiben und so willig wie er sich diesem Worte zu öffnen.« Schäfer fasste in Bezug auf den Pietismus zusammen, wobei er Bengels lutherische Ausrichtung in geistlicher Nachfolge des Reformators mit

[319] Karl Hermann, Der Klosterpräzeptor von Denkendorf, Stuttgart 1987, S. 238
[320] Gottfried Mälzer, Johann Albrecht Bengel, Leben und Werk, Stuttgart 1970, S. 397 ff.
[321] Gerhard Schäfer, Wilhelm Horkel, Hg., Gott hat mein Herz angerührt, Metzingen 1987, S. 151 f.

seiner Betonung der Gnade, deren Frucht im Gehorsam gegen Gottes Gebote ohne Verdienstansprüche unterstrich: »Bengel ist der erste der großen Schwabenväter des 18. Jahrhunderts, er hat dem alten schwäbischen Pietismus seinen spekulativen Charakter gegeben ... als Pietist hat er neue Ansatzpunkte gegeben ... aber auch dem Pietismus die Sorge, die Verpflichtung für die gesamte Kirche seines Württembergs aufs Herz gebunden. Der Vertrauensmann und geistliche Vater der pietistischen Gruppen hat nicht eine Gruppe oder eine Gemeinschaft neben der Landeskirche, sondern diese Landeskirche selbst, sein Württemberg als die Vorstufe zum Reich Gottes gesehen, die Schüler Bengels haben diese Verpflichtung übernommen, sie sind Pfarrer ihrer Landeskirche geworden und haben in seinem Sinn gearbeitet.« Schäfer schloss mit der berechtigten, ja zutreffend gebliebenen Feststellung: »Die Landeskirche hat das Vermächtnis Bengels angenommen.«[322]

Während Professor Martin Brechts wesentliche Stellungnahme zu Bengel aus seinen Aufsätzen zum Pietismus bereits oben wiedergegeben wurde, möge diejenige von Oskar Soehngen abschließend den Blick des Biografen aus dem engeren Gesichtsfeld Württembergs auf die gesamtkirchliche Lage lenken. »Diejenigen Kirchen und Landschaften sind die solidesten Bollwerke der reformatorischen Botschaft geblieben, über die in früheren Zeiten eine pietistische Erweckungsbewegung hinweggegangen ist.«[323] Auf die daraus erwachsenden vielen diakonischen und missionarischen Einrichtungen bis zur Gegenwart darf noch einmal im Zusammenhang mit dem Leben und Wirken des einstigen Klosterpräzeptors, Propstes, Prälaten und Konsistorialrats Johann Albrecht Bengel ebenso verwiesen werden wie auf seine lehrende, kirchenleitende, verkündigende und seelsorgerliche Tätigkeit und Mitwirkung. Deshalb können wir mit vollem Recht die biblische Verheißung aus dem Propheten Daniel (12,3) auf seine Persönlichkeit beziehen. »Die Lehrer werden leuchten wie des Himmels Glanz und die, die viele zur Gerechtigkeit weisen, wie die Sterne immer und ewiglich.« Der neutestamentliche Aufruf und das Bekenntnis aus dem Hebräerbrief (Kapitel 13, 7-8) stehe allgemein gültig am Ende dieses Buches über Johann Albrecht Bengel, um im eigenen Leben beherzigt zu werden: »Gedenket an eure Lehrer, die euch das Wort Gottes gesagt haben; ihr Ende schauet an und folget ihrem Glauben nach.«

---

[322] a. a. o., S. 154
[323] Zitiert nach: Ernst Beyreuther, Geschichte des Pietismus, Stuttgart 1978, S. 9

Zeittafel zu Bengels
Lebenslauf und Leistungen

24. Juni 1687	Bengel in Winnenden geboren
19. April 1693	nach dem Tod des Vaters bei Präzeptor Spindler in Schorndorf und Marbach
ab 1699	Besuch des Gymnasiums in Stuttgart 1699 Philipp Friedrich Hiller (–1769), 1700 Graf Zinzendorf (–1760), 1701 Joh. Jak. Moser (–1785), 1702 Fr. Chr. Ötinger (–1782)
1703	Allgemeines Studium in Tübingen
1704	Erwerb des Magistertitels
1706	Theologiestudium erfolgreich abgeschlossen
1707	Vikar in Metzingen und Nürtingen
1708–1711	Stiftsrepetent und Prediger an der Spitalkirche in Tübingen
1713	Mehrmonatige Studienreise (besonders nach Jena, Halle, Leipzig, Giessen)
ab 17. Nov 1713	Klosterpräzeptor in Denkendorf (achtundzwanzig Jahre alt)
5. Juni 1714	Trauung mit Johanna Regina, geb. Seeger in Stuttgarts Stiftskirche
Zw. 1715 u. 1735	Geburt von zwölf Kindern, nur sechs davon wurden erwachsen
1717	Besuch Aug. Herm. Franckes bei Bengel in Denkendorf
1719–1725	Ausgabe antiker Klassiker und Kirchenväter für den Schulgebrauch

1723	Besuch des Grafen Zinzendorf bei Bengel in Denkendorf
1734	Griechisches Neues Testament mit Anmerkungen erschienen
1736	Richtige Harmonie der vier Evangelisten veröffentlicht
1737	Verheiratung der Tochter Johanna Regina nach Esslingen
1738	Verheiratung der Tochter Sophia Elisabeth nach Sulz/Neckar
1739–1790	Pfarrer Philipp Matthäus Hahn
1740	Erklärte Offenbarung Johannis oder vielmehr Jesu Christi erschienen
1741	Propst, Prälat in Herbrechtingen, Landtagsmandat in Stuttgart Ordo temporum erschienen
1742	Gnomon herausgegeben
1743	Heimatrecht des Pietismus in der württembergischen Kirche laut Generalreskript
1746	»Weltalter« veröffentlicht
1747	»Sechzig erbauliche Reden über die Offenbarung Johannis« erschienen Mitglied im Großen Ausschuss der württembergischen Landstände
1748	Mitglied im Engeren, Kleinen Ausschuss
1749	Prälat von Alpirsbach und Mitglied der Kirchenleitung mit Wohnsitz in Stuttgart
1751	Ehrendoktor der Theologischen Fakultät der Universität Tübingen »Abriss der so genannten Brüdergemeinde« verfasst
2. Nov. 1752	Bengels Heimgang – und zwei Tage später Beerdigung in Stuttgart
1753	»Neues Testament deutsch« erschienen

171

BENGELS WIRKUNGSSTÄTTEN

im Herzogtum Württemberg
Skizze

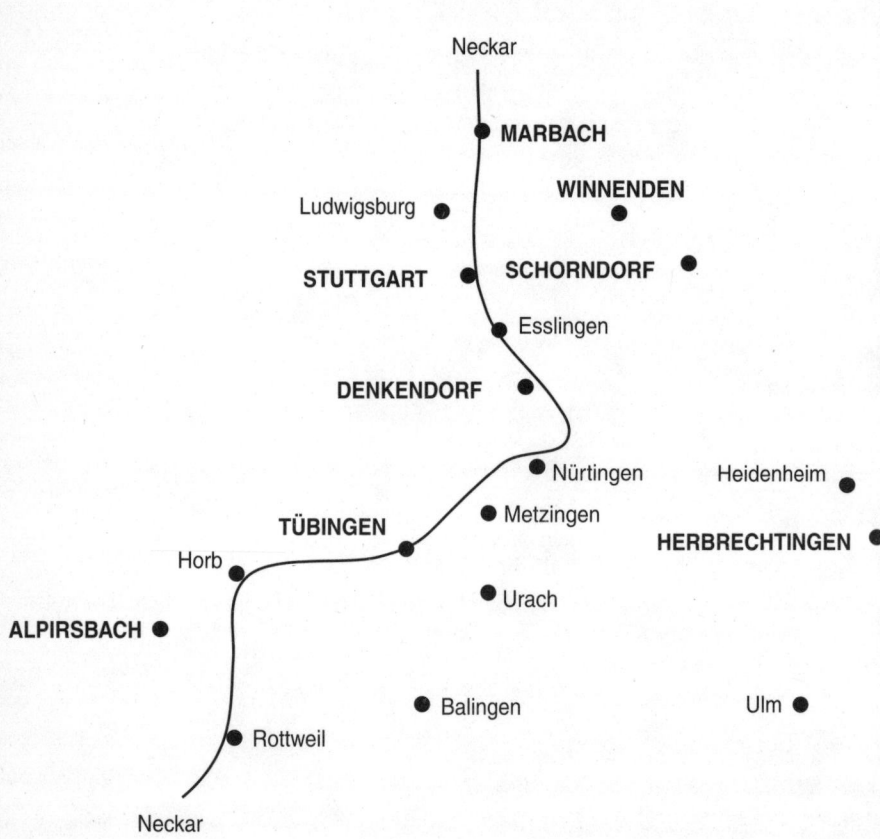

Neckar

MARBACH

WINNENDEN

Ludwigsburg

STUTTGART

SCHORNDORF

Esslingen

DENKENDORF

Nürtingen

Heidenheim

Metzingen

TÜBINGEN

HERBRECHTINGEN

Horb

Urach

ALPIRSBACH

Balingen

Ulm

Rottweil

Neckar

LITERATUR
Literaturverzeichnis

A) Bengels eigene Schriften (soweit verfügbar)

Auslegung des Neuen Testaments oder Kleiner Gnomon,
  bearb. F. Werner, Ludwigsburg 1867, Verlag Riehn, Basel
Gnomon, Steinkopf Verlag, Stuttgart, Neuauflage 1860, Neuherausgabe 1970, 2 Bände (Deutsch von F. Werner bzw. Egon Gerdes,
  8. Auflage, Bd. I mit Einleitung zum Gnomon, besonders zum
  Pietismus durch Bengel)
Die Offenbarung des Johannes, Hg. Berthold Burgbacher, Ernst Franz
  Verlag, Metzingen 1975

B) Sammlungen und Wiedergaben von Texten Bengels

Karl Hermann, Vom heiligen Heimweh, Calwer Verlag, Stuttgart,
  2. Auflage 1979
Adolf Neeff, Hg., Weg und Wort der beiden Schwabenväter Bengel
  und Ötinger, Gundert Verlag, Stuttgart 1933
Du Wort des Vaters, rede du, in: Julius Rössle, Hg., Zeugnisse der
  Schwabenväter, Bd. VI, Ernst Franz Verlag; Metzingen 1962
Konrad Gottschick, Gerhard Schäfer, Hg., Auf dem Weg zur Fülle der
  Zeit, Lesebuch zur Geschichte der Ev. Landeskirche in Württemberg, Quell Verlag, Stuttgart 1991
Gerhard Schäfer, Wilhelm Horkel, Hg., Gott hat mein Herz angerührt, Ernst Franz Verlag, Metzingen 1987
Württembergische Väter von Brastberger bis Dann, Band II, Calwer
  Verlag, Stuttgart 1905

C) Biografien zu Bengel

Martin Brecht, Johann Albrecht Bengel, in: Gestalten der Kirchengeschichte, Hg. Martin Greschat, Bd. 7: Pietismus und Orthodoxie,
Kohlhammer Verlag, Stuttgart 1982

Werner Hehl, Johann Albrecht Bengel, Leben und Werk, Quell Verlag, Stuttgart 1987

Karl Hermann, Der Klosterpräzeptor von Denkendorf, Sein Werken
und Wirken nach handschriftlichen Quellen dargestellt, Calwer
Vereinsbuchhandlung 1937, Reprint Calwer Verlag, Stuttgart 1987

Gottfried Mälzer, Johann Albrecht Bengel, Leben und Werk, Calwer
Verlag, Stuttgart 1970

Julius Rössle, Von Bengel bis Blumhardt, Ernst Franz Verlag, Metzingen 1950

Gerhard Schäfer, Unsere Kirche unter Gottes Wort, in: Kurt Rommel,
Hg., Zu erbauen und zu erhalten das rechte Heil der Kirche, Quell
Verlag, Stuttgart 1985

D) Weiteres Schrifttum

Lothar Bertsch, Freude am Denken und Wirken, Das Leben und Wirken des Pfarrers und Mechanikers Philipp Matthäus Hahn, Ernst
Franz Verlag, Metzingen 1989

Lothar Bertsch, Johann Friedrich Flattich, Ein begnadeter Seelsorger
und genialer Erzieher, Hänssler Verlag, Neuhausen-Stuttgart 1997

Ernst Beyreuther, Geschichte des Pietismus, Steinkopf Verlag, Stuttgart 1978

Martin Brecht, Ausgewählte Aufsätze, Band II, Pietismus, Calwer
Verlag, Stuttgart 1997

Helmut Egelkraut, Die Zukunftserwartung der pietistischen Väter,
Brunnen Verlag, Gießen, Basel 1987

Heinrich Frommer, Hermann Ehmer, Rainer Joos, Jörg Thierfelder,
Gott und Welt in Württemberg, Eine Kirchengeschichte, Calwer
Verlag, Stuttgart 2000

Richard Haug, Es komme dein Reich, Quell Verlag, Stuttgart 1987

Richard Haug, Reich Gottes im Schwabenland, Linien im württembergischen Pietismus, Ernst Franz Verlag, Metzingen 1981

Heinrich Hermelink, Geschichte der Evangelischen Kirche in Württemberg, Tübingen 1949

Siegfried Hermle, Hg., Kirchengeschichte Württembergs in Porträts, Pietismus und Erweckungsbewegung, Hänssler Verlag, Holzgerlingen 2001

Martin Jung, Frauen des Pietismus, Gütersloher Verlagshaus, Gütersloh 1998

Adolf Köberle, Das Glaubensvermächtnis der Schwäbischen Väter, Furche Verlag, Hamburg 1959

Gerhard Maier, Er wird kommen, Was die Bibel über die Wiederkunft Jesu sagt, R. Brockhaus Verlag, Wuppertal, Zürich 1995

Wolfgang Metzger, Hg., Karl Hartenstein, Ein Leben für Kirche und Mission, 2. Auflage, Evangelischer Missionsverlag, Stuttgart 1954

Andreas Rössler, in: Rüdiger Hieber, 2000 Jahre Zeitenwende, Christuszeit, Gemeinschaftswerk der Evangelischen Publizistik, Frankfurt 1999

Martin Schmidt, Pietismus, Kohlhammer Verlag, Stuttgart, 2. Auflage 1979

Theo Sorg, Hg., Leben in Gang halten, Pietismus und Kirche in Württemberg, Ernst Franz Verlag, Metzingen 1980

Wilfried Veeser, Stephan Zehnle, Hg., Walter Tlach, Der letzte Krieg, Hänssler Verlag, Neuhausen-Stuttgart 1991

Heinrich Werner, Kloster Denkendorf, Gang durch Bauten und Geschichte o. A.

Bildnachweis

BILDNACHWEIS

Winnenden: Hauptstaatsarchiv Stuttgart, HstAS H 107/14 Nr. 6
(Winnenden), alle Rechte vorbehalten

Die Brücke zu Tübingen nach Merian: Stadtarchiv Tübingen
(Schefold 9271)

Kloster Denkendorf: K. Hermann, J. A. Bengel,
Der Klosterpräzeptor von Denkendorf

Johanna Regina Bengel: Quelle unbekannt

Novum Testamentum Graece von Johann Albrecht Bengel
von 1734: K. Hermann, J. A. Bengel, Der Klosterpräzeptor
von Denkendorf

Johann Albrecht Bengel: Landesmedienzentrale Württemberg

Herzog Carl Eugen von Württemberg um 1750/1760:
Landesmedienzentrale Württemberg

Faksimile einer handschriftlichen Seite aus Bengels »Brevier«:
Quelle unbekannt

hänssler

Weitere Bücher in der Biografien-Reihe:

Erika Geiger

Nikolaus Ludwig Graf von Zinzendorf

Seine Lebensgeschichte

Gb., 13,5 x 20,5 cm, 320 S., s/w-Abb.,
Nr. 392.839, ISBN 3-7751-2839-5

Nikolaus Ludwig Graf von Zinzendorf ist nicht nur der Erfinder der
Losungen, sondern auch Gründer der Herrnhuter Brüdergemeine, eine der
faszinierendsten und originellsten Gestalten des frühen Pietismus, ein Mann
voller Genialität und Widersprüchlichkeit. Zinzendorf, ein Mensch mit
einem Auftrag von Gott! Er verließ die vorgezeichnete Laufbahn eines
Adligen und ging seinen eigenen Weg, den Weg mit Gott ... Ein packendes
Lebensbild!

Erika Geiger

Erdmuth Dorothea Gräfin von Zinzendorf

Ihre Lebensgeschichte

Gb., 13,5 x 20,5 cm, 140 S., s/w-Abb.,
Nr. 393.592, ISBN 2-7751-3592-8

Eine »Fürstin Gottes unter uns« nannte Zinzendorf seine Frau – in ihr hatte
er eine tatkräftige, praktische Mitarbeiterin an seiner Seite, die während seiner Verbannung aus Sachsen sogar gleichzeitig Ortsherrin in Herrnhut und
»Hausmutter in der Pilgergemeine« war. Ihr tiefer Glaube, in Freude und
Leiden erprobt, war Vorbild im Leben der Brüdergemeine und wird in den
Liedern deutlich, die Erdmuth schrieb. Diese beeindruckende Biografie,
anschaulich und fesselnd geschrieben, zeichnet das faszinierende Leben dieser außergewöhnlichen Frau nach.

hänssler

Claude R. Foster

Paul Schneider

Seine Lebensgeschichte – Der Prediger von Buchenwald

Gb., 13,5 x 20,5 cm, 744 S., 20 s/w-Abb.,
Nr. 393.660, ISBN 3-7751-3660-6

Claude R. Foster erzählt mit Hilfe zahlreicher Quellen die bewundernswerte
Geschichte eines Mannes, der – gegen die Nazis, gegen den Strom der Zeit
und unter Lebensgefahr – verzweifelt die rassenideologische Verwässerung
des Glaubens bekämpfte. Paul Schneider, auch »Der Prediger von Buchenwald« genannt, war Pfarrer und Mitglied der »Bekennenden Kirche«.
Wegen seiner konsequenten Unbeugsamkeit und seinem provozierenden
Predigen eines unverfälschten Evangeliums deportierten ihn die National-
sozialisten in das Konzentrationslager Buchenwald, wo er am 18. Juli 1939
durch eine Todesspritze des KZ-Arztes getötet wurde.

Günther Klempnauer

Siegfried Buchholz

Gottes Grenzgänger zwischen Management und Menschlichkeit

Gb., 13,5 x 20,5 cm, 172 S.,
Nr. 393.716, ISBN 3-7751-3716-5

Im Gespräch mit dem Theologen und Publizisten Günther Klempnauer
analysiert Siegfried Buchholz die weltweite politische Lage und stellt sich
brandaktuellen Fragen. Wie kann ein Führungsstil nach biblischen Maß-
stäben gelingen? Lohnt es sich, im Geschäftsleben gegen den Strom zu
schwimmen? Wie gehören Karriere- und Lebensplanung zusammen? ...
Lassen Sie sich auf spannende, überraschende und herausfordernde Ant-
worten ein!

Bitte fragen Sie in Ihrer Buchhandlung nach diesen Büchern!
Oder schreiben Sie an den Hänssler Verlag, D-71087 Holzgerlingen.